© JOSE MARIA FERRER GONZALEZ
I.S.B.N.: 84-398-9765-0
Depósito Legal: M-20516-1987
Fotografía de portada: Cedida por el Patronato de Turismo del
Excmo. Ayuntamiento de Madrid
Diseño portada: JRC
Dibujos: José Manuel Marín Garrido
Fotocomposición: Artcomp, S.A.
Impresión: Gráficas Rocar, Echegaray, 15. 28014 Madrid
Distribución: Distriforma, S.A. Ntra. Sra. de las Mercedes, 7-9
Telfs.: 477 13 01 y 478 02 69. 28038 Madrid

© JOSE MARIA FERRER GONZALEZ
I.S.B.N.: 84-398-9765-0
Depósito Legal: M-20516-1987
Fotogafría de portada: Cedida por el Patronato de Turismo del
  Excmo. Ayuntamiento de Madrid
Diseño portada: JRC
Dibujos: José Manuel Martín Garrido
Fotocomposición: Artecomp, S.A.
Impresión: Gráficas Rocer. Echegaray, 15. 28014 Madrid
Distribución: Distriforma, S.A. Ntra. Sra. de las Mercedes, 7-9.
   Teléfs.: 477 13 01 y 478 02 69. 28038 Madrid

Guía realizada con la colaboración de la Unidad de Turismo del Excmo. Ayuntamiento de Madrid.

MADRID
PASO A PASO

RECONOCIMIENTO

Esta guía se detiene con especial afecto en la descripción de los establecimientos tradicionales del viejo Madrid, como un homenaje a una institución que este año alcanza el siglo de vida: la Cámara de Comercio e Industria de Madrid, entidad que viene desempeñando un activísimo y ejemplar papel en la defensa y exaltación de los establecimientos tradicionales madrileños.

Indice General

	Página
PRESENTACION	11
PLANO GENERAL	13

    EL MADRID MONUMENTAL 15

    1. El Madrid medieval............................ 15

        — La fundación de Madrid 15
        — La muralla árabe........................... 17
        — Las puertas................................ 17
        — Los templos 19
        — Los palacios 21

    2. El Madrid de los Austrias...................... 23

        — El urbanismo.............................. 23
        — Los monasterios reales 25

            • El monasterio de la Encarnación 26
            • El monasterio de las Descalzas Reales............ 26

        — Iglesias y templos conventuales..................... 27

            • Carboneras del Corpus Christi.................... 28
            • El Carmen....................................... 29
            • Las Trinitarias Descalzas......................... 30
            • Las Calatravas 30
            • San Ginés....................................... 30
            • Catedral de San Isidro........................... 31
            • San Francisquín................................. 32
            • Capilla de la Enfermería de la VOT 33
            • Santa Isabel..................................... 34
            • El Sacramento................................... 34
            • San Cayetano................................... 34
            • Capilla de San Isidro............................ 35

        — Alcázar y palacios............................. 35

            • El viejo Alcázar.................................. 37
            • Casas palaciegas y de vecindad 37
            • El palacio del duque de Uceda 39
            • La Cárcel de Corte............................... 39
            • Casa de la Villa.................................. 39

        — La Plaza Mayor................................ 40

    3. El Madrid de los Borbones 44

        — El urbanismo................................ 44
        — El barroco exuberante........................ 45

	Página
— El Palacio Real	46
— El barroco tardío	47
• La iglesia de San Miguel	47
— La transición al neoclasicismo	48
• Ventura Rodríguez	48
— La gran cúpula	48
• San Francisco el Grande	48
— Los palacios neoclásicos	52
• Instituciones y residencias	52
4. El Madrid moderno	55
— El urbanismo	55
— Los edificios públicos	57
— Los teatros	59
— Los palacios	60
— Las iglesias	62
— Las viviendas	63
— Otros edificios y construcciones	64
EL MADRID ARTÍSTICO	68
5. Colecciones y Museos	68
— Museos	68
• La Academia de Bellas Artes	68
• La Calcografía Nacional	73
• Casa de Lope de Vega	73
• Real Academia de la Historia	73
— Palacios-museos	74
• El Palacio Real	74
• Las Casas Consistoriales	80
— Conventos-museos	82
• El Monasterio de la Encarnación	82
• El Monasterio de las Descalzas Reales	83
— Museos en templos	86
• Iglesia de San Francisco el Grande	86
• Iglesia de Santa Cruz	87
6. Los conciertos de la villa	89
— La evocación	89
— Los teatros	90
— Los órganos históricos	91
— Los conciertos	91
— Tiendas musicales	92
— Guitarreros	92
7. El mundo de los anticuarios	95
— Anticuario de la zona del Prado	95
— Anticuarios y almonedas del Rastro	96

	Página

8. El Madrid literario y artístico 106
   — El Madrid literario........................... 106
   — Corrales, coliseos y teatros 107
   — El Madrid artístico........................... 108

EL MADRID POPULAR........................... 112

9. Los comercios tradicionales 112
   — Los materiales........................... 112
   — Los rótulos........................... 113
   — La publicidad 113
   — Los decanos 114

10. La arquitectura popular 120
    — Las corralas de Lavapiés........................... 120

11. La artesanía........................... 124
    — Los oficios artesanos........................... 124

12. Los mercadillos........................... 134
    — El Rastro........................... 134
    — Otros mercadillos 140

13. Fiestas y tradiciones populares 146
    — Semana Santa........................... 146
    — Romerías y verbenas........................... 147
    — Carnavales 148
    — Corpus Christi........................... 148

EL MADRID LÚDICO 150

14. Tabernas y tascas tradicionales 150
    — Tabernas centenarias 150
      • La vieja taberna de Cara Ancha 150
      • Las tabernas de El Anciano Rey de los Vinos 151
      • Casa Labra: clandestinidad, vino y bacalao........... 152
    — Tabernas castizas 152
      • Dos reliquias vivas........................... 152
      • Dos tascones de mucho carácter 152
      • Otras viejas tabernas........................... 153

15. Restaurantes y casas de comidas 158
16. Las compras gastronómicas 170
17. Tertulias y copas 175
    — Los viejos cafés........................... 175
    — Los nuevos cafés........................... 176

BIBLIOGRAFÍA Y CARTOGRAFÍA 179
PLANO GENERAL........................... 180
PLANOS DETALLADOS........................... 181
INDICE DE CALLES........................... 203

Presentación

La colección de guías "200 kilómetros alrededor de Madrid", que tras la publicación del tercer tomo llega a su ecuador, se enfoca hacia las escapadas de la gran ciudad.

Sin embargo, es de justicia señalar que en Madrid pueden encontrarse también monumentos, vestigios del pasado, tradiciones y rincones evocadores, a poca distancia del kilómetro cero.

Por ello esta nueva entrega pretende contagiar al madrileño, y cómo no, al visitante ocasional, del entusiasmo por la vieja villa que el autor de este trabajo sintió al adentrarse sin prisas y con mirada atenta por las calles y plazuelas castizas del casco antiguo. Las páginas siguientes tratan de ofrecer pistas sobradas para escaparse también, de vez en cuando, por el viejo Madrid.

Para no renunciar al esquema habitual de estas guías, se ofrece la información en bloques de contenido homogéneo: el Madrid monumental, el Madrid artístico, el Madrid popular y el Madrid lúdico, cada uno de ellos subdividido por épocas o áreas, con datos prácticos y planos de situación.

El ámbito territorial de este tomo se circunscribe a la zona más antigua de la villa, delimitada por las grandes avenidas actuales: Gran Vía, Paseo del Prado, Rondas de la zona sur y calle Bailén.

El autor mantiene el propósito de concluir el proyecto de las guías de "exteriores" abordando las salidas por la zona sur (N-III, N-IV y N-V), y abriga la ilusión de completar esta guía de "interior" con una segunda entrega sobre la zona norte de la ciudad. Tiempo al tiempo.

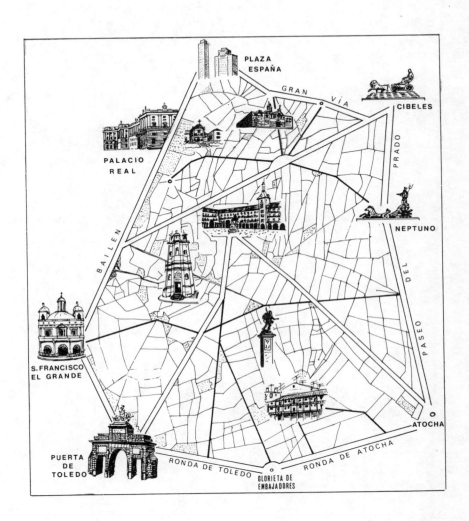

1. El Madrid Medieval

La fundación de Madrid

Los cronistas de la Corte de nuestro Siglo de Oro, compitieron en dotar a Madrid del más fabuloso origen, y así unos aseguraban que la ciudad fue fundada en los primeros tiempos de la población de España, otros que la efemérides se produjo poco después del diluvio universal; también los hubo más precisos que concretaron el evento 879 años antes de Cristo.

Lo cierto es que no hay memoria histórica anterior a la dominación árabe y hay que esperar al siglo X para que los cronicones guerreros de época se ocupen de narrar cómo el año 932 el rey Ramiro II la ganó al asalto, saqueó, quemó y echó por tierra parte de sus murallas.

Los más solventes estudios actuales aseguran que fue Muhamed I quien fundara Madrid y Talamanca como plazas muy fortificadas entre los años 873 y 886 respondiendo a los audaces asaltos efectuados en el año 860 por el conde Rodrigo (primer Conde de Castilla según el Padre Pérez de Urbel).

Ambos recintos, similares en cronología y arquitectura, serían elegidos estratégicamente para defender la zona de confluencia de los ríos Jarama y Henares y así frenar las incursiones cristianas que bajaban poniendo en peligro los principales núcleos del territorio musulmán situados bajo la línea del Tajo.

Así, tras el descalabro sufrido ante los ataques cristianos, los estrategas musulmanes reconstruyen el cerco tan a conciencia que soporta firme todos los ataques y asaltos de la reconquista, primero cobijando a sus constructores y luego, tras la rendición ante Alfonso VI en 1085 (sin asaltos ni asedios) sirviendo de inexpugnable fortaleza a los cristianos, pues ni almorávides, ni almohades lograron traspasar las murallas.

La ciudad amurallada se extendía por la colina de "Palacio", encontrándose en su interior el alcázar y la mezquita mayor. Enfrente, y separada por un pequeño arroyo —la actual calle Segovia— se encontraba el arrabal no amurallado y un cementerio —en el actual mercado de la Cebada—, además de un viaje de agua —acueducto— encontrado en lo que hoy es plaza de los Carros. Así pues, el Mayrit islámico se extendía por dos colinas, la de "Palacio" y la de las "Vistillas" separadas por un profundo barranco, y cerca a un pequeño río como el Manzanares.

La alcazaba, que sufriría transformaciones importantes tras los años duros de la reconquista, se convierte en asutero alcázar por iniciativa de los primeros Austrias y en suntuoso palacio en los primeros años de gobierno de los Borbones. Las murallas, tanto las del núcleo árabe primitivo como las sucesivas ampliaciones, fueron desapareciendo en los últimos siglos ante el crecimiento desordenado de la ciudad, poco respetuoso con los vestigios del pasado.

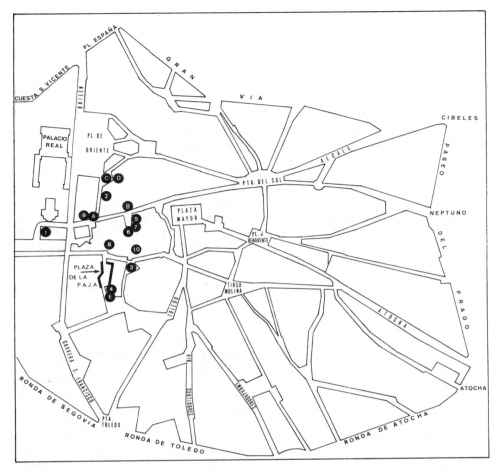

1. Muralla.
2. Iglesia San Nicolás.
3. Iglesia San Pedro.
4. Capilla del Obispo.
5. Casa y torre de los Lujanes.
6. Casa de Cisneros.
7. Casa de don Alvaro de Luján.
8. Mesón San Javier.
9. Casa de los Cuevas.
10. Casa de Iván de Vargas.

Templos primitivos desaparecidos.

A. Santa María.
B. El Salvador.
C. San Juan.
D. Santiago.
E. San Andrés.

A nuestros días apenas han llegado unos 120 metros de muralla, algunos restos de torres y un portillo, los cimientos de la puerta de la Vega y numerosos silos reutilizados como basureros rellenos de materiales arqueológicos. No se han hallado restos de casas, pero los silos han aportado abundantes piezas de cerámica, siendo algunos de los puntos más "productivos" la calle Angosta de los Mancebos, la plaza de los Carros y la Cava Baja.

La muralla árabe

Si no perdemos de vista que el asentamiento árabe origen de la ciudad de Madrid, se justifica como enclave militar en la defensa de Toledo, se comprende que la muralla fuera una obra tosca en la que lo esencial era el aprovechamiento de los desniveles de la colina elegida (perforando cavas en las zonas de comprometida defensa) y la acumulación de materiales de extraordinaria solidez para contener las avalanchas del enemigo.

El muro, formado por grandes sillares de pedernal y caliza con verdugadas de ladrillo, adquiere un grosor variable en función de la vulnerabilidad de cada tramo; igualmente variable fue la distancia entre la treintena de torres que tendría el recinto como también fue variable la estructura de éstas, pues las hubo cuadrangulares y semicirculares; todo ello sometido al objetivo fundamental: la solidez del recinto.

En cuanto a los accesos, punto débil de las fortificaciones, los estrategas árabes disponen sus habituales puertas en recodo en, al menos, cuatro de las seis puertas que tuvo la primitiva cerca.

Las puertas

La delimitación de los dos recintos resulta algo impreciso; el gráfico que se reproduce, aspira a dar una idea de conjunto. En cuanto a las puertas, de las que nada queda, se ofrecen algunas noticias curiosas.

La **Puerta de la Vega** comunicaba la alcazaba con el exterior, con el terreno que descendía hasta el cauce del Manzanares. Se abría bajo una pesada torre almenada de tan sólida estructura que cuando fue derribada, a principios del XVII para ensanchar aquel paso, se necesitó el concurso de treinta picapedreros durante más de un mes.

La **Puerta de la Almudena,** correspondía igualmente a la alcazaba, y que ponía en comunicación ambos recintos, se llamaba también del Arco de Santa María por estar situada junto a esta iglesia, la primera que tuvo Madrid al transformar en templo cristiano la mezquita árabe. La puerta se derribó en 1570 para facilitar el paso de la comitiva que acompañaba a doña Ana de Austria en su camino hacia el Alcázar para desposarse con Felipe II. Tampoco quedan rastros del templo contiguo que se derriba en 1868 por las consabidas razones urbanísticas.

La **Puerta de Moros** era la más meridional del recinto y contó con altivas torres que debían impresionar a las tropas que a ella se acercaran con intención bélica; tras la reconquista se concentra en su entorno la población de moros conversos y mantiene su intenso comercio de origen rural que le marcó el aire arrabalesco que aún mantenía en pleno siglo XVIII.

Desde Puerta de Moros hasta la **Puerta de Guadalajara,** las defensas de la cerca se incrementan con los fosos o cavas, excavados por los árabes para suplir el escaso desnivel del terreno. En este tramo se levantaba la denominada primero **Puerta de la Culebra,** porque en ella existía una piedra esculpida con la imagen de una culebra adragonada, y más tarde **Puerta Cerrada,** por haberlo estado largo tiempo para evitar las fechorías de los que, escondiéndose en su recodo, se dedicaban a robar y capear a cuantos entraban y salían. Volvió a abrirse al poblarse el arrabal y fruto de este fenómeno fue derribada en 1569 para dar más amplia comunicación al barrio de Atocha.

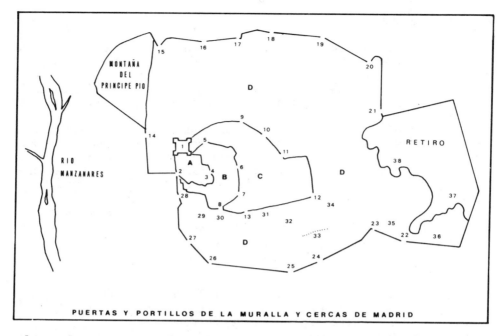

PUERTAS Y PORTILLOS DE LA MURALLA Y CERCAS DE MADRID

Los cuatro recintos amurallados de Madrid

A. **Primer recinto (primitivo).**
1. Alcázar.
2. Puerta de la Vega.
3. Iglesia de Santa María.
4. Puerta o arco de Santa María.

B. **Segundo recinto (de la conquista de Alfonso VI).**
5. Puerta de Balnadú.
6. Puerta de Guadalajara.
7. Puerta Cerrada (o de la Culebra).
8. Puerta de Moros.

C. **Tercer recinto (Madrid en 1560).**
9. Puerta de Santo Domingo.
10. Postigo de San Martín.
11. Puerta del Sol.
12. Puerta de Antón Martín.
13. Puerta de la Latina.

D. **Cuarto recinto (Ronda de Felipe IV)**
14. Puerta de San Vicente.
15. Puerta de San Bernardino.
16. Portillo del Conde Duque.
17. Puerta de Fuencarral.
18. Puerta de los Pozos (o de Bilbao).
19. Puerta de Santa Bárbara.
20. Puerta de Recoletos.
21. Puerta de Alcalá.
22. Puerta de la Campanilla.
23. Puerta de Atocha.
24. Portillo de Valencia.
25. Portillo de Embajadores.
26. Puerta de Toledo.
27. Portillo de Gilimón.
28. Puerta de Segovia.
29. San Francisco.
30. Humilladero Ntra. Sra. Gracia.
31. Ermita de San Millán.
32. Ermita de San Cipriano.
33. Calvario.
34. Ermita de San Sebastián.
35. Ermita del Cristo de la Oliva.
36. Ermita de Atocha.
37. Fábrica de China.
38. Ermita de San Pablo.

La **Puerta de Guadalajara** era considerada la principal del recinto; la custodiaban dos torres y dos cubos y la disposición de su acceso era a través de un triple recodo. Esta dificultad de tránsito junto a las necesidades de material pétreo para las obras del Alcázar, propician su derribo en 1538 por orden de Carlos V, pero se construye en su lugar otra puerta más ligera cuyas obras interrumpe un incendio en 1582; Felipe II se opone a su reconstrucción.

Por último, la **Puerta de Balnadú,** es de confusa etimología (¿de los Baños, de la Atalaya?) y de impreciso emplazamiento. Lo cierto es que Felipe II no encontraría razón alguna para mantener un cerco defensivo en torno a la capital de su reino y también ordena derribar esta puerta, próxima al Alcázar, en 1567.

Sin embargo, al interés defensivo suceden otros argumentos que justifican la política de cercar la villa: el cobro de las sisas que gravaban las mercancías que entraban en su recinto, el control higiénico en caso de epidemias, la limitación del crecimiento urbano. De ahí que aparezcan ampliaciones del recinto cercado incluyendo los nuevos arrabales y que se creen nuevas puertas.

Así ocurre desde fines del siglo XIII en que los arrabales creados en torno a los conventos y templos de San Martín, Santo Domingo, San Francisco, Santa Cruz y San Millán quedan incluidos en una ampliación del recinto que así ve aparecer nuevos accesos entre ellas la familiar **Puerta del Sol** que además de estar orientada a Oriente, y quizá por ello, parece que tenía labrada una figura de un radiante Sol del que tomaría el nombre que ha llegado hasta nuestros días. Parece ser que fue reconstruida en ladrillo y con forma almenada en el siglo XVI, siendo derribada a finales de dicho siglo.

Otras ampliaciones tuvo la cerca, la última en 1625 obra de Felipe IV incluyendo un recinto cuatro veces superior al anterior, con zonas tan concurridas hoy como los barrios de Lavapiés y el Rastro y llegando, en su zona norte, a lo que hoy conocemos por los bulevares.

Entre las puertas de la nueva cerca podemos recordar las de San Vicente, de San Bernardino, de Fuencarral, de Bilbao (o de los Pozos), de Santa Bárbara, de Recoletos, de Alcalá, de la Campanilla, de Atocha, de Toledo y de Segovia, y los portillos del Conde Duque de Valencia, de Embajadores y de Gilimón.

Los templos

Pocos restos quedan de los edificios piadosos del Madrid medieval. La obra más antigua es, sin duda, la torre de la actual iglesia de **San Nicolás de los Servitas** que sería en su origen alminar de alguna de las mezquitas de la medina; si no fuera así, sería de lo más antiguo en torres cristianas de la meseta. Son muy atractivas sus filas de arquitos de herradura y arcos lobulados sobre el cuerpo principal al que se superpone el campanario cristiano, también labrado en ladrillo; a la época y gustos de los Austrias corresponde el chapitel puntiagudo de pizarra.

En cuanto al templo, la primera impresión es de total transformación aunque si penetramos en el recinto nos encontraremos con una cubierta mudéjar sobre la nave central; nervaduras góticas en la cabecera (de fines del XV), así como con recuperadas yeserías plateresco-mudéjares y dos arcos murales de herradura apuntada, trasdosados por otros lobulados que habían sido cubiertos en las obras de transformación que sufre la iglesia en el siglo XVII, época a la que corresponde la preciosa portada de granito.

Otro templo de remoto origen es el de **San Pedro el Real** cuya alta y algo inclinada torre corresponde al tipo de las construcciones moriscas de la tierra toledana fechable en torno al siglo XIV. Al siglo siguiente corresponde la cabecera nervada de la nave de la Epístola y al siguiente, es decir al XVI, la pequeña portada renacentista; los restantes elementos arquitectónicos están modernizados por la reestructuración del XVII. Timbre de gloria de este templo es la posesión de los únicos escudos reales existentes en Madrid anteriores a los Reyes Católicos; podemos verlos en la portada sur sobre pórtico adintelado con portón claveteado.

Del resto de las diez parroquias que contenía el recinto murado de Madrid en el siglo XII no queda prácticamente nada; sólo el recuerdo de **Santa María** (transformada mezquita inmediata al alcázar y a una de las puertas de la muralla), **El Salvador** (acogedora de las primeras reuniones concejiles), **San Juan** (templo en el que fue enterrado el pintor Velázquez), y los sustituidos templos de **Santiago, San Andrés, ...** Nada queda de un hipotético románico madrileño que, si existió, sería modesto, del tipo del ábside de la parroquial de Talamanca del Jarama, población tan hermanada en la época a nuestro Madrid.

Una interesantísima obra de la transición del gótico al plateresco es la **capilla del Obispo**, recinto recóndito que poquísimos madrileños conocen. La demolición de unas casas en los años 70 permitieron poner al descubierto el ábside de ladrillo con los contrafuertes que dan cobijo a la capilla. Pero si el exterior puede verse desde la plaza del Humilladero o desde el final de la Costanilla de San Pedro, no ocurre lo mismo con el interior, siempre cerrado por unas razones u otras, y es lástima pues aloja excelentes puertas plateterescas así como un soberbio retablo y enterramientos del notable escultor castellano Francisco Giralte labrados en la segunda mitad del siglo XVI. La capilla alojó los restos de San Isidro y cuando éstos pasaron al vecino templo de San Andrés, la capilla se dedicó al enterramiento del obispo de Plasencia don Gutierre de Carvajal y Vargas y sus padres. La estirpe de los Vargas fue siempre notable contando con el honor de ser los *amos*; de San Isidro allá por el siglo XII.

Los palacios

La **casa y torre de los Lujanes,** construcción emblemática de la arquitectura civil madrileña más primitiva, se remonta a los finales del siglo XV y desde entonces ha soportado restauraciones, sin renunciar a su evocadora apariencia, y alimentando tradiciones e historias más o menos verosímiles. La portada del palacio es muy distinguida con alfiz gótico, escudos y cuatro dovelas formando el arco de entrada. El acceso a la torre, situado en la estrechísima calle del Codo, presenta un arco de herradura apuntado y viejísimo portón de madera claveteado; todo ello le da el aire tenebroso que tan bien encaja con la leyenda de la prisión del rey Francisco I de Francia entre sus muros tras la batalla de Pavía. Más cierto parece que se alojara dignamente en la casa-palacio a la espera del acondicionamiento de estancias en el Alcázar, donde residió con honores reales por decisión del emperador Carlos.

La torre tuvo funciones tan diversas y pintorescas como la asignada en tiempos de Fernando VII en que estuvo instalado el telégrafo óptico. En el siglo XIX se quiso acentuar su aspecto primitivo y se le añadieron unas almenas de cartón. La reforma de 1910 limpió de añadidos su silueta, restituyéndole al edificio su aparejo original, tal como hoy lo vemos.

Otra obra primitiva, anterior a la oleada barroca del siglo XVII, es la llamada **Casa de Cisneros,** palacio creado en 1537 por Benito Jiménez de Cisneros, sobrino del famoso Cardenal, en la calle Sacramento. La fachada es una preciosa obra plateresca con portón bajo arco de sillería de granito y gran balcón, todo ello con los escudos familiares y las filigranas propias del estilo. El resto de la fachada está reinterpretado por la restauración del arquitecto Bellido en 1910 sustituyendo la galería volada de aire popular anterior a la reforma, por una terraza de diseño académico con arcos y balcón corrido de hierro forjado. La fachada que da a la plaza de la Villa es totalmente nueva, surgida de la reforma de 1910 pues a este lado daban los corrales, cuadras y antiguas dependencias de servidumbre. El interior ofrece una conjuntada mezcla de elementos originales (artesonados de los salones), reformados (patio), reutilizados (piezas plaretescas tomadas de otros edificios) reinventados (las escaleras) y castizos (azulejos talaveranos). La descripción de las obras de arte que contiene el palacio, se ofrece en el apartado correspondiente a los Museos.

Otras muestras de viviendas nobles del XVI pueden verse en la misma zona del corazón de la villa: la **Casa de don Alvaro de Luján,** en la propia plaza, con fachada de ladrillo presidida por arco mudéjar que da paso a un zaguán desde el que arranca una escalera que conduce al piso superior que conserva hermosas viguerías de madera. Las obras de reconstrucción corresponden, como en el caso de sus vecinas casa y torre de los Lujanes y Casa de Cisneros, al arquitecto Luis Bellido, hacia 1922.

Los viejos caserones del actual **Mesón de San Javier,** o las primitivas **Casa de los Cuevas** y **Casa de Ivan de Vargas** corresponden también a los lejanos tiempos del siglo XVI aunque con reformas y transformaciones más recientes.

DATOS PRACTICOS

Muralla. En la Cuesta de la Vega (B1), frente a la cripta de la Almudena puede verse un tramo auténtico de la muralla árabe. El espacio ha sido limpiado y hermoseado recientemente constituyéndose la plaza de Muhamed I, el fundador del Madrid fortificado, uno de cuyos lados lo forma la propia muralla.

San Nicolás de los Servitas. Plaza de San Nicolás (B2). Teléf. 248 83 14. Abierta a horas de culto: 8 a 10 por las mañanas y 19 a 20,30 horas por la tarde, salvo lunes que abre de 8 a 13,30 y de 18 a 20,30 horas.

San Pedro el Real. Calle del Nuncio (C2). Teléf. 265 12 84. **Capilla del Obispo.** Plaza de la Paja (C2). Para poder visitar la capilla hay que gestionar permiso en el Arzobispado, calle San Justo 2. Teléf. 266 56 01.

Casa y torre de los Lujanes. Plaza de la Villa, 2 (B2). **Casa de don Alvaro de Luján** (antigua Hemeroteca Municipal). Plaza de la Villa, 3 (B2).

Casa de Cisneros. Plaza de la Villa (B2) y Sacramento 2 (C2). Ver apartado "Casas Consistoriales" del capítulo "Colecciones y Museos".

Mesón de San Javier. Conde 3 (C2).

Casa de los Cuevas. (Actual Instituto Italiano de Cultura) Mayor, 86 (B1).

Casa de Ivan de Vargas. Doctor Letamendi, 1 (C2).

2. El Madrid de los Austrias

El urbanismo

La localización del alcázar árabe en el espacio que hoy ocupa el Palacio Real, trataba de mantener una posición defensiva para frenar las incursiones cristianas que amenazaban Toledo.

El alcázar, situado en el terreno de más difícil acceso, tendría planta rectangular con patios y torres en las esquinas, situándose la población en los terrenos colindantes de más suave perfil, con la organización típica musulmana de vías tortuosas que condicionarían la trama y estructura urbana posterior.

Los caminos principales que partían de las puertas de la muralla, se irían convirtiendo en las calles principales de la ciudad al acometerse las sucesivas ampliaciones. Idéntico papel jugarían los límites de la cerca, que al derribarse formarían algunas de las principales avenidas actuales (los bulevares se corresponden con el perfil de la última cerca que tuvo la ciudad, levantada en tiempos de Felipe IV).

Como en otras muchas ciudades castellanas fortificadas, pronto se constituyen extensos y poblados arrabales fuera de la muralla que, sin embargo, en Madrid van siendo sucesivamente englobados en las ampliaciones de la cerca que tiene ya una mera función de aislar la ciudad para no perder el cobro de los tributos.

Hasta el momento de su designación como capital de España, la ciudad se configura como un lugar con amplio alcázar-palacio al que los reyes acuden principalmente por su clima sano y caza abundante, que crece al modo que lo hacen las ciudades medievales, es decir, con ausencia de planteamientos zonificadores preconcebidos que tengan en cuenta necesidades de futuro.

Durante siglos, casi hasta nuestros días, el centro del poder ha permanecido afianzado en la colina del alcázar-palacio, sin una entrada despejada que permitiera un fácil acceso a la residencia real. Así Felipe II se ve obligado a ordenar ciertos derribos que incluyen hasta una de las puertas de la villa, para permitir que el cortejo de su futura cuarta esposa llegara con dignidad al alcázar—palacio.

Pero hasta el siglo XIX en que se acometen las obras de derribo y la formación de la espaciosa plaza de Oriente, el recinto real se hallaba completamente aprisionado en un amasijo de estrechas callejas. El ensanche no afecta, sin embargo, a las dos zonas más primitivas y características de la ciudad: la morería y el corazón cristiano de la villa.

El núcleo morisco que hoy se recuerda, corresponde a la tortuosa zona comprendida entre las Vistillas y Puerta de Moros, con el núcleo central en torno a la plaza del Alamillo. Tampoco le irían a la zaga las zonas judías y cristiana en

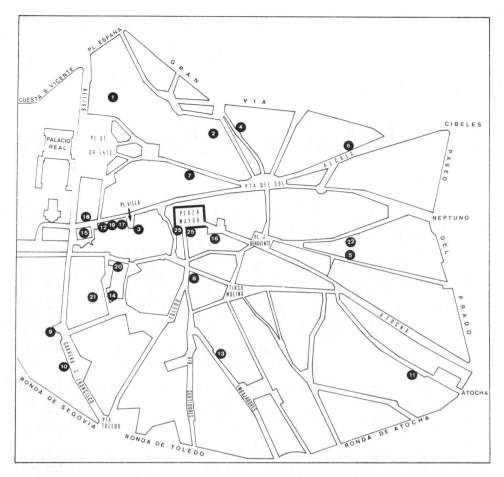

1. Monasterio de la Encarnación.
2. Monasterio de las Descalzas Reales.
3. Iglesia del Corpus Christi.
4. Iglesia del Carmen.
5. Iglesia de las Trinitarias Descalzas.
6. Iglesia de las Calatravas.
7. Iglesia de San Ginés.
8. Catedral de San Isidro.
9. Iglesia de San Francisquín.
10. Capilla de la Enfermería de la VOT.
11. Iglesia de Santa Isabel.
12. Iglesia del Sacramento.
13. Iglesia de San Cayetano.
14. Capilla de San Isidro.
15. Palacio del duque de Uceda.
16. Cárcel de Corte.
17. Casa de la Villa.
18. Casa de los Cuevas.
19. Casa de los Cañete.
20. Casa del marqués de la Romana.
21. Casa de don Pedro de la Vega.
22. Casa de Lope de Vega.
23. Viviendas.

cuanto a callejas, con un urbanismo fundamentalmente gremial apegado a las tradiciones y necesidades más elementales.

    Cuando a finales del siglo XIII se edifica una nueva cerca, la plaza de la Paja sería el centro social más importante, lugar de mercado y centro de la villa durante muchos años hasta que Juan II mandó construir la plaza del Arrabal que acabaría transformándose en plaza Mayor.

Evidentemente, el pequeño lugar morisco repoblado con gentes castellanas de los valles de Carrión y del Pisuerga, va progresando lentamente llegando a contar en tiempos de Enrique IV con la concesión de un mercado franco y dos ordinarios.

La presencia de Carlos V, su decisión de ampliar el antiguo alcázar y de cederlo a su hijo Felipe como residencia, y sobre todo la construcción de El Escorial, son hitos que favorecen la elección de Madrid, modesto centro agrícola, como sede de la capitalidad político-administrativa del imperio. Esta circunstancia sería decisiva para Madrid por la fuerte inmigración que recae sobre la villa.

A tiempos de Felipe II corresponden el interés por regularizar y dar uniformidad a la Plaza Mayor situada en los terrenos ocupados por la antigua Plaza del Arrabal, que tuvo desde un principio un carácter marcadamente comercial. Esta decisión es la más destacada muestra del propósito real de intervención sobre el trazado urbano. Juan de Herrera proyecta, además, las alineaciones de las calles Segovia, Atocha y Mayor (esta última constituiría el eje más importante de la villa), y las Ordenanzas de Policía de 1591 exigen a todos los edificios instalados en ellas el cambio de los pilares de madera por otros de piedra, con sus bases y capiteles del mismo material.

En los reinados de Felipe III y IV se ejecuta definitivamente el ordenamiento de la plaza Mayor reformándose, además, las calles colindantes; se construyen edificios públicos como la Cárcel de Corte o el Ayuntamiento, surge algún noble palacio y, sobre todo, Madrid se llena de conventos e iglesias. También se alinean y definen algunas calles, coincidentes con caminos, como la de Alcalá, de localización aristocrática, o la de Toledo, de vocación mercantil; también se alza la nueva cerca —en 1625— que se mantendrá constriñendo los límites de la villa hasta el ensanche de Castro del XIX.

Los monasterios reales

En las andanzas por el viejo Madrid hay dos visitas imprescindibles que nos sitúan nada menos que en las clausuras de dos viejos monasterios: La Encarnación y Las Descalzas, fundaciones estrechamente ligadas a la Corona y Corte madrileña de los Austrias.

Al traspasar sus severos muros, perdemos todo contacto con el trepidante Madrid de nuestros días y quedamos inmersos en el mundo contradictorio de estos viejos reductos en los que junto a la fastuosidad de las donaciones reales (pinturas, tapices, orfebrería) podemos percatarnos también del limitado horizonte material en el que ha transcurrido la vida de damas principales y anónimas monjitas.

Tan ligados estuvieron estos monasterios a la Corona y tantas religiosas de sangre real hubo en ellos, que se comprende el hecho de encontrarnos ante la mejor colección de retratos de la Casa de Austria, conservada a través de los siglos por el rigor de la clausura, junto con un tesoro abrumador de obras de arte expuestas hoy en forma de museos (ver apartado "Colecciones y museos").

El Monasterio de la Encarnación

El XVII es el siglo de las fundaciones religiosas más características de Madrid, y es la pareja más devota de monarcas de las Españas, Felipe III y Margarita de Austria, quienes inician en 1611 la construcción del monasterio que habría de estar en conexión íntima con el Alcázar real.

Las obras fueron muy rápidas, y así, en 1616 se celebran solemnes fiestas para conmemorar la inauguración del monasterio que sería además dependencia religiosa de palacio pues una larga galería comunicaría ambos recintos.

La fachada del templo, de soberbia armonía, tiene una gran importancia pues constituye el modelo de convento carmelitano que se repetiría durante decenios en todo lugar, con mínimas variaciones.

Mucho se ha especulado respecto a la autoría arquitectónica del monasterio tradicionalmente atribuido a Juan Gómez de Mora. Hoy se sabe que el autor de los planos y director de las obras de inicio a fin, fue el fraile carmelita Alberto de la Madre de Dios, aunque a su maestro Francisco de Mora deba las ideas básicas para lograr el modelo de fachada carmelitana.

A la primitiva fundación corresponde cuanto podemos ver desde el exterior: la fachada de sillería y las paredes del convento de ladrillo y mampostería. Merece la pena bajar desde el Senado recorriendo el inexpugnable muro del monasterio hasta llegar a la sosegada plaza de la Encarnación, para situarnos en la lonja que enmarca la fachada de la iglesia. Su equilibrio dual es perfecto: luces y sombras (formadas por el juego de arcos, ventanas y óculo perforando el muro de piedra), divinidad y realeza (relieve de la Anunciación y escudos reales), y rematando el conjunto un sencillo frontón triangular que se corresponde con las dos aguas de la cubierta.

El templo fue víctima de un incendio a mediados del XVIII circunstancia propicia para que Ventura Rodríguez renovara a su gusto el interior con gran lujo de jaspes, mármoles y bronces. Así pasamos de la severidad exterior propia del gusto de la época de los Austrias a la solemnidad de un estilo en el participan la exuberancia barroca, contenida por los cánones del neoclasicismo, tendencias ambas que fueron las vigentes en época de los Borbones.

El Monasterio de las Descalzas Reales

El edificio en el que se crea este monasterio había sido la residencia del Tesorero de Carlos V don Alonso Gutiérrez, situada extramuros de la ciudad junto al convento de San Martín. Esta es la finca que elige la emperatriz Isabel para dar a luz a la última de sus hijas, la princesa doña Juana, a comienzos del verano de 1535 "en las habitaciones frescas que dan a la huerta grande".

Es esta misma princesa quién, tras enviudar muy joven y cumplir con las exigencias cortesanas de su rango, decide fundar en el edificio que traería a su memoria los felices años de la niñez, un convento en el que retirarse a la meditación y donde después de su muerte reposaran sus restos.

Antonio Sillero reacondiciona el edificio conservando gran parte de las antiguas dependencias. El claustro se construyó sobre el patio palacial. También, aunque decorada en el siglo XVII, se conserva la escalera que da acceso al segundo claustro. En la fachada se labra en piedra de granito la actual portada de gusto toledano con dintel monolítico entre columnas que soportan dos gruesos mensulones; todo ello se remata con un gran frontón semicircular decorado en su exterior con temas vegetales.

De nueva planta es la iglesia que construye el gran arquitecto Juan Bautista de Toledo, autor de los primeros diseños de El Escorial y que en la fachada de este templo deja también la impronta de su estilo austero y geométrico. Las obras comenzaron en 1559 y terminaron en 1564. Pocos años antes de terminarse las obras, en 1559, las monjas franciscanas descalzas de Santa Clara toman posesión del monasterio, dándole el nombre de la Consolación, aunque desde muy antiguo se le ha conocido por el de Descalzas Reales.

El monasterio no dejó de ser residencia de personas reales, al menos durante la dinastía de los Austrias; hijos de reyes, reinas y princesas se alojaron aquí con sus respectivas servidumbres de honor y compañía. También tenían cabida en el monasterio un orfelinato (al que se accedía por el postigo de San Martín), casas para capellanes y maestros músicos (en las aceras de Preciados y Maestro Victoria que forman parte de la manzana del convento), tahona y otras dependencias.

Durante siglos muchas damas de sangre real y de la aristocracia, profesaron en este convento lo que explica la extraordinaria acumulación de obras de arte que atesora; gran parte de estos tesoros protegidos secularmente por la clausura fueron abiertos al público en 1960 como museo dependiente del Patrimonio del Estado (Ver apartado "Colecciones y museos").

Como ya queda dicho, el templo se alza en el tiempo de la fundación del convento; de ese momento se conserva la fachada y la cubierta, obras trazadas por Juan Bautista de Toledo a mediados del siglo XVI.

A lo largo del tiempo, la iglesia ha ido transformándose, las mutaciones más destacables son: el coro alto trazado por Gómez de Mora (XVII), la decoración interior de Villanueva (XVIII) y el incendio de 1862 que destruye el primitivo retablo renacentista de Gaspar Becerra, sustituido por el que hoy vemos que fue el realizado en tiempos de Felipe V por el italiano Rusconi en ricos mármoles y bronces dorados para el Noviciado de Jesuitas de la calle San Bernardo.

Quedan, sin embargo, otros vestigios primitivos como la tabla de la Virgen del Milagro, obra italiana de principios del XVI traída por las primeras monjas al convento y que hoy preside el altar mayor. Más espectacular es el sepulcro y estatua orante de la fundadora del convento con el que podemos enfrentarnos si subimos la escalerilla situada a la derecha del altar mayor; es una hermosa obra en mármol blanco que reproduce una imagen idealizada de doña Juana de Austria, cuyo autor es el escultor de Cámara de Felipe II, Pompeyo Leoni que realiza esta obra con anterioridad a las grandes conjuntos del retablo mayor y figuras orantes de El Escorial.

Cierran el repertorio de obras de mérito del templo, la pintura de San Sebastián de Gaspar de Becerra, en un altar del lado de la Epístola, y la imagen de la Inmaculada de Sebastián Herrera, en otro altar del lado del Evangelio.

Iglesias y templos conventuales

El siglo XVII es una época en la que Madrid ve proliferar iglesias y conventos como consecuencia del asentamiento definitivo de la Corte y del patronazgo competitivo desarrollado por reyes, nobles, grandes señores, órdenes y congregaciones.

Sin embargo, la disposición angosta del entramado urbano de la villa, no permite, salvo excepciones, organizar conjuntos de solemne apariencia pues apenas queda espacio en las estrechas callejas para enfrentarse a las fachadas pretenciosas del apogeo del barroco. A pesar de los ensanches de los últimos tiempos, aún pueden verse ejemplos de este problema (iglesia de San Cayetano en la calle Embajadores).

Esta dificultad hace que los arquitectos busquen una solución de altura en la que las torres y cúpulas, más que las fachadas, sean las portadoras de las señas de identidad de los distintos templos. Algunos curiosos grabados de fines del XVII y principios del XVIII nos muestran el perfil de la villa salpicado de estilizados remates.

La solución llegó de la mano del hermano Francisco Bautista, arquitecto jesuita que implanta en la iglesia del Colegio Imperial (actual catedral de San Isidro) la primera cúpula encamonada, solución que tendría un extraordinario éxito en la arquitectura barroca madrileña. Se trata de una fórmula vistosa, rápida y barata, que utiliza una estructura de madera que soporta, hacia el exterior, la cubierta, generalmente de pizarra, y hacia el interior las superficies curvas de la falsa bóveda, construida en yeso o escayola, todo ello con muy bajo presupuesto y sin exigir los gruesos muros que eran precisos en la época para soportar una bóveda de cantería. En los ejemplares más lujosos se utiliza, además, un tambor que eleva la cúpula y permite intensificar la iluminación mediante un juego de ventanas dispuestas en cada una de las caras poligonales del tambor.

A la cúpula de San Isidro que estaría concluida no más tarde de 1650, siguen hasta la finalización del siglo, ejemplos muy respetuosos del modelo como el de la iglesia de las Calatravas, la de Santa Isabel, la de San Cayetano,... Otros ejemplos menos ambiciosos simplifican el tambor clausurando todas las ventanas, como en El Sacramento, parte de ellas como en las Calatravas, suprimiendo totalmente el tambor, como ocurre en las Trinitarias o El Carmen, o llegando a la penuria de labrar una cúpula ciega, sin tambor ni linterna como en San Ginés. Una curiosa solución es la de la capilla de la Venerable Orden Tercera en la que el propio creador del modelo disocia radicalmente las formas, ofreciendo una bóveda interna de suaves curvas que al exterior se transforma en puntiagudo chapitel renunciando totalmente a la iluminación cupular. En otros casos, como ocurre en San Ginés, la cúpula tiene un papel secundario frente a la torre campananario, superior en altura y altivez para la indicada función de identificación mediante el dominio de las perspectivas.

Sin embargo, no sólo las cúpulas ofrecen interés estético; hay que hacer un breve recorrido por los templos barrocos del viejo Madrid para admirar algunas fachadas, detalles arquitectónicos, decoraciones y, en algunos casos, el clima intimista de pasados siglos no perdido aún en recónditos templos que pasan desapercibidos incluso para el madrileño no avisado.

Carboneras del Corpus

Oculto en una recoleta plaza del corazón de la villa, encontramos un convento del Madrid de los Austrias que ha conservado su comunidad de monjas, su riqueza artística y una atmósfera de recogimiento y misterio que nos traslada a otros tiempos.

De la época de su fundación quedan leyendas (dicen que la fundadora, tras su muerte, volvía todas las noches a reunirse con su comunidad para rezar juntas ante el Santísimo) y tradiciones (a cada fallecimiento de una monja, durante nueve días, su lugar en el refectorio se cubre con paño negro y sobre el mismo se ponen cubiertos y platos que van llenándose de la comida del día).

También el sobrenombre de la Comunidad tiene su leyenda pues se dice que la Inmaculada que se venera en el templo, fue hallada en una carbonería, comprada por un franciscano y donada a la comunidad, siendo antigua su fama milagrera.

El templo y convento fueron edificados en el primer cuarto del siglo XVII por el arquitecto Miguel de Soria, sin que se hayan producido reformas de importancia; quizá la más llamativa sea la de la fachada revocada recientemente a la catalana imitando un aparejo de ladrillo cuyas juntas se han pintado en blanco. La portada cuenta con un bello relieve que muestra a San Jerónimo y Santa Paula adorando la Eucaristía.

El interior del templo está constituido por un sencillo salón con bóveda de medio cañón, iluminado a través de lunetos, con un buen retablo mayor y, enfrentado a él, un amplio enrejado tras el que se ven los claros hábitos de las monjas. Pero hay que fijarse en el retablo que tiene un buen lienzo de La Ultima Cena, de Vicente Carducho, el más solicitado pintor de la Corte de Felipe III; tallas de auténtico mérito, del tiempo de la fundación, son el bellísimo Calvario del ático rematado por la figura del Padre Eterno, algo escaso de sitio y en postura de vértigo, y las imágenes de San Jerónimo (de cardenal) y el Bautista, todas ellas del escultor Antón de Morales, virtuoso de la transición del Renacimiento al Barroco.

Precediendo al arco que da paso a la capilla mayor hay otros dos retablitos de época dedicados a San Jerónimo (a la izquierda) y Santa Paula (a la derecha), coincidiendo con la iconografía del relieve de la portada.

El Carmen

Otra iglesia del arquitecto Miguel de Soria, fue ésta del Carmen Calzado cuyas obras se terminaron en 1640, aunque a diferencia de las Carboneras, este templo fue profanado en la guerra última y mutilada su nave al ensancharse la calle de la Salud. Por contra recibió una bella portada de la destruida iglesia de la San Luis Obispo, pero de un estilo bien diferente al del barroco de la primera mitad del XVII en el que se labró el templo primitivo. La portada de la calle del Carmen es de severidad majestuosa, formando parte de una fachada de ladrillo con balcones de amplio vuelo y escalones que hacen recordar a las gradas y tenderetes que aquí hubo hasta principios de este siglo (cómo no recordar también que este lugar estuvo ocupado por la mancebía de la villa hasta que en 1541 fue desalojada para edificar el templo actual).

El interior nos muestra la severidad arquitectónica propia de la época, con amplia nave, cúpula (sin tambor), cabecera y capillas. Las imágenes y pinturas se destruyeron, sin embargo, aún pueden verse algunas rejas del XVII y unas reliquias muy veneradas: el restaurado Cristo yacente recuperado del incendio, y el Cristo de la Fe, reproducción fiel del que existiera en la iglesia de San Luis. Un tercer Cristo —yacente— puede verse en la capilla de la Congregación del Santo Entierro. Y entre tanta advocación fúnebre, una capilla más jubilosa, la de la Virgen del Buen Parto.

Las Trinitarias Descalzas

El convento de las trinitarias de Cervantes, como popularmente se conoce esta congregación se funda a principios del XVII y tras una instalación provisional, en la que serían enterrados Cervantes, su esposa y la hija monja de Lope de Vega, se alza el actual convento, bajo la dirección de los arquitectos de la villa Marcos López y, a su muerte, José Arroyo, quedando acabada años antes de concluirse el siglo.

Se trata de un diseño tradicional: convento, iglesia, huerta, con altos muros que colocan a la comunidad rigurosamente al margen del mundanal ruido. Las monjas trinitarias siguen ocupándolo, por lo que pocos cambios se han producido. La clausura sólo permite acceder al templo que sigue la línea tradicional del barroco severo de la primera mitad del XVII: portada de tres arcadas, escudos y frontón (siguiendo el modelo de la Encarnación), cruz latina con nave única con hornacinas y tribuna a los pies, cubrimiento de medio cañón y cúpula en el crucero con linterna sin tambor.

La decoración interior se compone de retablos barrocos del XVIII de cierto mérito, con piezas valiosas como un pequeño San Pedro de Alcántara atribuido a Pedro de Mena y una excelente Inmaculada de arte madrileño de época fundacional.

Las Calatravas

El actual templo perteneció a la comunidad de monjas que tuvieron su origen en el recogimiento de las damas de los caballeros que iban a las cruzadas. Derribado el convento, nos queda la iglesia construida entre 1670 y 1686 bajo trazas de fray Lorenzo de San Nicolás.

El templo aporta detalles nuevos en lo decorativo y una atrevida cúpula, aupada por un alto tambor; la cúpula y la decoración neoplateresca añadida a la fachada en el XIX, son los elementos más sorprendentes con que nos enfrentamos.

En el interior, cuya decoración sería muy sopesada por la sabiduría del tracista, ofrece ahora la abrumadora presencia del barroco de Churriguera en el altar mayor, con altares rococós en los laterales, todo ello muy difuso, por la oscuridad del templo.

San Ginés

En 1354 ya hablan las crónicas de este templo; pudiera haber sido fundación mozárabe de los siglos XI o XII, época en que esta zona era arrabal aislado de la cerca árabe. Se sabe que el fuerte crecimiento de la feligresía lo convirtió en templo muy principal que registra entre otras celebridades el bautizo de Quevedo en 1580 o la boda de Lope de Vega en 1588. En 1642 se hunde la capilla mayor del viejo templo y tres años después el alarife de la villa Juan Ruiz daría la traza edificando un nuevo templo que aprovecha parte de los muros primitivos. El diseño es tradicional, quizá inspirado en el templo anterior, con tres naves, más alta y ancha la central, capillas de menor altura que las naves laterales, tramo de capilla mayor sobresaliente, tribuna en alto a los pies y torre de ladrillo con chapitel. En el cubrimiento de la nave se emplea la bóveda de cañón perforada por lunetos y en el crucero y capilla la cúpula ciega, sin tambor ni linterna, fórmula barata pero que no contribuye precisamente a la luminosidad del templo.

De la decoración del XVII apenas queda vestigio pues diversos incendios en los siglos XVIII y XIX seguidos de restauraciones imaginativas la modificaron sustancialmente. También afectaron las reformas al exterior y así en 1869 se crea el atrio de la calle Arenal en el espacio que ocupaba el antiguo cementerio. Más recientemente, otras reformas le han dado el aspecto definitivo que hoy presenta la portada principal de la calle de Bordadores.

La visita al interior del templo es algo penosa, la penumbra, la amalgama de estilos y la ausencia de sus galas castizas nos hacen olvidar que visitamos una de las parroquias más antiguas de la villa. Quien visite las capillas se encontrará con una visión algo chocante como es la de un cocodrilo petrificado bajo el altar de la Virgen de Rosario. La leyenda relata que un personaje de la Corte de los Reyes Católicos fue atacado por el cocodrilo y tras encomendarse a María que se le había aparecido sobre un árbol, el animal quedó muerto; la Virgen y el cocodrilo en cuestión son los que hoy podemos ver en San Ginés.

Contigua al templo parroquial, pero independiente de él, se encuentra la **capilla del Cristo,** que también fue obra de Juan Ruiz a mediados del XVII pero que, a diferencia de la parroquia, se ha mantenido intacta a través del tiempo. Tiene planta de cruz latina, con una nave y hermoso crucero con cúpula de tambor y linterna. El altar mayor, hermoseado con mármoles y figuras (ángeles de bronce), está presidido por la hermosa talla del Cristo, obra de Alfonso Giraldo que sustituyó en 1816 a otro muy antiguo de, al parecer estrafalaria factura. La capilla, que conserva la atmósfera de las congregaciones primitivas, guarda, además, pinturas y tallas antiguas de mucho mérito (Misterio de San Ginés de Ricci, Dolorosa de escuela castellana, Ecce Homo italiano,...)

Catedral de San Isidro

Los jesuitas llegan a Madrid en 1562, un año después de la designación de Madrid como sede de la Corte, pero en su asentamiento utilizan unas modestas instalaciones en la calle Toledo hasta que la munificencia testamentaria de la emperatriz María, que había sido testigo de la lucha de los jesuitas en Centroeuropa en defensa del catolicismo, permiten edificar el Colegio Imperial y su templo entre 1622 y 1664.

Al hermano Sánchez corresponde el diseño, siguiendo la planta del modelo basilical romano del Gesù; tras su muerte en 1633 y estando las obras a la altura de los capiteles de las pilastras de la nave, se hace cargo del proyecto el hermano Bautista para realizar la cubierta y levantar el prototipo de cúpula encamonada que tanto éxito tendría en la arquitectura barroca madrileña.

La fachada resulta original con columnas y pilastras de orden gigante; el interior pobre de materiales pero luminoso y ostentosamente decorado con la libertad que el hermano Bautista desplegaba para tratar las formas clásicas.

Tras la expulsión de los jesuitas en 1767, el templo cambia su nombre inicial de San Francisco Javier por el del Santo Patrono de la villa, San Isidro, cuyos restos se trajeron desde su capilla. En 1885 al crearse la diócesis de Madrid-Alcalá se eleva la colegiata a catedral de Madrid (en sus gradas caería muerto el primer obispo, asesinado por un desmandado clérigo).

Hasta su incendio en 1936, la catedral era un verdadero museo de arte madrileño, y aunque se ha podido reparar el edificio, han desaparecido casi totalmente las galas con que las donaciones reales lo habían enriquecido.

A pesar de las pérdidas, es interesante el recorrido del templo. En la primera capilla encontramos un retablo con pequeñas tallas valiosas que corresponden a una vieja hermandad fundada en 1665 en la iglesia del Carmen, trasladadas aquí en 1947. La tercera capilla, con preciosa linterna y gradas, la preside una talla de la Virgen del Buen Consejo. En la parte izquierda del crucero lo más interesante es la capilla de San Isidro y Santa María de la Cabeza en cuyo interior vemos figuras de los santos; en la reja que cierra la capilla se lee: *"Muy primitiva congregación secular de los naturales de Madrid"*. El altar mayor lo preside la urna que guarda el cuerpo momificado de San Isidro y, bajo ella, la de Santa María de la Cabeza, salvados del incendio de 1936. En el altar del ala derecha del crucero se venera la imagen de la Virgen de la Almudena, patrona de Madrid, en trono de plata.

En el lado derecho de la nave el mayor interés reside en la capilla del Cristo (la tercera) que no ardió en el incendio y que conserva su decoración de frescos que se atribuyen a Claudio Coello, el cuadro de Ricci de Cristo conducido ante Anás y una extraordinaria talla del Cristo de la Buena Muerte obra de Juan de Mesa (el mejor discípulo de Montañés) pleno de realismo y de expresividad dramática. En la misma capilla puede admirarse una fiel reproducción del sevillano Cristo del Gran Poder, quizá la más famosa de las esculturas de Juan de Mesa.

Las dos siguientes capillas cierran la evocación sevillana de este templo madrileño pues están dedicadas a las Macarena y a la Virgen de los Reyes con imágenes que reproducen a las sevillanas. Las tallas de La Macarena y el Gran Poder forman la cofradía que hace estación penitencial al modo sevillano en la tarde-noche del Jueves Santo por las calles del viejo Madrid.

San Francisquín

Tan antigua como las dos órdenes de frailes franciscanos y de damas clarisas, es la tercera orden o rama seglar fundada por el propio San Francisco de Asís a principios del siglo XIII.

En Madrid hay constancia documental de la actividad de la Venerable Orden Tercera (VOT) desde 1609 fecha en que comienzan los libros de actas de sus consejos; por ellas sabemos que fueron miembros de la Orden figuras tan ilustres de la sociedad madrileña como Cervantes, Lope de Vega, Calderón o Quevedo.

La actual capilla del Cristo de los Dolores, popularmente conocida por *San Francisquín,* es, en realidad, un precioso templo casi desconocido por estar confundido entre las dependencias de San Francisco el Grande y carecer de entrada independiente hasta fechas recientes. Pero incluso su apariencia externa, de la que sólo destaca un alto chapitel, engaña respecto a su disposición interior.

Un estudioso del prestigio de Elías Tormo, conocedor profundo de los templos madrileños asegura que este modesto templo *es la más típica iglesia de Madrid y la más sencillamente bella de las del reinado de Felipe IV, por su arquitectura y por su decoración, dentro del arte prebarroco.* Hay pues, que dedicar unas líneas a este interesante templo, seguramente el monumento nacional menos conocido de Madrid.

La capilla se edifica a mediados del XVII según trazas del jesuita hermano Bautista que organiza un recinto rectangular de diáfana espaciosidad compuesto por tres partes bien diferenciadas y armonizadas: la nave, el crucero con la cúpula y el presbiterio con el baldaquino. Este último, que contiene la figura de Cristo, se convierte en el foco central de atención, utilizando para ello una arquitectura independiente que constituye, cuanto menos, una obra perfecta de ebanistería, dentro de la arquitectura del templo.

Otras curiosidades y trucos perceptibles incluso para el profano curioso son la bóveda plana sobre pechinas del presbiterio, de muy compleja realización, y la cúpula encamonada o doble cúpula del crucero, que en el interior aparece como una bóveda de media naranja, siendo su presencia externa la de un torreón empizarrado y puntiagudo.

La sobriedad de la arquitectura tiene hoy cumplida réplica en lo decorativo (suprimidos ya las lámparas, ciriales, floreros, imágenes y cuadros piadosos que enmascaraban el baldaquino) que se limita a una valiosa colección de esculturas barrocas policromadas que representan a santos y personajes reales ligados a la VOT (espléndido un San Zacarías que recuerda el arte arrebatado de Juan de Juni), así como a los cuadros de Juan Martín Cabezalero pintor de la escuela de Madrid del XVII poco conocido y cuyas obras mejores están en esta capilla; de los cuatro lienzos del Vía Crucis que pintó entre 1666 y 1667 para esta capilla el mejor es el de la Crucifixión, de gran perfección y realismo, evidenciado la preocupación del artista por los efectos de la luz en la composición.

También tienen interés las dependencias auxiliares —sacristía y antesacristía— construidas pocos años después bajo un precioso diseño de José del Arroyo de líneas muy movidas dentro de una gran armonía. En el proyecto colabora el arquitecto y pintor real Teodoro Ardemans que pintó la cúpula de la sacristía con el Arrebato de San Francisco. Muy artísticas son también las cajoneras que, tal como estipulaba el contrato que amparó su ejecución en 1685 son *"de caoba, palo de maría y ébano guarnecidos de bronces dorados de oro molido.* En la antesacristía cabe destacar la pila para lavatorio de manos, con el escudo franciscano en alabastro, realizada en 1676.

Capilla de la Enfermería de la VOT

A pocos metros de distancia de San Francisco puede verse la silueta inconfundible de la capilla de la enfermería de la VOT con pobre espadaña y esbelto chapitel.

La obra del hospital para los hermanos enfermos se inicia una vez terminada la capilla de *San Francisquín* en el último tercio del siglo XVII en unos solares próximos (hoy calle San Bernabé), donde estuvieron las casas del famoso magistrado de la Corte de Felipe III Gil Imón, en las que pasó larga prisión el duque de Osuna, el más famoso de los virreyes de Nápoles.

Por la puerta del hospital —que sigue activo— se accede al conjunto del recinto con valor histórico-artístico: la escalera, el claustro y la capilla.

La escalera, palaciega, de doble rampa, y la galería alta, constituyen un pequeño museo de pinturas pues en sus paredes cuelgan lienzos de mérito como la *Mujer adúltera* de Carreño de Miranda o un magnífico retrato de un caballero santiaguista de algún discípulo de Velázquez.

La capilla del hospital corresponde a diseño de Arroyo, el constructor de la sacristía de San Francisquín, contando también con una solución de bóveda encamonada sobre la que se eleva el chapitel externo. El proyecto, sin embargo, es menos ambicioso, sin complicaciones ni lujos. Los altares muestran abundante decoración barroca. Hay que destacar un espléndido lienzo de la Asunción, restaurado recientemente, obra de escuela andaluza del XVIII, quizá de Domingo Martínez, uno de los mejores pintores de su época, con un gran dominio de la composición y el colorido, como puede verse en esta obra.

Santa Isabel

Los piadosísimos reyes doña Margarita y don Felipe (III) traen de Avila a este lugar en 1610 a un grupo de monjas agustinas deseosas de establecerse en la Corte. Se aprovecha la casa de campo que la Corona había expoliado a Antonio Pérez, el célebre ministro de Felipe II, que ya se había utilizado parcialmente para Casa-Recogimiento en 1595.

Tras unas transformaciones y primeras construcciones de urgencia en 1611, es Juan Gómez de Mora quien en 1640 entrega las trazas de la iglesia que se realiza con el patronazgo real, repitiendo con fidelidad el modelo consagrado pocos años antes por el hermano Bautista especialmente en lo relativo a la cúpula encamonada.

La decoración interior fue arrasada por un incendio en 1936 por lo que hoy solo podemos ver retablos de sustitución; sin embargo la fábrica del templo sufrió poco, por lo que una restauración reciente ha dejado el recinto en muy buen estado que permite contemplar la perfección de líneas del primer barroco madrileño.

El Sacramento

La iglesia y el desaparecido convento de monjas bernardas fueron planeados para formar, junto con el vecino palacio, un conjunto similar al formado por el palacio Real y el convento de la Encarnación, evidenciando la posición del poderoso duque de Uceda, valido de Felipe III, frente a su rey.

La fachada de la iglesia se inspira en la Encarnación aunque no logra la armonía de aquélla; también aquí el relieve de la fachada (la apoteosis de San Benito y San Bernardo) se reproduce en pintura en el altar mayor.

La disposición interior no difiere sustancialmente del modelo de templo barroco del Madrid de la primera mitad del XVII correspondiendo la paternidad de las trazas al maestro Bartolomé Hurtado. La cúpula tiene tambor ciego y esbelta linterna con pequeños huecos. La decoración, tanto de detalles arquitectónicos como de pinturas murales, es extraordinaria, favorecida por la luminosidad y buen estado del templo.

San Cayetano

Los teatinos italianos, que como tantas otras órdenes se establecen en el Madrid de la Corte a mediados del XVII, edifican un solemnísimo templo con trazado de cruz griega con cuatro cúpulas laterales y una central; todo ello enmarcado con una fachada cuyo diseño inicial no se alejaría mucho del modelo carmelitano. Se habla, sin certidumbre, de un diseño traído de Italia, aunque lo que consta documentalmente es el trabajo de los arquitectos madrileños Marcos López y su hijo, y José Arroyo, en su conclusión.

Desde luego, la obra se hace con las frágiles técnicas de sustitución de la cantería basadas en los estucos y camones de madera usados en el barroco madrileño de la época, y así el fuego que sufrió el templo en 1936 trajo consigo el hundimiento de las cúpulas y la pérdida total de retablos y decoración interior. Sólo quedó en pie la fachada de piedra que no es la primitiva de López sino la adaptación que Ribera realizara en 1722; la cúpula central se reedificó, con cierta libertad respecto al diseño antiguo, siendo una de las más esbeltas de la villa.

Capilla de San Isidro

Nuestro último monumento del primer barroco madrileño de la primera mitad del XVII es un ejemplar de lujo, pleno de originalidad, armonía, cromatismo y riqueza, que al extasiarnos en su contemplación, nos hace olvidar que se trata sólo de una capilla.

La idea del edificio nace con la canonización del Santo (1622) aunque las obras no comenzaran hasta 1642 sobre trazas de Pedro de la Torre; es posible que el proyecto no resultara todo lo grandioso que se requería —la capilla sería patrocinada por las ciudades de la Corona de Castilla y de los virreinatos de América— y así, los planos detallados de José de Villarreal, continuador de la obra en 1657, dan a la capilla su dimensión actual.

El proyecto se basa en la superposición de dos planos: una estructura cúbica de ladrillo con pilastras gigantes en las esquinas y una soberbia cúpula, uniendo ambas superficies una gran cornisa.

El acceso directo se realizaba por dos portadas barrocas salientes, aunque la mayor impresión se conseguiría al entrar a través del templo de San Andrés, con el que comunicaba la capilla y permitiría acercarse con mayor perspectiva al baldaquino del Santo. El interior estuvo cubierto por elaboradísimos estucos que desaparecieron en 1936 junto a las pinturas y tallas que la enriquecían.

Alcázar y palacios

Tras el asentamiento definitivo de la Corte de Madrid en 1606 se acometen obras importantes que tienen mucho que ver con la configuración definitiva de algunos de los rincones más característicos del casco antiguo de la villa.

Estas obras definen claramente el propósito firme de la Corona de asentar la Corte en Madrid e inician la lenta transformación de la modesta villa campesina, proceso que no se detendría a lo largo del siglo, aunque la crisis económica paralizó en muchos casos los deseos de renovación.

Esta circunstancia de penuria económica afectaría a todos los sectores sociales, incluida la nobleza, lo que explica que pese a que la Corte se asienta definitivamente en Madrid, apenas queden rastros de residencias nobiliarias de empaque del siglo XVII, si exceptuamos el palacio del duque de Uceda.

Sí se ejecutan, en cambio, las obras que la capitalidad exige: Plaza Mayor, Casa de la Villa, Cárcel de Corte, reformas del Alcázar.

El viejo Alcázar

Tras la destartalada imagen medieval del Alcázar, Felipe II, que en él había residido como príncipe y allí tuvo su primera *casa* alejado ya de la tutela de mujeres, ordena las obras que le darían el aspecto flamenquizante tan del gusto del monarca. Esta imagen, que revelan las viejas láminas, se mantuvo hasta que el incendio de 1734 destruye el edificio, sobre el que se edifica el palacio de los Borbones.

Nada queda pues del viejo palacio por lo que no se sabe bien que pinta la estatua de Felipe II situada entre la plaza de la Armería y la Almudena, mirando a un palacio que le es ajeno, junto a la catedral que no quiso construir y de espaldas a la única obra que se conserva del monarca en Madrid: el puente de Segovia.

Casas palaciegas y de vecindad

En la calle Mayor se situaron en el siglo XVII algunas de las casas más principales de la villa, formando dos núcleos muy selectos. El palacio del **duque de Uceda** (descrito en el siguiente apartado) y la **Casa de los Cuevas** (transformada por el duque de Abrantes en el XIX y hoy Instituto Italiano) en la zona más próxima al palacio real, y, en el entorno de la plaza de la villa, la desaparecida **Casa de los Acuña** (la más antigua de la calle), y la casa-palacio de los **marqueses de Cañete** convertida hoy en Gobierno Civil con fachada añadida a principios del XIX.

También ocuparon lugares estratégicos, por su cercanía al palacio real, la preciosa casa-palacio del **marqués de la Romana** (restaurada recientemente) en la calle de Segovia o la de **don Pedro de la Vega** (cargada de leyendas románticas) en la calle de Don Pedro.

A esta misma época pertenecen notables ejemplos de casas distinguidas propiedad de personajes de relevancia como ocurre con la **Casa de Lope de Vega**, adquirida por el dramaturgo en 1610 y conservada en buen estado actualmente. Es un edificio de dos plantas con fachada de ladrillo visto sobre zócalo de piedra y buhardillas, y huerto posterior. Tras la restauración de Chueca, en los años 60, pueden verse con su apariencia primitiva: el oratorio, el estudio, el estrado, el aposento de Lope y de sus hijos e invitados, el corredor y la cocina. Constituye una versión muy fiel de la tipología de la vivienda de principios del siglo XVII. No tuvieron la misma suerte las casas madrileñas en que vivieron nuestros grandes clásicos: Cervantes (calle Cervantes, 2), Calderón (Mayor, 61) y Quevedo (Lope de Vega, 17 esquina a Quevedo), cuyas casas han sido transformadas o sustituidas.

Muy interesantes son los primeros grandes edificios de viviendas que se construyen en el Madrid del XVII. A la primera mitad del siglo, y al diseño de Juan Gómez de Mora, corresponden las viviendas de la acera de los impares de la **Cava de San Miguel** (edificios numerados del 5 al 15), levantados a tan insólita altura, para la época, a fin de compensar el gran desnivel existente al cerrar la Plaza Mayor. Llama también la atención la disposición de muro de contención que presentan, a fin de soportar el empuje de la plataforma formada por la plaza y sus edificios. Las cinco plantas de la plaza, se transforman aquí en ocho, por lo que fueron las viviendas más altas de Madrid hasta nuestro siglo.

Los sótanos de la plaza y las plantas bajas de la Cava se forman por una serie de plantas abovedadas superpuestas, bien aprovechadas para la "industria" de los mesones.

A la segunda mitad del siglo pertenecen las casas de la **calle Toledo** (números 1 al 17 y 2 al 14) contiguas a la Plaza Mayor. El piso bajo está constituido por soportales con pilastras toscanas adinteladas siguiendo el modelo de la propia plaza. La piedra se reserva a zócalos, dinteles y molduras, usándose como material básico el ladrillo.

El palacio del duque de Uceda

La excepción a la regla de la obligada moderación con que los nobles plantean su asentamiento en la Corte, la constituye el duque de Uceda, ambicioso valido de Felipe III, que edifica un palacio cuyas dimensiones, disposición y emplazamiento constituyen una réplica al palacio real.

La obra la contrata a fines de 1613 con un arquitecto o ingeniero militar, el capitán Alonso de Turrillo y constituye un interesante ejemplo de la arquitectura monumental del momento, hoy desprovista de las torres esquineras que servirían de contrapunto a la agobiante horizontalidad que se nos muestra en la actualidad.

Son lamentables las transformaciones sufridas, aún así, pueden aún rastrearse la influencia italiana en el diseño y los elementos constructivos castizos. Interesante resulta la doble portada en la fachada principal, que poco más tarde repetiría Gómez de Mora en la Casa de la Villa.

La Cárcel de Corte

Para conocer los orígenes del actual palacio de Santa Cruz, hay que remontarse a 1629, época en la que Cristóbal de Aguilera presenta las primeras trazas del edificio. Hoy extraña que tan monumental palacio fuera edificado para tan siniestro fin, sin embargo, el edificio cumplía, además, las funciones de palacio de justicia como *Sala de Alcaldes de Casa y Corte.*

A mediados del XVII el edificio estaría prácticamente terminado cumpliendo dignamente su cometido hasta que en 1846 se trasladan los presos al Saladero y se dedica el edificio al Ministerio de Ultramar. En tan larga vida hay que registrar un importante incendio en 1791, seguido de una reconstrucción de Juan de Villanueva, así como algunas reformas y adaptaciones y la ampliación del edificio tras la Guerra Civil. Es curioso reseñar cómo los viajeros de la época señalaban unánimemente a este edificio como la más noble y sólida construcción del Madrid de Felipe IV.

Casa de la Villa

Tras muchos años en que el Concejo careció de local propio, pues desde 1405 y durante más de un siglo sus sesiones públicas se celebraron sobre el pórtico de la desaparecida iglesia de San Salvador, se decide por fin en 1629 la construcción de un edificio que alojara tanto a la vieja cárcel de la villa como a la casa concejil. En 1640 Juan Gómez de Mora presenta planos y trazado de líneas y decoración muy austeras. A su muerte se hace cargo del proyecto José de Villarreal, arquitecto que también desempeñó un brillante papel en las obras de la Cárcel de la Corte y en la capilla de San Isidro. El redacta el proyecto definitivo en 1653 y acomete las obras, aunque hay aportaciones posteriores, como los adornos de las portadas y torres de Ardemans o la columnata de la calle Mayor obra de Villanueva, cuya finalidad era la de permitir presenciar la procesión del Corpus a las personas reales.

Se trata de un noble diseño que realza portadas y piso principal apoyándose en una primera planta de granito sin concesiones ornamentales. El ladrillo de la planta superior y torres, las buhardillas y chapiteles empizarrados, los escudos y las grandes balconadas, alegran la sobriedad del trazado; por otra parte el entonado marco de la plaza de la villa con otros edificios históricos y la estatua de don Alvaro de Bazán, componen un rincón de mucho carácter que, sin duda, puede considerarse el corazón de la villa.

La Plaza Mayor

El primer gran centro del Madrid capitalino, la plaza Mayor, es ante todo, una concepción que cuadra perfectamente con la idea de grandiosidad y armonía propia de Felipe II y sus arquitectos. Los papeles de la historia nos confirman que, en efecto, el rey encarga a Juan de Herrera la ampliación y ordenación de un espacio abierto, la plaza del Arrabal, ya existente como plaza irregular rodeada de casas de mísero aspecto con soportales y pilares de madera, desde tiempos de Juan II de Castilla.

Sin embargo, las crecientes necesidades de grandes espacios para solemnizar fiestas religiosas y profanas contribuirían decisivamente a que, durante el reinado de Felipe III el Concejo encargara a Juan Gómez de Mora unas nuevas trazas (respetando la primitiva Casa de la Panadería de 1590), con las que se levanta el recinto, bajo la influencia de los modelos de Valladolid (quizá la primera plaza mayor regular que aparece en España), y Lerma (en la que Gómez de Mora había trabajado con su tío Francisco de Mora).

Las casas eran de fábrica de madera forradas de ladrillo rojo visto y tejados de plomo. Una novedad importante de este momento es la explanación del terreno salvándose el gran desnivel respecto a la Cava de San Miguel con las casas que sirven al propio tiempo de contrafuertes; las escalerillas del Arco de Cuchilleros enlazan los pisos de ambas vías.

El recinto se inaugura en mayo de 1620 con las solemnes fiestas de beatificación de San Isidro, en las que Lope de Vega coopera aportando las pláticas poéticas. En la plaza, según referencias de la época, habitaban 4.000 moradores y tenía capacidad para 50.000 espectadores. El recinto destacaría sobremanera en el perfil de la villa pues, además de su prominencia topográfica, los edificios tenían entonces cinco plantas, frente a las dos o tres alturas como máximo de las casas de su entorno.

Tres incendios la asolan en los años 1631, 1672 y 1790; el último de ellos de tan gran importancia que acarrea el derribo preventivo de parte de los edificios, a modo de cortafuegos. Juan de Villanueva se encarga ese mismo año del proyecto de reconstrucción e introduce cambios sustanciales sobre el diseño de Gómez de Mora, siguiendo modelos franceses del siglo XVII, aunque sin prescindir de detalles plenamente castizos, ni borrar su apariencia primitiva.

La nueva plaza se concibe como un recinto uniforme enteramente cerrado al que llegaban los carruajes a través de arcos de medio punto, con soportales y tres pisos, buhardillas y cubiertas de pizarra. El conjunto resultante concluido definitivamente en 1854 forma un rectángulo de 120 por 94 metros (las proporciones exactas de la "sección áurea"), en cuyos lados mayores quedan acotados los espacios que primitivamente ocuparon las casas de la Panadería y de la Carnicería; en el centro de la plaza, como único elemento ornamental, se colocó en 1847 la estatua ecuestre de Felipe III obra italiana del XVII que estuvo antes colocada en la Casa de Campo.

En cuanto al uso de la plaza a lo largo del tiempo, hay que destacar dos funciones fundamentales: la social y la comercial. En lo social, la plaza se convierte desde el mismo día de su inauguración formal en 1620 en escenario de todo tipo de acontecimientos sociales solemnes: beatificaciones, autos de fe, recepciones reales, ajusticiamientos, corridas de toros, justas a caballo). Las descripciones que pueden leerse, sobre todo las narradas por viajeros extranjeros como Alejandro Dumas, son apasionantes.

En lo comercial, las actividades tradicionales primitivas eran la panadería y la carnicería cuyos establecimientos centrales estaban en la plaza. En el siglo XVIII el comercio en este lugar estaba dominado, por lo que hoy llamaríamos productos de la industria textil: paños, sedas, hilos, quincalla,... En nuestros días, la actividad comercial gira en torno al turismo con algún residuo de comercio tradicional orientado a servir a clientes anclados en modas y costumbres pretéritas.

DATOS PRACTICOS

Monasterio de la Encarnación. Plaza de la Encarnación (A2). Ver apartado "Colecciones y Museos".

Monasterio de las Descalzas Reales. Plaza de las Descalzas. (B3). Ver apartado "Colecciones y Museos".

Carboneras del Corpus Christi. Plaza del Conde de Miranda, 3. (B2). Teléf. 248 37 01. Abierta la iglesia mañana y tarde. Misa cantada por las monjas a las 8 (laborables) y 10 (festivos) de la mañana.

El Carmen. Carmen, 10 (B3/4), esquina a calle Salud. Teléf. 522 67 69. Abierta mañana y tarde.

Trinitarias Descalzas. Lope de Vega, 18 (C5). Teléf. 429 56 71. Comunidad de monjas de clausura. Se abre el templo al público los domingos para las Misas de las 10 y de las 12 de la mañana.

Las Calatravas. Alcalá, 25 (B4). Teléf. 521 80 35. Abierta mañana y tarde.

San Ginés. Arenal, 13 (B3). Teléf. 266 48 75. La iglesia está capilla del Cristo abierta mañana y tarde. La capilla del Cristo permanece abierta de 10 a 13 horas todos los días del año.

Catedral de San Isidro. Toledo, 37 (C3). Abierta mañana y tarde.

San Francisquín. San Buenaventura, 1 (C1). Teléf. 266 36 13. Hay conserje que, mostrando gran interés por la visita, suele enseñar la iglesia y sacristía. También vende un folleto-guía sobre el templo.

Enfermería de la VOT. San Bernabé, 13 (D1). Teléf. 265 76 00. Las monjitas del hospital, mostrando interés por la visita, facilitan el acceso a la escalera y patio y enseñan la capilla.

Santa Isabel. Santa Isabel, 48 (D5). Teléf. 239 37 20. Comunidad de agustinas en régimen de clausura. Puede verse la iglesia acudiendo a las misas de 8 (laborables) o 10,30 (festivos) por la mañana.

El Sacramento. Sacramento, 1 (B1/2). Iglesia Arzobispal Castrense. Abierta a las horas de misas. 9,30 — 11,30 — 19,30; los festivos además de éstas también se celebra a las 12,30 horas.

San Cayetano. Embajadores, 15 (D3). Teléf. 227 07 90. Abierta mañana y tarde.

Capilla de San Isidro. Plaza de los Carros (C2). El interior, muy deteriorado y ausente de sus galas pasadas, no se visita.

Casa de los Cuevas (hoy Instituto Italiano de Cultura). Mayor, 86, c/v a Almudena 2 y Factor 1 (B1). Muy reformada en el siglo XIX.

Casa palacio de los marqueses de Cañete (hoy Gobierno Civil). Mayor, 69 c/v a Traviesa y Duque de Nájera (B2).

Casa del marqués de la Romana. Costanilla de San Pedro c/v a Segovia, 11 y Príncipe de Anglona (C2).

Casa de Don Pedro de la Vega. Don Pedro, 8 y 10 (C1/2).

Casa de Lope de Vega. Cervantes, 11 (C5). Ver apartado "Colecciones y Museos".

Edificios de viviendas de la Cava de San Miguel, 5 al 15 (B2/3), y de la calle Toledo, 1 al 17 y 2 al 14 (B3).

Palacio del duque de Uceda (hoy sede de la Capitanía General y del Consejo de Estado). Mayor, 79 c/v a Bailén, 23 y Pretil de los Consejos, 2 (B1).

Cárcel de Corte (hoy sede del Ministerio de Asuntos Exteriores). Plaza de las Provincias, 1 c/v a Salvador, 1 y Santo Tomás, 2 (B3). Teléf. 266 48 00.

Casa de la Villa. Plaza de la Villa (B2). Ver apartado "Colecciones y Museos".

Plaza Mayor (B3).

3. El Madrid de los Borbones

El urbanismo

El ajustado juicio de Descartes sobre el urbanismo de su época parece dictado tras la visita al Madrid que se disponía a iniciar el siglo XVIII: *"...aquellas antiguas ciudades que al principio sólo fueron villorrios y se convirtieron por la sucesión de los tiempos en grandes ciudades, están, por lo común, tan mal compuestas, que al ver sus calles curvas y desiguales se diría que la casualidad, más que la voluntad de los hombres usando su razón, es la que las ha dispuesto de esta manera".*

Pero no es el racionalismo de cuadrícula la fórmula con que el barroco encara la solución de los problemas derivados del urbanismo de origen medieval, sino la perspectiva, la visión focal o centralista, que tan bien encajaba con el absolutismo monárquico de la época. Esta solución de panoramas, de escenografía, de espectacularidad, es la fórmula visual de los Borbones, pero hay que añadir de inmediato que los nuevos monarcas se consideraban a sí mismos como la encarnación de un espíritu constructivo práctico y filantrópico.

Felipe V, el primer Borbón, construye el nuevo palacio real, la edificación de mayor envergadura de la dinastía, pero la guerra de Sucesión y la hipocondría de sus últimos años frenaron sus planes renovadores. Carlos III, en sus veintinueve años de reinado realiza una labor inmensa, animada de un profundo sentido social. Para Chueca Goitia es el restaurador del país y el gran monarca urbanista de nuestra historia que no se conformó con ser un constructor insigne, sino que fue un ordenador en el más alto sentido de la palabra. Años antes, Madrid había contado con otra figura clave en la configuración y exorno de la ciudad: el marqués del Vadillo, corregidor de la ciudad y protector del gran Pedro de Ribera.

En lo urbanístico, este impulso del corregidor no afecta apenas a nuestro casco viejo, aunque sí a sus límites: el puente de Toledo y la urbanización del paseo de la Virgen del Puerto. Igual ocurre con el alcalde-rey que apenas altera el trazado de la villa tradicional, pero sí sus límites: traza y construye el conjunto del Salón del Prado, renueva la Cuesta de San Vicente, y ejecuta todo el trazado del sector sur de Madrid, entre las antiguas tapias y el río, poniendo en práctica el uso de grandes alineaciones diagonales, con focos o glorietas de irradiación como vértices de tridentes.

Sí aparecen en nuestro viejo Madrid, los edificios de instituciones ilustradas, los palacios de animadas fachadas barrocas ya que, así como el siglo XVII fue el momento de las construcciones religiosas, el XVIII lo fue de las palaciegas.

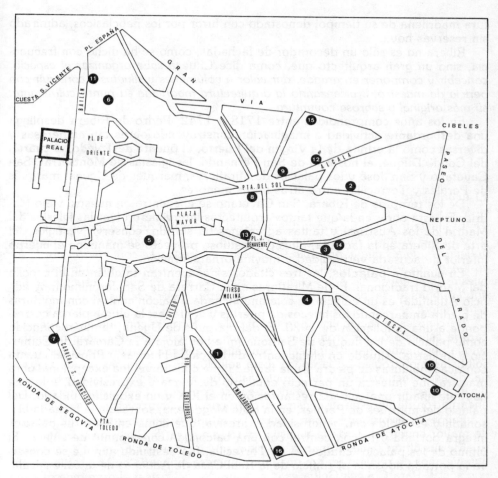

1. Iglesia de San Cayetano.
2. Palacio de Miraflores.
3. Palacio de Ugena.
4. Palacio de Perales.
5. Iglesia de San Miguel.
6. Monasterio de la Encarnación.
7. Iglesia de San Francisco el Grande.
8. Casa de Correos.
9. Casa de Aduanas.
10. Hospital General de San Carlos.
11. Casa de los Ministros.
12. Real Academia de Bellas Artes.
13. Los Cinco Gremios.
14. Real Academia de la Historia.
15. Oratorio del Caballero de Gracia.
16. Fábrica de Tabacos.

El barroco exhuberante: Ribera

El madrileño Pedro de Ribera fue uno de los principales artífices del barroco español, activo durante la primera mitad del XVIII. Su aprendizaje junto a Ardemans, la admiración hacia la figura indiscutible del momento: Churriguera, junto con su arrollador temperamento y personalidad artística, nos sitúan ante un artista para el que no cabe la indiferencia. Protagonista absoluto de la arquitectura madrileña de su tiempo, denostado con furor por los neoclásicos, admirado sin reservas hoy...

Ribera no es sólo un decorador de fachadas, como se ha dicho con frecuencia, sino un gran arquitecto que, como dice Chueca *sabe organizar el espacio, concebir y componer en grande, dar valor a volúmenes y siluetas y construir con pericia de maestro,... alcanzando la arquitectura madrileña su punto culminante, su más original y sabrosa coyuntura.*

En los años comprendidos entre 1718 y 1742, Pedro de Ribera despliega una desbordante actividad e imaginación construyendo obras tan numerosas y diversas como la ermita de la Virgen del Puerto, el puente de Toledo, el cuartel del Conde Duque, el hospicio de San Fernando, las iglesias de Montserrat, San Cayetano y San José y los palacios de Miraflores, marqués de Ugena, marqués de Perales y Torrecilla, entre otras obras menores.

De los **templos** de Ribera, San Cayetano se encuentra en nuestro viejo Madrid. En esta obra, en la que tantos arquitectos intervinieron (ver las iglesias del Madrid de los Austrias) y tantas agresiones ha sufrido, conserva vestigios del arte de Ribera en la fachada, pues del fastuoso proyecto se mantiene el cuerpo inferior de acusada verticalidad y movida ornamentación.

En cuanto a **palacios,** los tres citados se encuentran también en el cogollo del Madrid tradicional. El de Miraflores en la Carrera de San Jerónimo (hoy edificio Atlántida) es un edificio de solemne fachada y balcón central con molduras de piedra enmarcando los huecos de puertas y ventanas; la última planta corresponde a una ampliación de 1920. El del marqués de Ugena, también conocido como palacio de los duques de Santoña (que hoy aloja a la Cámara de Comercio e Industria), situado en el encuentro de las calles Huertas y Príncipe, cuenta con ricas molduras de piedra y una fachada que constituye una excepcional obra maestra que muestra un perfecto equilibrio de fuerza y expresividad, a lo que hay que añadir una cuidada restauración en el XIX y un exquisito cuidado. Del palacio del marqués de Perales, en la calle Magdalena, sobresale la fachada blasonada y esculpida con generosidad expresiva, que como en los otros palacios integra portada y balcón central con una balconada como punto de enlace. El último de los palacios citados, el de Torrecilla, fue destruido aunque se conserva la portada adosada al edificio de la Real Casa de Aduanas de la calle Alcalá.

El palacio real

Tras el incendio del viejo Alcázar en 1734, Felipe V llama a Filippo Juvara para la edificación de un nuevo palacio. El proyecto del italiano situaba el palacio en los altos de San Bernardino (cerca de lo que hoy es la calle de la Princesa) con casi 500 metros de fachada y 23 patios (duplicando la planta de Versalles). Parece que el propio rey determina la utilización del solar del viejo palacio real, mucho más pequeño de lo previsto por el arquitecto. Tras la muerte de Juvara se hace cargo del proyecto y obras su discípulo Sachetti, que adapta el proyecto de su maestro ciñéndose a una planta cuadrada con esquinas avanzadas, patio central y base ciclópea almohadillada sobre la que se levanta el cuerpo principal del edificio con pilastras y columnas que añaden sensación de verticalidad al compacto bloque; una balaustrada, estatuas y jarrones completan el remate.

Dado el desnivel del terreno, la escarpada pendiente del Manzanares se cimenta con grandes paredes y plataformas escalonadas con un complejo sistema

interior de abovedamientos que llegan casi hasta el río. Toda la obra de palacio se hizo de fábrica, sin otra madera que la de puertas y ventanas, en prevención de los temidos incendios. Todas las habitaciones están cubiertas por bóvedas, por tanto, el espesor de los muros es tan considerable que llega a los cuatro metros en la planta baja. Desde luego el edificio del palacio fue la obra más costosa emprendida por la Casa de Borbón.

A diferencia de la gran obra de la Casa de Austria: El Escorial, aquí el espacio reservado para la capilla es mínimo y de diseño y empeño imperial la escalera principal.

En cuanto a cronología, la construcción del palacio abarca desde el primer rey de la dinastía que lo comenzó, Felipe V, hasta los años de la Regencia de doña María Cristina. En tiempos de Fernando VI la obra recibe un fuerte impulso y se termina toda la obra exterior y comienza a habitarse en tiempos de Carlos III, a falta de decoraciones interiores. A la segunda mitad del XIX corresponden los jardines del Campo del Moro en los que predominan las masas de árboles, los senderos caprichosos y la explanada central con las dos fuentes de los Tritones y de las Conchas. Los jardines del lado norte, llamados de Sabatini o de las Caballerizas, fueron realizados al desaparecer éstas en 1933-34. Arcos y dependencias cierran el lado opuesto: la plaza de la Armería correspondiendo su edificación a tiempos de Isabel II.

El barroco tardío: la iglesia de San Miguel

Tras un proyecto de Ardemans no ejecutado, se encarga la edificación de este singular templo al arquitecto italiano Giacomo Bonavía en 1739. En su memoria puede leerse que "ideó mover la arquitectura de forma que haciendo unos arcos diagonales hiciese bizarría nueva y gustosa a la vista"; añade también que "a alguno parecerá extraño o quizá peligrosa la novedad de cargar la media naranja, que se debe toda de buena fábrica, sin madero alguno".

Pero lo que más sorprende al paseante es la fachada convexa rematada por dos torres con originales chapiteles y por frontón también curvo, caso único dentro del barroco madrileño. Todo ello constituiría una nueva ruptura de las formas barrocas que dejan de poner el acento en la exuberancia decorativa para innovar en el diseño y en las formas espaciales.

Tras la guerra civil fue cedido al Opus Dei reformándose el interior en el que desaparecieron los altares laterales y se construyó una moderna cripta.

La transición al neoclasicismo: Ventura Rodríguez

Aunque tradicionalmente ha venido enmarcándose la obra de este famoso y prolífico arquitecto en la corriente del neoclasicismo, se acepta ahora que nuestro artista gravita más al lado del barroco clasicista que en la corriente plenamente neoclásica que dominará a finales de la centuria.

La reforma interior de la iglesia del monasterio de la Encarnación corresponde a sus años de mayor gloria: 1755-1767. Tras penetrar bajo las severas arcadas (ver El Madrid de los Austrias "Los monasterios"), el interior es de una prestancia casi palaciega; Chueca Goitia asegura que no cabe mayor virtuosismo ni delicadeza en el manejo del ornato y en la depuración de los perfiles y molduras de un orden jónico exquisito para concluir que "el interior de la Encarnación, con suave policromía, parece de porcelana".

Los frescos de la bóveda y las pechinas corresponden a Luis y Antonio González Velázquez; a otros pintores del XVIII se deben los cuatro grandes lienzos de la nave, aunque el mayor mérito y antigüedad corresponde a los tres cuadros que Vicente Carducho pintó en 1614 para presidir los altares del presbiterio y crucero: la Anunciación (tema repetido en el relieve de la fachada) para el altar mayor y San Felipe apóstol y Santa Margarita, para los altares laterales del crucero. También al templo primitivo pertenecen las tallas policromadas que representan a Santa Mónica y San Agustín, atribuibles a Gregorio Fernández que hoy forman parte del retablo mayor.

El templo posee un soberbio órgano del siglo XVIII situado en el brazo derecho del crucero; se encuentra en perfecto estado y suele utilizarse tanto para el culto dominical como para ciclos o conciertos aislados en los que se ponen a prueba sus grandes recursos expresivos.

La sacristía rodeada por un zócalo de azulejos de Talavera del XVII, cuenta con la obra maestra de un pintor poco reconocido, Bartolomé Román; se trata de la "Parábola de las bodas" obra fechada en 1628, de la que destaca el uso selectivo de los colores; su blandura y relieve hacen pensar en influencias venecianas y flamencas.

La gran cúpula: San Francisco el Grande

El Viaducto da paso a un edificio de llamativa presencia, con fachada curvada, torres y gran cúpula. Es el templo dedicado a San Francisco de Asís (el Grande para diferenciarlo de otro templo homónimo ya desaparecido).

Una antigua tradición asegura que en este lugar periférico del Madrid medieval hubo una humilde ermita, junto a la cual San Francisco de Asís levantó una pobre choza hacia 1214. Con los años, la devoción de los madrileños y la protección real, templo y convento van ampliándose y siendo testigos de los más solemnes actos de la Corte; por ello no es de extrañar que la comunidad franciscana, rica y numerosa a mediados del XVIII, decidiera derribar templo y convento para edificar unas nuevas instalaciones monumentales que respondieran a las necesidades y al prestigio de la orden.

Los planos de la nueva iglesia se encomiendan al arquitecto de más prestigio del momento: Ventura Rodríguez, pero el proyecto no convence a los frailes que recurren al hermano lego franciscano Fr. Francisco Cabezas quien presenta un diseño de planta rotonda inspirado en el Panteón de Roma, constituido por un gran salón circular cubierto por una cúpula de extraordinarias dimensiones; a los extremos de un eje imaginario se situaban la capilla mayor y el vestíbulo, y a cada uno de los lados tres capillas cubiertas por pequeñas cúpulas.

La construcción se emprende bajo la dirección del propio Cabezas y la obra avanza hasta que las alarmas desatadas sobre el equilibrio de tan atrevida cúpula y las intrigas corporativas de la Academia, obligan a Cabezas a abandonar el proyecto y el prestigioso arquitecto real Sabatini se ocupa de terminar el templo y de edificar el convento anejo.

Pero el remate de Sabatini enmascara las ideas bizantinas del proyecto inicial mediante una fachada formada por un pórtico de sobrias líneas clásicas y dos torres laterales, y así vista la fachada de forma frontal (desde la Carrera de San Francisco) sólo aflora el remate de la cúpula de Cabezas a la composición de Sabatini. Pero hoy, al derribarse el convento que cerraba la actual Gran Vía que desemboca en la Puerta de Toledo, ha quedado al descubierto la gran cúpula y las linternas de las capillas que la rodean descubriendo el contraste de los proyectos de Cabezas y de Sabatini y, desde luego, las adiciones de este último, especialmente las torres, encajan con mucha dificultad en los volúmenes esféricos del diseño primitivo.

La breve escalinata que precede al pórtico nos pone en contacto con un atrio en el que hay que admirar un conjunto de puertas de nogal de excelente talla que reproducen escenas de la vida de Jesús y otros motivos religiosos enmarcados por el cordón franciscano.

La entrada al salón produce una honda impresión de magnificencia, por lo que no es extraño el empeño que tuvieron algunos gobernantes en convertir este salón en lugar solemne para las sesiones de las Cortes (iniciativa de José Bonaparte en 1808) o Panteón de Hombres Ilustres (incluso viajaron hasta este lugar en 1869 los restos de ilustres españoles: Juan de Mena, Calderón, Quevedo, entre otros).

Situados en el centro del salón podremos admirar la grandeza de la cúpula de 33 metros de diámetro y 42 de altura, que supera en dimensiones a las famosas de los Inválidos de París o de San Pedro en Londres.

De la decoración de los altares, paredes y bóvedas puede decirse que aportan un arte aseado, luminoso y colorista al templo sin que, en general, puedan identificarse obras artísticas de primer rango. Las excepciones y las valiosas obras de arte custodiadas en dependencias del templo —muy destacables las sillerías— se describen en el apartado "Museos y colecciones".

Los palacios neoclásicos: instituciones y residencias

En el siglo XVIII las nuevas corrientes ilustradas aportan un fecundo balance constructivo de palacios institucionales en respuesta al papel cada vez más activo de la maquinaria de la Corona.

La **Casa de Correos,** el edificio más característico de la Puerta del Sol, fue construido bajo las trazas del francés Jaime Marquet fechadas en 1766. Llaman la atención, la diferente altura de los pisos, el colorido derivado de la composición de la piedra y el ladrillo, y la solemne portada con frontón superior destacando sobre el ático. En 1866 se le superpone la torreta que sustenta el reloj desfigurando la fachada, aunque hoy se acepta por haberse integrado en una imagen que se nos ha convertido en familiar.

La **Real Casa de Aduanas** fue proyectada por Francisco de Sabatini por encargo de Carlos III e inaugurada en 1769. Es muy acusada la influencia de los palacios romanos de la época sobre este edificio. Llama la atención el contraste entre los pisos bajos concebidos como un gran zócalo almohadillado, sobre el que descansan los dos pisos centrales, así como la portada de Ribera (colocada en 1928 al ampliarse el edificio) y la formidabble cornisa que corta enérgicamente la proyección del edificio.

Unos años antes Sabatini había proyectado también el **Hospital General de San Carlos** cuya planta supera en dimensiones sobre el papel al palacio real, con cinco grandes patios e iglesia con cúpula monumental. Sólo llegó a construirse el gran patio posterior, el actual Centro de Arte Reina Sofía, años más tarde, el ala derecha, la antigua facultad de Medicina de la calle Atocha (ver el epígrafe dedicado a los edificios públicos en "El Madrid Moderno"). Si nos situamos ante la fachada del Centro Reina Sofía y giramos la vista hacia el lateral de la antigua facultad, podemos imaginarnos que estamos justo en el centro de la colosal construcción proyectada por Sabatini. En las zonas construidas se advierte una conjugación del barroco italiano con la tradición escurialense, especialmente perceptible en las arcadas del patio, escaleras y galerías abovedadas.

También es obra de Sabatini la **Casa de los Ministros,** pues el edificio fue creado como residencia de los Ministros de Estado en 1776 alojando a Grimaldi, Godoy, Murat y siendo sede sucesivamente de la Biblioteca Nacional y de los ministerios de Gracia y Justicia, Guerra, Marina y Hacienda. Hoy es sede del Centro de Estudios Constitucionales, manteniendo su imponente apariencia, especialmente en la fachada de la plaza de la Marina Española (antes de los Ministerios), sin rupturas verticales pero con una animada composición y diseños de los huecos. Del suntuoso vestíbulo parte una interesante escalera trazada con la heterodoxa licencia de situar los escalones laterales frente al muro contenedor, con la finalidad de agrandar visualmente un espacio que, por las dimensiones del palacio, es relativamente reducido.

La **Real Academia de Bellas Artes** es una institución nacida con el mismo propósito que la francesa, es decir, para la difusión de las nuevas ideas neoclásicas en las que la arquitectura pasa a ser una ciencia necesitada de cánones rigurosos. No es extraño pues, que el palacio de Goyeneche, elegido como sede de la Academia fuera transformado suprimiéndose las galas rococós con que lo había adornado Churriguera en 1710. Diego de Villanueva es el autor de la conversión, debiéndose la restauración actual a Chueca Goitia. Los torreones laterales son modernos y pretenden cegar las medianerías de los edificios colindantes, más altos que la Academia.

El edificio de **Los Cinco Gremios Mayores** es obra de Joseph de la Vallina, finalizada en 1788. Ofrece tres fachadas y tres plantas con guardapolvos en todas las ventanas y balcones. Se suprimieron las buhardillas que remataban el edificio sustituyéndose por una nueva planta sobre la cornisa. Esta fue la primera sede del Banco de España, estando ocupado hoy por dependencias de Hacienda.

A Juan de Villanueva se deben muchos de los edificios del Madrid de esta época. Uno de ellos, fechado en 1788, es el que actualmente ocupa la **Real Academia de la Historia,** que presenta el aspecto austero de los edificios anejos que por aquellas época realizaba Villanueva en El Escorial, circunstancia que no debe extrañar pues el primer destino del edificio fue el de Casa de Oración en Madrid de la Comunidad de El Escorial. Aspectos dignos de mención son: el tratamiento jerarquizado dado a las diferentes plantas, perceptibles en los huecos exteriores y la adopción del modelo tradicional de conjunto portada —balcón principal— escudo. También notable es el edificio de la misma época que sirve de ampliación a la Academia con fachada a la calle Amor de Dios. Presenta tres plantas con fachada de mampostería revocada y portada de piedra con balcón central y graciosos faroles.

El **Oratorio del Caballero de Gracia,** edificado también por Juan de Villanueva para la Congregación de Esclavos del Santísimo Sacramento, es una interesantísima creación en la que el arquitecto, evocador de las sugestivas imágenes de las basílicas romanas de los años de Constantino, levanta en Madrid un edificio de raiz plenamente neo-palladiana, poco común en España. El interior es sorprendente por lo inusual de su disposición: grandes columnas exentas sobre las que se apoya un nítido entablamento que recorre el templo sosteniendo las bóvedas.

Uno de los escasos ejemplos que quedan en Madrid de la arquitectura industrial del siglo XVIII es la **Fábrica de Tabacos** de la calle de Embajadores. Fue construida en 1790 por la Real Hacienda para fábrica de aguardientes y licores, papel sellado y depósito de efectos plomizos. José Bonaparte la transforma en fábrica de cigarros y rapé, inaugurándose su nueva orientación industrial en 1809. Las trazas del edificio son neoclásicas con planta rectangular y tres patios interiores (dos de ellos acristalados).

En cuanto a palacios, o casas palaciegas, de la segunda mitad del siglo XVIII, la relación es muy numerosa, por lo que las referencias tienen que ser telegráficas, siendo las más destacables los palacios: de la **Nunciatura** (calle del Nuncio, 13 y 15), de don **Domingo Trespalacios** (con portada a la calle de la Cruzada), del **Tribunal de la Inquisición** (obra menor de Ventura Rodríguez, situado en la calle Torija, 12), de **Puñonrostro** (en la plaza del Cordón, 1), del **duque del Infantado** (con portada por Don Pedro, 1), el **Arzobispal** (en la calle de San Justo con sobrecargada portada al pasaje del Panecillo), del **conde de Miranda** (en la plaza de igual nombre), de la **duquesa de Sueca** (en la plaza del Duque de Alba, 2), del **conde de Tepa** (con portada por San Sebastián, 2), así como otras casas palaciegas menos documentadas como las situadas en las calles Alcalá, 36 (atribuída a Juan de Villanueva), Carrera de San Francisco, 15, Redondilla, 2, Amor de Dios, 1.

También pueden hallarse casas de viviendas del XVIII, de rango medio, al pasear por el viejo Madrid: en Cuchilleros, 17 (1725), en Nuncio, 7 (1744), en la plaza del Alamillo, 2 (1793).

Las construcciones más próximas a los ciudadanos del pueblo llano son más difíciles de rastrear por la menor firmeza de los materiales utilizados. Entre los ejemplares supervivientes pueden destacarse las casas de corredor de la calle Redondilla, 13 o de la calle Rollo, 7, ya descritas en el apartado de "Las Corralas", las posadas del Peine (calle Postas, 17) o de San Pedro (Cava Baja, 30), o la casa de postas del duque de Santisteban (Pretil de Santisteban, 1).

DATOS PRACTICOS

Palacio de Miraflores (hoy edificio Atlántida). Carrera de San Jerónimo, 15 c/v Arlabán, 10 (B5).

Palacio del marqués de Ugena (o de los duques de Santoña, hoy sede de la Cámara de Comercio e Industria). Príncipe, 28 c/v Huertas, 3 (C4).

Palacio del marqués de Perales (hoy sede de la Hemeroteca Nacional). Magdalena, 12 (C4), con fachada secundaria por Cabeza, 23.

Palacio Real. Bailén, 2, 4 y 6 (B1). Ver apartado "Colecciones y Museos".

Iglesia de San Miguel. San Justo, 4 c/v a Puñonrostro, 2 y Pasadizo del Panecillo (C2).

Iglesia del monasterio de la Encarnación. Plaza de la Encarnación (A2). Abierta a las horas de culto. Laborables: Misas a las 8 y 8,30. Festivos: Misas a las 8,30, 10,30, 11,30 y 12,30 horas.

Iglesia de San Francisco el Grande. Plaza de San Francisco (C1). Ver apartado "Colecciones y Museos".

Casa de Correos (hoy dependencias de la Comunidad de Madrid). Puerta del Sol, 7 (B4) ocupando la manzana completa (calles del Correo, Carretas y callejón de San Ricardo).

Casa Real de Aduanas (hoy dependencias del Ministerio de Hacienda). Alcalá, 3 y 5, c/v al Pasaje de la Caja de Ahorros y fachada secundaria a la calle Aduana (B4).

Hospital General de San Carlos (D6). Los dos edificios del inacabado proyecto son el actual Centro Cultural Reina Sofía (Santa Isabel, 52) y el antiguo Hospital Clínico (Atocha, 108).

Palacio Goyeneche (Real Academia de Bellas Artes). Alcalá, 13 (B4).

Los Cinco Gremios Mayores (luego Banco de España y hoy dependencias de Hacienda). Atocha, 7 (B3).

Real Academia de la Historia. León, 21 c/v a Huertas, 28. Anexo: Amor de Dios, 2 c/v a Huertas, 32 y Santa María, 3 (C5).

Oratorio del Caballero de Gracia. Caballero de Gracia, 5 (B5). Teléf. 232 69 37.

Fábrica de Tabacos. Embajadores, 53, con fachadas secundarias a la glorieta de Embajadores y calle Miguel Servet (D4).

Otros palacios y casas palaciegas (de la segunda mitad del XVIII): palacio de la Nunciatura (Nuncio, 13-15, C2), palacio de Domingo Trespalacios (Cruzada, 4, B2), Tribunal de la Inquisición (Torija, 12, A2), palacio de Puñonrostro (plaza del Cordón, 1, C2), palacio del duque del Infantado (Don Pedro, 1, C2), palacio Arzobispal (San Justo, 2 con fachada a Pasadizo del Panecillo, C2), palacio del conde de Miranda (plaza Conde Miranda, 4, B2), palacio de la duquesa de Sueca (plaza Duque de Alba, 2, C3), palacio del conde de Tepa (San Sebastián, 2, C4).

Otras casas palaciegas: Alcalá, 36 (B5), Carrera de San Francisco, 15 (C1), Redondilla, 2 (C2), Amor de Dios, 1 (C5).

Casas antiguas y de vecindad: Cuchilleros, 17 (C3), Nuncio, 7 (C2), plaza Alamillo, 2 (C2), Redondilla, 13 (C1), Rollo, 7 (C2), Postas, 17 (B3), Cava Baja, 30 (C2), Pretil de Santisteban, 1 (C2).

4. El Madrid moderno

El urbanismo

El dominio francés coincidiendo con los primeros años del nuevo siglo (1808-1813), aporta transformaciones y reformas a nivel urbano que afectan de lleno al viejo Madrid. Se ordenan derribos de edificios y manzanas enteras para convertirlas en plazas (no en balde a José Bonaparte le apoda el pueblo de Madrid como "el rey plazuelas") y vías en zonas congestionadas por la acumulación de estrechas callejas. A esta finalidad funcional se une el propósito monumental y estético de los grandes espacios y las amplias vías que den cabida al ajardinamiento en la idea de integrar naturaleza y ciudad.

Estas ideas de funcionalidad y embellecimiento urbano tienen reflejo preciso en los planes de Silvestre Pérez, arquitecto del rey Bonaparte, que proyecta dos grandes transformaciones en torno a palacio: el trazado hasta San Francisco el Grande para convertir la vía en un Salón de Cortes jalonado de plazas, y la apertura de unos bulevares que recordaran a los Campos Elíseos, que partiendo de una gran plaza frente a palacio (la plaza de Oriente), llegaran hasta la Puerta del Sol.

También las medidas desamortizadoras tienen su impacto sobre el casco antiguo, pues afectan a los más de sesenta conventos de la villa; muchos de ellos desaparecen derribados, vendidos o destinados a fines comerciales o institucionales. A la misma época del Madrid isabelino pertenecen la reforma de la Puerta del Sol, el ensanchamiento de la calle Sevilla y la formación de la plaza de Canalejas.

Ya en la segunda mitad del siglo (XIX) se aprueba el proyecto de Castro sobre el ensanche de Madrid, derribándose la cerca de Felipe IV y ordenándose los núcleos situados en las afueras de la misma.

Al período de la Restauración corresponde el desarrollo de la llamada arquitectura del hierro que se centra en la construcción de edificios públicos como mercados y obras de infraestructura importantes (por ejemplo, el Viaducto). Otras modas de la época fueron los pasajes comerciales (Matheu, Murga), los teatros (Real, de la Zarzuela, de la Comedia), el alumbrado de gas (inaugurado en 1832 en la Puerta del Sol y calles colindantes) y otros ingenios y construcciones "útiles al ornato y comodidades públicas". Frente a estas muestras del progreso, en la arquitectura aparecen movimientos evocadores de fórmulas del pasado que se toman para reproducir sus modelos (como la arquitectura neogótica y neomudéjar), o para combinar sus elementos o darles un significado diferente (movimiento eclecticista). Más raros son los ejemplos de arquitectura modernista y escasos, en el casco viejo, los proyectos del movimiento racionalista.

Ya a las primeras décadas de nuestro siglo corresponden obras de tan fuer-

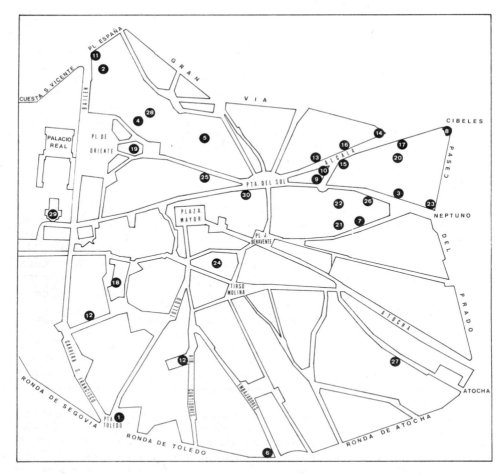

1. Puerta de Toledo.
2. Palacio del Senado.
3. Congreso de los Diputados.
4. Real Colegio de Medicina.
5. Monte de Piedad.
6. Antigua Facultad de Veterinaria.
7. Ateneo de Madrid.
8. Banco de España.
9. Banco Hispano Americano.
10. Palacio de la Equitativa.
11. Real Compañía Asturiana de Minas.
12. Tenencias de Alcaldía.
13. Casino de Madrid.
14. Antiguo edificio de La Unión y el Fénix.
15. Banco de Bilbao.
16. Antiguo Banco Mercantil e Industrial.
17. Círculo de Bellas Artes.
18. Antiguo Círculo Católico.
19. Teatro Real.
20. Teatro de la Zarzuela.
21. Teatro Español.
22. Teatro de la Comedia.
23. Palacio de Villahermosa.
24. Palacio de Viana.
25. Palacio de Gaviria.
26. Casa Ribas.
27. Palacio de Fernán Núñez.
28. Palacio de Granada de Ega.
29. Catedral de la Almudena.
30. Casas del Cordero.

te impacto sobre los límites del casco antiguo como la apertura de la Gran Vía (entre 1910 y 1940), las nuevas alineaciones de la calle Bailén planteadas a principios de siglo que permiten abrir una rápida vía que enlaza la ensanchada plaza de San Marcial (hoy plaza de España), con la iglesia de San Francisco el Grande, utilizando el Viaducto (el actual que sustituyó al primitivo de estructura metálica de 1874 se construyó entre 1934 y 1942). Esta vía se prolonga y enlaza con la Puerta de Toledo y rondas, gracias a la apertura de la Gran Vía de San Francisco en los años 50, obras con las que se termina de configurar la disposición del casco viejo de la ciudad actual.

Los edificios públicos

Frente a períodos anteriores, la construcción de edificios públicos, palacios, teatros y viviendas sobrepasa abrumadoramente a los edificios religiosos, de los que apenas sobresale el eterno proyecto de la catedral de la Almudena.

El primero de los edificios que podrían integrarse en este grupo es una edificación meramente simbólica, emblemática: La **Puerta de Toledo,** proyecto con prisas para solemnizar la entrada, supuestamente apoteósica, en la capital del reino de los parlamentarios de las Cortes de Cádiz. No logrado este objetivo, la puerta acaba convirtiéndose en un monumento glorificador de Fernando VII. Trazada por López Aguado, corresponde a la corriente del academicismo neoclásico presente aún en las primeras décadas del siglo XIX. Llama la atención lo sobrecargado de su ático, una demostración del dominio de la cabeza sobre el cuerpo, verdadera expresión racionalista que utiliza el orden jónico y la simbología de la justicia.

Testigo también en los vaivenes constitucionales de las primeras décadas del siglo, es el actual **Palacio del Senado,** que tras una reforma utiliza el antiguo convento de Agustinos Calzados construido por Jorge Manuel Teotocópulos, el hijo del Greco. El templo se reedifica a comienzos del XIX interviniendo varios arquitectos (Aníbal Alvarez y Jerónimo de la Gándara, principalmente), y en él se establece el salón de sesiones de las Cortes Generales del Reino en 1814, lugar en el que seis años después juraría la Constitución Fernando VII.

En 1842 se adjudican a Pascual y Colomer las trazas del **Congreso de los Diputados** que se edificaría sobre el lugar que ocupó el convento del Espíritu Santo que había servido de sede de las Cortes desde el desalojo de los frailes en 1834 hasta 1841. Probablemente se trate, tras el Palacio Real, del edificio público mejor realizado y más importante de Madrid. El diseño del edificio se concibe a la manera italiana de los palacios del Quattrocento, añadiendo como elemento para resaltar la fachada un pórtico corintio con frontón al modo clásico. La planta es completamente académica, simétrica y rígida, situando al fondo el Salón de Sesiones. Las circulaciones interiores que responden a un preciso programa de necesidades, se hallan muy bien resueltas, dejando una serie de elementos en fachada y ordenando numerosos vestíbulos que proporcionan el debido empaque al edificio.

Alejándonos de la política y retomando la cronología, nos encontramos con el **Real Colegio de Medicina y Cirugía de San Carlos** ya proyectado en 1786 por Sabatini (ver en "El Madrid de los Borbones") para Colegio de Cirugía dentro del conjunto general hospitalario, aunque no realizado. En 1827 se funden los Colegios de Medicina y Cirugía, convirtiéndose en Facultad Universitaria para la que Isidro González Velázquez traza el proyecto en 1831, basándose en la planta simétrica diseñada por Sabatini. La planta es cuadrada, en torno a un amplio patio central donde sobresale como un elemento fundamental el gran anfiteatro situado sobre el eje central.

A la segunda década del siglo pertenece ya un singular edificio, el dedicado a Casa de Alhajas del **Monte de Piedad,** edificado por Fernando Arbós sobre el solar que ocupó hasta 1686 el convento de San Martín. Se trata de un local en el que prima por encima de cualquier otra consideración la seguridad, exigencia que el arquitecto trata adoptando una sólida estructura de hierro. Otro condicionante que influye decisivamente en el diseño es el salón de ventas o almonedas, capaz para 400 personas que se cubre con estructura de hierro y cristal. A la misma época y arquitecto corresponde el edificio dedicado a sucursal de la Caja en la Ronda de Valencia, resuelto con mayor libertad, adoptando formas decorativas neomudéjares. También a la institución pertenece la fachada de la capilla del primitivo edificio, colocada hoy en las dependencias situadas en la plaza de las Descalzas frente al monasterio. La capilla moderna (1970) se sitúa en la calle San Martín; en el interior, insonorizado, con materiales nobles, acertada decoración y obras valiosas, se da culto a la histórica Virgen de las Animas.

Otra obra del neomudejarismo madrileño es la antigua **Facultad de Veterinaria** (hoy Instituto de Enseñanza Media), obra de Francisco Jareño edificada a partir de 1878 en terrenos del primitivo Casino de la Reina (la verja que circunda el recinto sirvió en otros tiempos para alejar a curiosos del enigmático palacete real).

El **Ateneo de Madrid,** pionero en España de la corriente francesa nacida durante la Revolución, nace con una benemérita vocación *"la formación de una sociedad patriótica y literaria para la comunicación de las ideas, el cultivo de las letras y de las artes, el estudio de las ciencias exactas, morales y políticas y contribuir en cuanto estuviese a su alcance a propagar las luces entre sus ciudadanos".* Aparte de los idealismos utópicos, los ateneos fueron un foco importante de la evolución sociopolítica del XIX. Consecuentes con su alta misión en el terreno de las ideas, lo fundamental en estos edificios es la biblioteca y los salones para conferencias y debates. El de Madrid a pesar de la estrechez de su fachada, cubre bien el programa de necesidades merced al gran fondo del solar que ocupa. La fachada es una miniatura orientada a componer y dignificar una gran portada que no se priva de elementos como una solemne arquería, relieves de grandes figuras de la cultura, balconada principal y cornisa de remate; todo ello predispone al visitante a emprender la subida de las escaleras con el ánimo sobrecogido. En las trazas del edificio intervienen arquitectos eminentes del momento: Fort, Landecho y Mélida.

El **Banco de España** es una cuidada obra dirigida por Eduardo Adaro, aunque en ella intervienen otros arquitectos de gran prestigio. Las fachadas corresponden a un estilo neoveneciano muy convincente, con influencia francesa en las cubiertas. La entrada principal se resuelve con una amplia entrada adintelada dominada por un gran arco de medio punto de doble altura rodeado de profusa decoración.

Otro edificio oficial y solemne que también firma Eduardo Adaro en 1902 (junto a López Salaverry) es la sede central del **Banco Hispano Americano** en la plaza de Canalejas, aunque en esta ocasión deja a un lado el clasicismo italiano para utilizar formas más acordes con el eclecticismo europeo. Destacan las grandes figuras de la entrada, el balcón corrido de la planta noble y el patio de operaciones dotado de una estructura metálica a modo de montera, que recuerda el patio de efectivo del Banco de España.

También a este género de edificios ostentosos pertenece el **Palacio de la Equitativa** (hoy Banco Español de Crédito) diseñado por José Grases en 1882 que utiliza un solar triangular con ángulo agudo muy pronunciado en la confluencia de las calles Alcalá y Sevilla. Además de su familiar silueta de proa de barco, es curiosa la decoración con ménsulas de figuras de elefante que sujetan el balcón del piso principal. Del interior, el núcleo central de la composición es el gran patio de operaciones accesible por ambas calles.

Otro edificio empresarial de mercado acento representativo y suntuario es el de la **Real Compañía Asturiana de Minas** edificado en la última década del siglo bajo la dirección del arquitecto Martínez Angel. Tiene planta baja comercial en la que sólo se utiliza la cantería y tres pisos destinados a viviendas con combinación de piedra y ladrillo en los dos primeros; la última se cubre mediante mansarda de zinc y buhardillas. Presenta tres torreones, el central más importante, cubiertos con cúpulas de casco. La zona trasera de la calle del Río está formada por una gran nave cubierta con armadura metálica y cristal, de acuerdo con las técnicas de la época.

A finales de siglo corresponden los edificios de **Tenencias de Alcaldía** del Rastro y La Latina con galerías, escudos y apuntadas torres empizarradas que recuerdan la arquitectura de los Austrias.

A las primeras décadas del siglo actual pertenecen algunos solemnes edificios públicos que jalonan la calle Alcalá y su entorno. El **Casino de Madrid** (magnífica escalera y salón principal) y el antiguo edificio de la **Unión y el Fénix** (hoy Metrópolis en la confluencia de Alcalá y Gran Vía) registran notable influencia de la elegante arquitectura francesa del momento.

Al grupo de los edificios bancarios ampulosos, con órdenes gigantes en la fachada, pueden adscribirse el **Bilbao**, el **Central**, el antiguo **Mercantil e Industrial** (hoy dependencias de la Comunidad de Madrid), todos ellos en la calle Alcalá. Un diseño más vanguardista, con un interesante tratamiento de los volúmenes, encontramos en el edificio del **Círculo de Bellas Artes**. Otros edificios públicos de este momento, con fachadas solemnes e interesantes auditorios son la **Real Academia de Medicina** (Arrieta, 12) y la antigua sede del **Círculo Católico** (hoy Hermandades del Trabajo, en la plaza de la Paja, 4).

Los teatros

En el siglo XIX, los teatros no son simples lugares de representación de obras literarias o musicales, sino centros de reunión social en los que la representación teatral compite con el acontecimiento sociológico. Así a los espacios propios de la finalidad principal, se suman grandes vestíbulos, majestuosas escaleras, salones sociales y amplios palcos, en los que se desarrollaba el acontecimiento social.

Estos aspectos están muy resaltados en el **Teatro Real**. En cuanto a su estilo arquitectónico, puede decirse que si se hubieran seguido, sin más, los planes de su autor, el arquitecto López Aguado —discípulo de Villanueva y autor de la Puerta de Toledo— tendríamos hoy un excelente ejemplo del academicismo neoclásico madrileño. Sin embargo, el proyecto de 1818 tiene sucesivas reformas y reconstrucciones que han convertido al teatro en una amalgama caótica de empeños inconclusos y dispares. En 1925 se cierra ante la amenaza de ruina (pudieron influir los túneles del Metro, las filtraciones de los viejos Caños del Peral). Por motivos de recalce, se amplia su superficie bajo rasante (por ello se dice con razón que el escenario alojaría con comodidad la altura de cualquier edificio de Madrid), lo que parece ha influido negativamente en la acústica del local, al no eliminar las vibraciones que el edificio recibe.

El **Teatro de la Zarzuela** fue promovido por la llamada Sociedad Artística (Barbieri, Gaztambide, Arrieta) que deseaban relanzar el género popular de la zarzuela. El arquitecto Jerónimo de la Gándara se hace cargo del diseño y obras poniendo en pie un dignísimo local (recuerda la planta de la Scala de Milán y cuenta con una elegante fachada), de carácter funcional (escenario recogido, buena sonoridad y carencia de espacios superfluos ajenos a la finalidad primordial), en un tiempo récord (siete meses) sin menoscabo del remate pulcro de todos los detalles. Entre sus previsiones funcionales se encuentra el acierto de retranquear la fachada para permitir el cómodo acceso de carruajes. En 1909 sufrió un incendio que le tuvo apartado de la vida musical hasta 1956.

El actual **Teatro Español** es heredero directo del Corral de Comedias del Príncipe inaugurado en 1583. La construcción del recinto cubierto data de un proyecto de 1745 de autor desconocido. El Teatro del Príncipe, que así se denominaba tras su cubrición, se incendió en 1802. A Juan de Villanueva se debe el proyecto de reconstrucción que permite abrir de nuevo el teatro en 1807. Nuevas reformas en 1869, 1893, 1934 y 1980 han dado al Teatro Español —llamado así desde 1849— el aspecto con el que hoy nos enfrentamos, que no carece de sabor clásico, tal como lo reclama su historia y su finalidad.

El **Teatro de la Comedia** se inaugura en 1875 tras obras de adaptación de un edificio de viviendas. Al arquitecto Ortiz de Villajos se debe la conversión *"añadiendo a la decoración interior la gran novedad de sustituir los antiguos y pesados antepechos de madera por los de hierro colado, elegantes, ligeros, que permiten ver los trajes de las señoras y circular el aire"*. También sufrió el teatro su correspondiente incendio —en 1815— que no le impidió continuar meses después su actividad. Aquí tuvo lugar, como recuerda una placa en la fachada y todos los libros de formación política de la posguerra, la fundación del movimiento Falange Española el 29 de octubre de 1933.

Muy transformado se encuentra el que fue **Teatro Eslava**, cuyo origen se remonta al año 1870, convertido hoy en Disco-Teatro.

Otros teatros que corresponden ya a las primeras décadas de nuestro siglo son el **Reina Victoria** (magníficos azulejos de Talavera y buenos herrajes en fachada), el **Odeón** (ahora Calderón, con inmensas carteleras que impiden ver su meritoria decoración exterior), el **Monumental Cinema** (edificio innovador de los años veinte) y el histórico **Cine Doré** (un singular edificio de características modernistas).

Los palacios

En la arquitectura del XIX confluyen actitudes y estilos distintos y, aún contrapuestos: el academicismo clasicista, el romanticismo, el eclecticismo, los diferentes personalismos. Este florecimiento de opciones para los arquitectos, coincide con una nueva situación sociológica de elevación de las burguesías, lo que se traduce en una alteración de la demanda arquitectónica hacia soluciones más individuales, más a la medida de los gustos y modas del momento.

El palacio de **Villahermosa** es la obra más antigua del período que consideramos y su encuadramiento resulta impreciso, pues la base del edificio actual es un caserón barroco del XVII/XVIII. En 1806 se amplia y reforma y en 1970 se transforma manteniéndose el exterior y renovándose completamente el interior. Hoy sirve de anexo al Museo del Prado para exposiciones temporales.

Otro palacio de siglos anteriores transformado en el XIX es el de **Viana**, situado donde estuvo la casa-palacio de Ramírez edificada en 1499. En 1843 el duque de Ribas la transforma anulando su aspecto de fortaleza, sustituyendo la fachada renacentista por la actual, elevando un piso y ampliando las torres de los extremos a la altura de la torre primitiva. En 1875 lo adquiere el marqués de Viana; hoy está adscrito al Ministerio de Asuntos Exteriores.

El palacio de **Gaviria** es obra notable de Aníbal Alvarez, fundador de una dinastía de arquitectos. La fachada es de clara inspiración romana, siguiendo las trazas del palacio Farnesio de Roma, aunque los materiales de ladrillo son los habituales en Madrid en esta época: zócalo de cantería, muros de ladrillo a caravista y piedra blanca en los elementos decorativos. El nivel de agresión que sufre actualmente este edificio es muy fuerte (ático añadido, locales comerciales).

A los mismos años —en torno a 1846— corresponde la **Casa Ribas** interesante construcción característica de la construcción que se hacía en Madrid a mediados del siglo, dentro de un clasicismo italianizante. Es muy original el cuerpo superior con cariátides que suelen pasar desapercibidas. Como en tantos otros casos, al edificio se le añadió un piso más ya en nuestro siglo.

El palacio de **Fernán Núñez** de 1847, corresponde a la arquitectura del período isabelino con decoración de fachadas a base de pilastras adosadas siguiendo líneas clásicas.

Otro edificio singular es el palacio del **duque de Granada de Ega,** uno de los pocos que se construyó en Madrid con influencias clasicistas italianas durante el siglo XIX. Las ventanas están guarnecidas con molduras, utilizando en la fachada el denominado "cemento romano" y mostrando la singularidad de dos accesos, uno reservado a carruajes, sin perder el ritmo académico. En este caso no se añadió un piso: se añadieron dos, desvirtuando toda la armonía creada por Laviña.

Otros palacios o casas palaciegas de mediados de siglo son los de la calle **Don Pedro, 7** (influido fuertemente por las formas del palacio de Granada de Ega), las dos casas-palacios de la calle **Conde de Plasencia** o Marqués Viudo de Pontejos (primorosamente rehabilitada la marcada con el número 1), la antigua casa-palacio de **Isla Fernández** en la plaza de San Martín (precioso edificio muy cuidado, hoy Cámara de la Propiedad Urbana), también el edificio contiguo marcado con el número 5 y el 8 del postigo son interesantes **casas-palacios** de la misma época. Sin apartarnos de la mitad del siglo podemos citar la casa palacio del **duque de Alba** en la calle de igual nombre, las situadas en la **Carrera de San Jerónimo** (números 30, 32 y 34) o la preciosa casa-palacio del **marqués de Perinat** en la calle del Prado, 26.

A finales de siglo corresponden algunos de los más atractivos palacios de este siglo: el elegante palacio de la **Secretaría de la Comisión de la Santa Cruzada** de la plaza del Conde de Barajas, la cuidada casa palaciega de la calle del **Factor 5 y 7**, el señorial caserón marcado con el número 83 de la calle **Mayor** o el soberbio palacio de **Elduayen** en la calle Torija, 11 (sede del Café de Chinitas).

En cuanto al movimiento modernista, Madrid cuenta con escasos ejemplos.

Uno muy notable es la **Casa de Pérez Villamil Villamil** (plaza de Matute, 10) obra del arquitecto Eduardo Reynals, plenamente modernista, de exuberante decoración y elegantísimo diseño. Otro ejemplo es la finca **Conrado Martín** (Mayor, 16 y 18) cuya fachada fue reformada en 1908-09 por los arquitectos Mathet, padre e hijo, dentro de las características propias del art-nouveau.

A la corriente regionalista puede adscribirse Rucabedo y el más característico de sus edificios la **Casa de Tomás Allende** (hoy sede del Credit Lyonnais en la Carrera de San Jerónimo esquina a la plaza de Canalejas), en la que destacan la rejería de balcones y escaleras, la conjugación del ladrillo y la piedra, la ornamentación escultórica y el magnífico mirador realizado en madera al estilo de la arquitectura popular santanderina. También en la corriente regionalista hay que situar la **Casa-palacio de la plaza de Ramales** con vuelta a las calles Amnistía y Vergara, obra del arquitecto Cayo Redón, que muestra una interesante decoración pictórica en las dos plantas añadidas.

Las iglesias

La arquitectura religiosa de este siglo puede decirse que corresponde a las formas eclécticas del marqués de Cubas, pues a él pertenecen las trazas tanto de la catedral de la Almudena como de la iglesia de Santa Cruz, los únicos proyectos de cierta entidad (junto a la basílica de Atocha) que se plantean en Madrid a lo largo del XIX.

La **catedral de la Almudena** se plantea como una gran obra de inspiración medieval con una cripta neorrománica, base firme, ligada a la fe profunda y sencilla, sobre la que se alzará el templo gótico (como súplica hacia arriba). Parece que los defensores de este proyecto tuvieron que vencer la resistencia de quienes querían un templo académico, italianizado, que fuera coherente con el estilo de Palacio, pero Cubas opta por el gótico, significando, quizá, que Dios está por encima de reyes, planteando que la catedral no puede parecer una dependencia de palacio, por lo que traza un edificio en vertical y gótico, constrastando con la horizontalidad y clasicismo del otro.

El diseño de Cubas, responde pues, a un modelo gótico muy clásico, con tres naves, capillas intercontrafuertes y ábside formando la obligada girola, según los cánones del estilo. En altura se siguen las normas del primer gótico con nave, galería, triforio y ventanas, aunque a medida que gana altura proyecta soluciones más avanzadas (huecos clásicos en la parte baja, gótico más moderno en la iglesia, y libertades en el triforio). La fachada principal con dos torres simétricas e idénticas, se termina en 1960, a falta de elementos decorativos, con grandes variaciones respecto al modelo del marqués de Cubas, volviendo a la vieja idea de integrar la iglesia en la composición del palacio, formando un núcleo cerrado.

Así como en 1860 se derriba la iglesia de Santa María y, no lejos, se inicia el proyecto de la Almudena, en 1876 tras un incendio se derriba la antigua iglesia de **Santa Cruz** y también se encarga al marqués de Cubas el nuevo proyecto que nuestro gran ecléctico resuelve adoptando enfoques que combinan el estilo mudéjar con las formas florentinas. La angosta fachada presenta una gran puerta ojival, encima un rosetón leonés, todo ello enmarcado por un gran arco de ladrillo arquivoltado. La gran torre —antigua "atalaya de la Corte"— es mudéjar en su parte inferior y veneciana en la superior. Salvo la envergadura de la torre-atalaya, nada recuerda la vieja parroquia del Arrabal nacida en la primera mitad del siglo XIII en este lugar, salvo los viejos libros de bautismo, matrimonio y defunción que reflejan los momentos clave de la vida de sus feligreses desde 1535.

Otros dos templos de inspiración medieval son los de **La Paloma** y **San Ignacio**. La iglesia de **La Paloma** es obra de Alvarez Capra, arquitecto neomudéjar, compuesta de dos torres aragonesas (lo más destacable por la pureza de su estilo) y un cuerpo central retranqueado, con arquería renacentista en la planta baja, sobre la que existen ventanas geminadas góticas, rematado por un ojo de buey sobre un paño trabajado a lo mudéjar.

La iglesia de **San Ignacio** se realiza según las tendencias de la época en estilo neo-románico, correspondiendo la fachada al modelo del románico francés del siglo XII con profusión de elementos decorativos y capiteles florales. Está organizada simétricamente con torreón central, pilastras y entablamiento, ventanas con arquillos de medio punto y columnillas.

Finalmente, el **Oratorio del Santo Cristo del Olivar** es una obra de Repullés de principios de este siglo, de líneas clasicistas con un tratamiento del ladrillo de gran pureza y con elementos ornamentales bien encajados.

Las viviendas

Se conservan ejemplares de construcciones de las primeras décadas del XIX de diferente carácter: casas de vecindad (Dos Hermanas, 7, Ave María, 12), corralas (ver capítulo sobre estas construcciones) y viviendas de pisos (Huertas, 20, Arenal, 26-28, Cava Baja, 25, Príncipe, 9, Vergara, 1 y 3, Carrera de San Jerónimo, 8, Espoz y Mina, 4 a 8, etc.), sin embargo, el impulso constructivo configurador en gran medida de las viviendas del casco antiguo comienza a mediados de siglo y continúa con fuerza a lo largo de la centuria. Algunos ejemplos característicos se detallan seguidamente.

Las **Casas del Cordero,** situadas sobre el solar del antiguo convento de San Felipe el Real, fueron una gran novedad en la época (1842-45), ya que era el primer gran bloque de edificios de viviendas que se construyó en Madrid. Es un conjunto de seis casas de arquitectura sencilla y funcional, con fachadas a la Puerta del Sol y calles Mayor, Esparteros, Pontejos y Correo. Las viviendas de mayor lujo, con un orden de pilastras propio de edificios públicos, se sitúan en la zona central; en la esquina de Mayor con Espartero luce el escudo del promotor. Hay que recordar que en la planta baja estuvo el famoso Café Nuevo del Pombo.

A la misma época corresponden los cinco edificios de viviendas de **Mayor,** 11 a 19, construidas simultáneamente sobre los antiguos portales de San Isidro, aunque hoy han perdido la unidad, tras las sucesivas reformas. A 1846 corresponden el proyecto del conjunto de edificios proyectados con carácter unitario para la calle **Ciudad Rodrigo,** siguiendo las directrices dadas para la plaza Mayor por Villanueva. A las mismas Ordenanzas se ajustan, pocos años después, otras casas adosadas a la plaza como las de la calle **Felipe III, Postas** y **Zaragoza.**

La configuración actual de la **Puerta del Sol** parte de las leyes desamortizadoras de Mendizábal de 1836. Derribada la iglesia de San Felipe (sobre la que se edifican las Casas del Cordero) y el convento e iglesia de la Victoria (al otro lado de la plaza), el Ayuntamiento realiza las infraestructuras principales al propio tiempo que expropia y derriba 20 edificios y, tras varias iniciativas de diversa suerte, aprueba el proyecto definitivo, derribándose la iglesia y hospital del Buen Suceso, conservándose la alineación de la Casa de Correos y dándose una forma de arco al lado opuesto de la plaza.

A esos mismos años de la fiebre constructiva del nuevo centro de la villa corresponden los **pasajes** Matheu y del Comercio que aún subsisten, aunque tan deteriorados que causa asombro que Madoz en su documentado Diccionario se refiera al primero de ellos calificándole como el más suntuoso de los construidos hasta entonces en Europa. Su calle central estaba cubierta por una armadura de hierro y las entradas estaban formadas por cuerpos salientes con arcos rematados por grupos escultóricos con atributos del comercio y la riqueza.

Ya en plena segunda mitad del siglo, destacan las construcciones que configuran muchas de las calles principales del viejo Madrid (Arenal, Mayor, Bailén, Carrera de San Jerónimo, etc.). Un buen ejemplo es el edificio número 18 de la calle **Arenal** con los pisos bajo y primero en piedra granítica, miradores sobre las esquinas medianeras y remate superior con una gran cornisa de canecillos. En cuanto a importancia de los pisos, la primera y última plantas son de menor altura que las demás, enfatizándose la decoración en el piso principal.

Otras casas características son las construídas por el **marqués de Cubas**: la Casa Isern (Carrera de San Jerónimo, 18) primera casa neogótica construída en Madrid (en 1865), la Posada del Dragón (Cava Baja, 14 y 16) construida como conjunto de viviendas baratas de la época (1868), la manzana de 16 edificios de viviendas de la Costanilla de San Andrés, también con la orientación de casas baratas proporcionadoras de renta para el capital y "cómodo e higiénico alojamiento a la clase media de esta capital" (1881-82) y las casas de Bailén, 33 al 39 edificadas entre 1880 y 1885.

También pueden destacarse algunas casas singulares por su interés arquitectónico (**Lope de Vega, 47** que resuelve una pronunciada pendiente con una novedosa solución de retranqueo), pintoresquisco (**Campomanes, 13,** de estilo neo-árabe) o rareza (**Alcalá, 35,** uno de los pocos edificios de viviendas que conserva esta calle en su primer tramo).

Quizá uno de los conjuntos más atractivos de esta época, por su situación tranquila, buen estado de conservación y uniformidad, sea el situado en la **calle de la Encarnación** frente al monasterio, a lo largo de toda la calle.

Un buen ejemplo de edificio característico de las viviendas entre medianerías de principios de este siglo, puede ser el situado en **Atocha, 97** que conserva su concepción inicial, sin variaciones y en buen estado de conservación.

Edificios de mayores pretensiones de la segunda década de nuestro siglo, son los situados en la **plaza de las Cortes, 8** (precioso edificio de Joaquín Rojí de clara influencia francesa) y el de **Caballero de Gracia** con vuelta a Gran Vía.

De la arquitectura de los años 30 pueden destacarse los edificios de **Costanilla de Santiago, 1 y Señores de Luzón, 4 y 6.** Junto a estos últimos se sitúa uno de los primeros ejemplos de arquitectura actual integrada en el casco histórico. Otro ejemplo de estética cercana al anterior (ladrillo, miradores acristalados) es el situado en la calle **Sacramento** con fachada a la plaza de la Cruz Verde.

Otros edificios y construcciones

Otras arquitecturas que deben destacarse, corresponden a proyectos de muy diversa funcionalidad. En la **arquitectura industrial** pueden encuadrarse las viejas y ruinosas instalaciones de la **Central de Electricidad del Mediodía,** arqueología industrial de principios de este siglo en pleno casco antiguo (manzana con fachada a las calles Almadén, Alameda, Cenicero y Gobernador), los **Almacenes Mendizábal** (de 1911 en la calle Almendro, 14), el **periódico La Tribuna** (de 1912 en la calle Jardines, 4) o la **Imprenta Municipal** (arquitectura moderna de los años 30 en Concepción Jerónima, 15).

De los **mercados de hierro** de principios de siglo que han llegado a nuestros días, una vez desaparecidos los formidables ejemplos de La Cebada y Los Mostenses, hay que destacar el de **San Miguel** construído entre 1913 y 1916 por el arquitecto Dubé, que presenta una interesante estructura de cubierta. En la corriente racionalista de los años 30 debe situarse el mercado de pescado de la Puerta de Toledo que ofrece nuevas soluciones estructurales con gran dominio de la técnica del hormigón armado (hoy destinado a centro de antigüedades).

Entre los **edificios comerciales** pioneros de nuestro siglo destacan el edificio **Meneses** en la plaza de Canalejas (esquina a Príncipe), obra de José María Mendoza de 1915 y la **Casa Dos Portugueses** (Virgen de los Peligros, 11 y 13) de Luis Bellido entre 1919 y 1922, aunque quizá el más interesante ejemplo de este tipo es obra del prolífico arquitecto Antonio Palacios edificada en 1919-21; se trata de un edificio comercial levantado sobre el solar del palacio de los condes de Oñate, con fachada a las calles **Mayor, 4** y **Arenal, 3,** que enlaza ambos accesos mediante un gran patio cubierto por una espléndida vidriera.

Otro sector importante de realizaciones lo forman los **hoteles.** El ejemplar más notable es la **Palace** de diseño belga-español. Ocupa una manzana trapezoidal completa con torres articulando los vértices de las calles en torno a un gran patio central. Es una de las primeras obras de Madrid, en las que se emplea el hormigón armado para realizar la estructura total del edificio, salvo las cubiertas del patio que se realizan de estructura metálica. Otros edificios hoteleros de inferior dimensión e impacto visual, pero con aciertos indudables son el que fue **Hotel Victoria** (Plaza del Angel/Plaza de Santa Ana) de prolija ornamentación recogida en una interesante envoltura acristalada, y el **Hotel Madrid** (Carretas, 10) con interesante fachada de encuadre clásico con un mirador precursor del muro cortina y magnífica marquesina acristalada.

DATOS PRACTICOS

Edificios públicos

Puente de Toledo (D2).
Palacio del Senado. Plaza Marina Española (A2).
Congreso de los Diputados. Plaza de las Cortes (B5).
Real Colegio de Medicina y Cirugía de San Carlos. Atocha, 106 (D6).
Monte de Piedad. Plaza de San Martín, 1 (B3).
Palacio de la Equitativa (hoy Banesto). Sevilla, 3 c/v a Alcalá, 12 (B4).
Real Compañía Asturiana de Minas. Plaza de España, 8 c/v a Río, 24 (A2).
Tenencias de Alcaldía del Rastro y la Latina. Ribera de Curtidores, 2 (D3) y Carrera de San Francisco, 10 (C1).
Casino de Madrid. Alcalá, 15 (D4).
La Unión y el Fénix Español (hoy edificio Metrópolis). Alcalá, 39 c/v a Caballero de de Gracia (B5).
Banco de Bilbao. Alcalá, 16 c/v a Sevilla (B5).
Banco Mercantíl e Industrial (hoy Comunidad de Madrid). Alcalá, 31.
Círculo de Bellas Artes. Alcalá, 42 c/v Marqués Casa Riera (B5).

Real Academia de Medicina. Arrieta, 12 (A2).
Círculo Católico (hoy Hermandades del Trabajo). Plaza de la Paja, 4 (C2).

Teatros

Teatro Real. Plaza Oriente, 5 (B2).
Teatro de la Zarzuela. Jovellanos, 4 (B5).
Teatro Español. Plaza de Santa Ana (B4).
Teatro de la Comedia. Príncipe, 14 (B4).
Teatro Eslava. Arenal, 11 (B3).
Teatro Reina Victoria. Carrera de San Jerónimo, 26 (B5).
Teatro Odeón (hoy Calderón). Atocha, 14 c/v a Doctor Cortezo (C4).
Monumental Cinema. Atocha, 65 (C5).
Antiguo Cine Dore. Santa Isabel, 5 (C5).

Palacios

Palacio de Villahermosa. Plaza de las Cortes esquina Paseo del Prado (B6).
Palacio de Viana. Concepción Jerónima, 25 (C3).
Palacio de Gaviria. Arenal, 9 (B3).
CASA RIBAS (hoy Banco de Crédito Industrial). Carrera de San Jerónimo, 40 (B5).
Palacio de Fernán Núñez. Santa Isabel, 44 (D5).
Palacio del Duque de Granada de Ega. Cuesta de Santo Domingo, 5 (A2).

Otros palacios y casas palaciegas (de mediados del XVIII):
Don Pedro, 7 (C1). Conde de Plasencia, 1 (B3). Plaza de San Martín, 4 y 5 (B3). Postigo de San Martín, 8 (B3). Duque de Alba, 15 (C3). Carrera de San Jerónimo, 30, 32 y 34 (B5). Prado, 26 (B5).

Otros palacios y casas palaciegas (de finales del XVIII):
Conde de Barajas, 1 (B2/C2). Factor 5 y 7 (B1). Mayor, 83, (B1). Torija, 11 (A2).

Movimiento modernista
Casa de Pérez Villamil (plaza Matute, 10, C4/5) y Conrado Martín (Mayor, 16-18, B3).

Corriente regionalista
Casa de Tomás Allende (Carrera de San Jerónimo, 22 c/v a plaza Canalejas, B4) y Casa palacio (plaza Ramales, 1 Amnistía, 12 y Vergara, 4, B2).

Iglesias

Catedral de la Almudena. Plaza de la Armería c/v a Bailén 8, Mayor 90 y Cuesta de la Vega (B1).
Iglesia de Santa Cruz. Atocha, 6 (B3).
Iglesia de la Paloma. Paloma, 19 y 21 (D2).
Iglesia de San Ignacio. Príncipe, 31 (C4).
Oratorio Cristo del Olivar. Cañizares, 4 (C4).

Viviendas

Grupos de casas: Casas del Cordero (Mayor, 1, Espartaros 6, Pontejos, 2 y Correos, 2 (B3), Mayor, 11 a 19 (B3).
Calles con casas del XVIII. Calles con casas del XVIII: Ciudad Rodrigo (B2), Felipe III (B3), Postas (B3), Zaragoza (B3), Puerta del Sol (B3/4).
Calles con viviendas de la segunda. mitad del XIX.
Arenal (B2/3), Mayor (B 2/3), Bailén (A1, B1, C1), Carrera de San Jerónimo (B4/5).
Casas construidas por el marqués de Cubas: Carrera de San Jerónimo 18 (B4), Cava Baja 14-16 (C2), Costanilla de San Andrés, 14 a 20 (C2), Bailén, 33 al 39 (C1).
Otras casas de interés
Lope de Vega, 47 (C6), Campomanes, 13 (A2), Alcalá, 35 (B5).

Conjunto de edificios de época:
La acera de los pares de la calle Encarnación (A2). Ejemplo de vivienda entre medianerías (de principios de siglo): Atocha, 95 (C5). Edificios destacados de la segunda década de este siglo: Plaza de las Cortes, 8 (B5), Caballero de Gracia, 23 (B5).

Arquitectura de las últimas décadas de este siglo: Costanilla de Santiago, 1 (B2), Señores de Luzón, 4 y 6 (B2) y Sacramento, 9 (B2).

Pasajes

Matheu: entre Espoz y Mina y Victoria (B4).
Del Comercio: entre Montera y Tres Cruces (A4).

Otras construcciones

Arquitectura fabril: Almadén, 25 (C6), Almendro, 14 (C2), Jardines, 4 (B4), Concepción Jerónima, 15 (C3).

Mercados

San Miguel (B2). **Edificios comerciales:** Plaza Canalejas, 4 (B4), Virgen de los Peligros, 11 y 13 (B5), Mayor, 4/Arenal, 3 (B3). **Hoteles:** Palace (Plaza de las Cortes, 7, B6), Victoria (Plaza Santa Ana, 14 c/v plaza del Angel, B4), Madrid (Carretas, 10, B4).

5. Colecciones y museos

Museos

La Real Academia de Bellas Artes

La Real Academia fue proyectada por Felipe V y creada poco después por Fernando VI en 1752. El museo se constituye por decisión de Carlos III en 1774 utilizando ya el viejo palacio de Goyeneche creado por Churriguera y remodelado por Diego de Villanueva.

Los fondos iniciales fueron las obras de arte recogidas por la Junta Central de Monumentos, los incautados a los jesuitas de Córdoba y Cuenca, y la colección confiscada a Godoy, enriquecidos por las donaciones y adquisiciones posteriores; hoy forman los fondos del museo unos 1.500 cuadros, de los que se exhibe una rigurosa selección.

La **sala de acceso** al museo nos ofrece ya platos fuertes: *San Jerónimo penitente* de El Greco, *La merienda en la pradera* de Goya, *La Gloria*, de Lucas Jordán, junto a otras obras muy estimables como un magnífico retrato de Esquivel, *Toros bajando al río*, de Eugenio Lucas, pinturas de Alenza, porcelanas, tallas de los siglos XV a XVII y una talla de Pablo Gargallo.

La sala siguiente **La Academia** (siglo XVIII) reúne muchos retratos de época, destacando entre ellos el magnífico de Carlos III obra del pintor de Cámara, Andrés de la Calleja que nos muestra al monarca y su pompa pero con rostro muy realista, sin concesiones. Hay también retratos de calidad del bohemio Mengs, del elegante Ranc, del frío Van Loo (que también ensaya obras mitológicas de las que hay una muestra en esta sala). Muy interesante es la cabeza en mármol de Fernando VI obra de Olivieri, sorprendente el tenebrismo de un cuadro de Paret y curiosos los retratos del viajero Ponz y del arquitecto Juvara.

La sala de **Goya y su tiempo** suele ser la más concurrida, pues aparte de una pintura de Madrazo y dos buenos retratos de Carnicero representando a Godoy, todo el espacio y el interés se concentra en obras del genial Goya. El retrato de la actriz *La Tirana* (1790-92) es una obra magistral, interpretación soberbia de un altanero tipo femenino, de extracción popular. Junto a él dos de sus conocidísimos *Autorretratos*. Cinco estupendas tablas de principios del nuevo siglo *El entierro de la sardina, Toros en un pueblo, Escenas de inquisición, Procesión de disciplinantes y Casa de locos* nos muestran el Goya atormentado, que satiriza aspectos del carácter nacional, dando a su vez salida a sus agitados instintos personales; en *Los disciplinantes* Goya usa el recurso expresivo del "inacabado" y deja trozos enteros sólo insinuados, aunque, tal vez, la tabla más lograda del grupo, por la intensidad contenida del ambiente y el perfecto equilibrio de todos sus elementos, es la *Escena de inquisición*. Siguen a estas pinturas

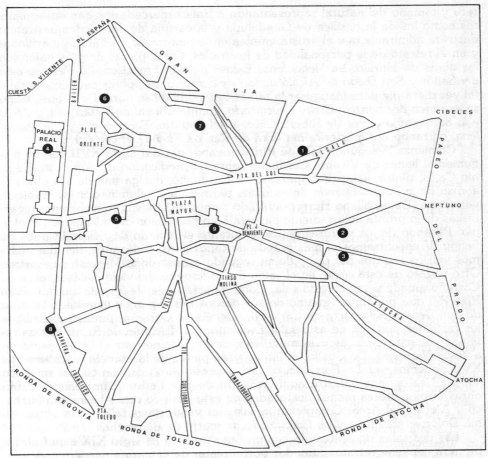

1. Academia de Bellas Artes San Fernando.
1. Calcografía Nacional.
2. Casa de Lope de Vega.
3. Real Academia de la Historia.
4. Palacio Real.
5. Casas Consistoriales.
6. Monasterio de la Encarnación.
7. Monasterio de las Descalzas Reales.
8. Iglesia de San Francisco el Grande.
9. Iglesia de Santa Cruz.

el retrato de Godoy y otro que le presenta "a la manera heroica", como vencedor de la campaña que —por burla— los españoles llamaron "guerra de las naranjas"; ambos retratos se asignan a la paleta de Carnicero. A continuación siguen cuatro retratos de Goya, el de José Luis Munárriz (1815), el ecuestre de Fernando VII (1808) y los soberbios del escritor Moratín y del arquitecto Juan de Villanueva.

Las dos siguientes salas corresponden al **Siglo XVII Español.** La obra de Zurbarán presente en la primera de estas salas, supera a la del Prado. El *Extasis del beato Alonso Rodríguez* es el mejor Zurbarán de Madrid, y uno de los más bellos de color que del pintor tenemos. Cinco retratos más de cuerpo entero y tamaño del natural representando a frailes mercedarios, tan emocionantes como los de la basílica de Guadalupe y la cartuja de Jerez, demuestran la destreza admirable que el artista emplea en la pintura de los hábitos marfileños y en el retrato de la personalidad de los frailes. Otras piezas de gran valor son las obras de Murillo: *La Magdalena, Extasis de San Francisco, La Resurrección del Señor* y *San Diego de Alcalá dando de comer a los pobres* cuya iconografía tal vez diera pie para inaugurar la temática infantil de su obra. De Alonso Cano se exponen dos lienzos: *Cristo Crucificado,* comparable al de Velázquez, y *Jesús y la Samaritana* y tres de Ribera *Cabeza del Bautista, Ecce Homo* y *La Magdalena,* cerrando el repertorio una obra de Pereda *Sueño del caballero.*

Comienza la segunda sala de **Pintura española del siglo XVII** con un monumental lienzo de Vicente Carducho sobre *La predicación de San Juan.* Eugenio Cajés, pintor siempre emparejado a Carducho, cuelga una de sus obras *El abrazo de la Puerta Dorada* de escorzos parmesanos e iluminación de tradición veneciana. Del sevillano Herrera el Viejo vemos una de sus concepciones gigantescas de impronta abiertamente barroca *La presentación de la Virgen en el templo.* Pasando de los pintores famosos durante el reinado de Felipe III a los de Felipe IV encontramos al más grande de todos ellos, Velázquez, del que podemos ver los retratos del rey y de su segunda esposa doña Mariana de Austria. Otro retrato de esta reina, en el salón de los Espejos del viejo Alcázar, obra de Carreño, puede verse en esta sala. Contemporáneo de Velázquez fue fray Juan Rizzi del que podemos ver uno de sus lienzos místicos monumentales *La Misa de San Benito.* A la corte de Carlos II, además de Carreño, pueden adscribirse los restantes pintores de esta sala. Escalante fue discípulo de Rizi y el más refinado colorista de la escuela madrileña; de él podemos ver el lienzo dedicado a *Jesús Nazareno.* De Coello, el último gran pintor de la escuela madrileña del XVII podemos ver *La Porciuncula.* Del expresionismo dramático del sevillano Valdés Leal se nos muestra aquí un lienzo de San Pedro. También presentan obras otros pintores menos destacados de este período como Francisco Pacheco y Alonso del Arco. Completan la sala dos valiosísimas tallas, una virtuosísima *Dolorosa* de Mena y un *Crucificado* de marfil de Beissonat.

Las dos salas siguientes ofrecen un repertorio de **El siglo XIX español.** La primera contiene retratos firmados por el pintor de cámara y académico Vicente López, por su hijo Bernardo, por Martínez Cubels, por Federico Madrazo (una atractiva *Isabel II* joven) y por Zacarías González Velázquez (retrato del arquitecto Ventura Rodríguez). En la segunda sala contigua vemos también retratos (obras de Esquivel, Ferrant, Madrazo y Alenza), obras de temario bíblico y empeño academicista (Esquivel, Casado del Alisal), de ambiente costumbrista (Eugenio Lucas) y preciosos paisajes de la Casa de Campo y el Manzanares (Rico, Gozalvo, Avendaño y Carlos de Haes).

La estancia siguiente suele considerarse como **Sala rotatoria,** pues se usa habitualmente para ir colocando periódicamente obras que habitualmente se exponen en salas no visitables; sirve también de acceso al solemne y luminoso Salón de Actos Salón de Actos de la Academia que preside un gran cuadro de González Ruiz con el rey Fernando VI representando *La Fundación de la Real Academia de San Fernando* y un medallón obra de Van Loo, director e impulsor notable de la Academia.

Cruzando un **pasillo** en el que están colgadas *La Visitación* de Lucas Jordán y *La batalla de Arbelas* de José del Castillo, entramos en la sala dedicada **al Siglo XVII europeo** entre cuyas obras destacan sobremanera las de Rubens *Susana y los viejos* y *San Agustín entre Cristo y la Virgen.* Otras grandes obras son el *Sacrificio de Isaac* de Lucas Jordán, el tema ingenuo de la *Caridad romana* de Jans Jannsen, *San Pedro y Santa Agueda* de Andrea Vaccaro, la *Sagrada Familia* de Luca Cambiaso. Otros pintores representados en esta sala son Otto van Veen, Van Dyck, Martin de Vos, Peter Boel, Albani, Banaschi, Magnasco y Cincinato.

Una salita contigua nos retrotrae a la **Pintura del siglo XVI** con pequeñas obras, algunas de ellas de gran mérito. Siguiendo el orden de colocación de los cuadros vemos una obra del manierista flamenco Frans Francken, el curiosísimo testimonio de *El Emperador Maximiliano y su familia* de Striguel, una rara *Primavera* de Arcimboldo, una obra del malogrado pintor toledano Luis Tristán (discípulo del Greco), dos espléndidas obras del extremeño Luis de Morales que practica un modo de manierismo primitivo que nos resulta hoy ingenuo, un tanto "naif": *La Piedad* (la mejor de las catorce que se le atribuyen) y *Cristo ante Pilatos* (otro de los temas favoritos del pintor). Otro representante del primer manierismo es Juan de Juanes que nos presenta una *Sagrada Familia*, a la que sigue una obra menor de Tintoretto (*La Cena*), un espléndido *San Jerónimo* del delicado parmesano Correggio y otra magnífica obra *El Salvador* del veneciano Bellini. Siguen *El sacrificio de Noé* de Leandro Bassano, y dos obras de gran calidad *San Jerónimo del flamenco Marinus* y *La Crucifixión* de Haus Hüelich, obras realistas y llenas del colorido propio de la escuela alemana de la época.

Hay que retornar ahora a la segunda sala de la Pintura del siglo XIX español para tomar la bifurcación que nos sitúa en la sala dedicada a los **Académicos de este siglo.** Aquí, la mezcla es de lo más heterogéneo en cuanto a formas y estilos. Desde los retratos clásicos de Enrique Segura o Mosquera, a los cromatismos de Rodríguez Acosta y las mallas de Rivera (uno de los fundadores del grupo "El Paso", renovador de la vanguardia tras la guerra civil). De luminoso colorido son las obras de Lozano (*Paisaje de Valencia*) y García Ochoa (*Gente*), contrastando con la austeridad de las pinturas de Delgado (*retrato de Haile Selaissie*) y Vela Zanetti (*el herrero de Milagros*) y con el dramatismo de Hidalgo de Caviedes (*el mar*) y las formas de otro mundo de Vaquero (*termas de Caracalla*). También en la escultura hay contrastes desde las formas figurativas de Avalos y Marés al bello diseño imaginativo de Blanco (*Sintonía*).

La Sala de los Académicos está abierta al **"rincón de las pintoras"**, donde una larga veintena de artistas femeninas exponen pinturas de pequeño formato, y a **la capilla** que presenta bóveda de tambor ciego y cupulín que sirve para iluminar el pequeño recinto. Preside la capilla un Crucificado de Morales y la cubren cuadritos y tallas antiguas, pero lo mejor de la capilla es, sin duda, el *San Bruno* del eminente escultor Manuel Pereira, obra fechable hacia 1650, de dulce y viril intensidad expresiva, realizada para presidir la fachada de la hospedería de los cartujos del Paular y ante la cual detenía siempre su carroza Felipe IV para contemplarlo.

Una tercera apertura del salón de Académicos, da paso a **Salita de Infantes de España** en la que se exhiben obras de los infantes Francisco de Paula Antonio y María Francisca de Braganza y Borbón. Completan la dotación de esta salita un órgano realejo y la vista del Salón de Actos donde vemos el gran órgano de que ha sido dotado recientemente.

La sala de **Pintores españoles del "Siglo XX",** presenta obras de Sotomayor (un buen retrato de Alfonso XIII), Moreno Carbonero, Eugenio Hermoso, Zubiaurre, Pellicer, Salaverría, Benjamín Palencia, Victorio Macho, Santa María, Eduardo Rosales, Chicharro, Alvarez de Sotomayor (*Boda rural*) Benedito,

Vázquez Díaz, López Mezquita, Sorolla (*Baño en la playa, La comida en la barca*), Cecilio Plá, Martínez Cubells, Lahuerta y Pablo Serrano.

El **pasillo y salita** con que se concluye la visita a esta planta contienen algunos floreros, bodegones, paisajes, un grabado de Picasso (*La comida frugal*) y, destacando sobremanera el curiosísimo grupo familiar rotulado como *La familia del Greco* pieza con irregularidades de factura evidentes, pero también con notables delicadezas y gracia en pormenores. Es una obra inestimable para conocer algo de la vida doméstica castellana de fines del XVI; hay dudas de autoría entre El Greco y su hijo Jorge Manuel, así como si realmente representa a la propia familia del pintor.

La **escalera** que conduce a la segunda planta del Museo presenta la abrumadora presencia de cuadros de gran formato en los que predominan los temas religiosos y mitológicos.

La primera **sala-pasillo** de esta parte del Museo presenta retratos de Maella, Vicente López y de la Peña, junto a mobiliario y tallas que ennoblecen el acceso a la Sala de Juntas de la Academia.

La **sala siguiente** acoge muebles, cuadros, grabados, dibujos, relojes, espadas, tarros, lámparas y vitrinas de objetos menudos evocadores. También contiene dos vitrinas con piezas de platería de los siglos XV al XIX, así como una treintena de grabados de Picasso.

Tras un **cuarto de distribución** con cuadros de Palomino (*Inmaculada*), Tobar y Pacheco y dejando a un lado un pasillo con un cuadro de Franz Snyders (*La caza del jabalí*) y otro de Gaspar Crayer (*el infante don Fernando de Austria*), pasamos a una nueva sala de **Pintura española del XVII,** en la que vemos nuevas obras de Ribera (*Entierro de Cristo, Martirio de San Bartolomé*) y Alonso Cano, junto a otros pintores como el granadino Bocanegra, los castellanos Bartolomé González y Pereda y los valencianos Ribalta, Espinosa y Esteban March. También valenciano es el escultor José Ginés, cuyos grupos en tierra cocida, policromada, pueden verse en esta sala y, en menor medida, en otras a lo largo de todo el Museo.

Uno de los accesos abiertos de esta sala corresponde al **Saloncito de los Paños** en el que podemos admirar una vistosa colección de encajes de malla, paños de ofrenda y bordados en sedas de colores; desde el ventanal puede observarse, de cerca, el magnífico órgano del Salón de Actos. En el otro saloncito lo que más abundan son las pinturas de autores anónimos del XVII aunque también hay otro documentado como *La Adoración de los Pastores* de Lucas Jordán o *San Francisco de Paula* de Ximénez Donoso; por el ventanal se observa la cabecera del Salón de Actos y el gran cuadro ya citado que la preside.

La última sala del Museo contiene también **Pintura española del XVII** con obras valiosas como las de Pedro Orrente, pintor que encarna bien el paso de la tradición veneciana, arraigada en España, al pleno naturalismo. Pieza importante de esta sala es *La Magdalena penitente* de Carreño, obra en la que el recuerdo de Rubens es patente. Otros pintores presentan en la sala Don Alonso Cano (con obras secundarias), Leonardo y Collantes (contemporáneos de Velázquez), Matías de Torres (claroscurista radical) y Mateo Cerezo (discípulo de Carreño).

La Calcografía Nacional

La idea de esta institución se debe a Carlos III, monarca que manejó el buril y del que se conservan algunas planchas. Se fundó con el nombre de Real Estamparia, pocos meses después de la muerte del rey, como anexo de la Real Imprenta. En 1932 pasa a depender de la Real Academia de Bellas Artes, en cuyos locales sigue custodiando sus fondos constituidos por más de 7.000 planchas de grabados. Entre ellas hay muchas obras de Goya (80 aguafuertes y aguatintas de "Los caprichos", 82 aguafuertes de "Los desastres de la guerra" y 33 de la serie "Tauromaquia"). Hay también estampaciones de gran mérito del pintor-grabador Mariano Fortuny (de variada temática, con cierta preferencia hacia las escenas árabes), del excelente paisajista Carlos de Haes, de Tomás Campuzano (pequeñas marinas), del madrileño Agustín Lhardy (vistas típicas de rincones pintorescos), del pintor y escritor Ricardo Baroja, quizá el mejor grabador español después de Goya (costumbres y paisajes madrileños, pueblos y tipos de España, mendigos y vagabundos y otros temas diversos), así como planchas de Gutiérrez Solana en las que con brutal sinceridad presenta escenas de desesperado y tremendo realismo.

Casa de Lope de Vega

Lope de Vega adquiere esta casa en la calle Francos (hoy Cervantes) en 1610 cuando vino a instalarse definitivamente en la Corte y la habitó hasta su muerte en 1635. Un nieto del escritor la vende en 1674 y luego pasó a unos y otros hasta que en 1929 falleció su propietaria que crea con todos sus bienes una fundación para enseñar el oficio de encajera gratuitamente a 20 niñas huérfanas. El albacea encomendó el patronazgo de esta obra a la Real Academia Española, por cuyo acuerdo se restauró y acondicionó la casa de la manera más afín a como estuviera en tiempo de Lope, inaugurándose como museo en 1935. En los años 60 Chueca reconstruye lo que fue el oratorio, el estudio, el estrado, el aposento de Lope, el de sus hijas, el de los invitados, el corredor, la cocina y el huerto. La casa que se corresponde con la tipología de la vivienda de principios del siglo XVII es un edificio entre medianerías, de dos plantas y buhardillas, de fábrica de ladrillo visto (pintados tras la reforma de Chueca) sobre zócalo de piedra y huerto posterior. Las diferentes estancias, adornadas con muebles y utensilios de la época, así como retratos de la familia y de los amigos, evocan a nuestro gran comediógrafo y convecino.

Real Academia de la Historia

El barroco edificio que hoy utiliza la Academia, aloja un pequeño museo, de dos salas, dedicadas a prehistoria, que guarda objetos procedentes de Ciempozuelos y Perales de Tajuña, antigüedades romanas y paleocristianas, pinturas de varias épocas (Goya, Madrazo), monedas y tejidos de valor histórico-artístico.

PALACIOS-MUSEOS

El Palacio Real

Ya en el capítulo del "Madrid de los Borbones" se dan noticias que sirven para enmarcar esta obra colosal de la arquitectura de su época; antecedentes más remotos pueden encontrarse en las noticias que se dan del alcázar en el "Madrid de los Austrias".

Aquí nos ocuparemos de dar noticia sucinta del interior de palacio, primero de sus salas y habitaciones principales y, a continuación, de las colecciones que custodian, con la intención prioritaria de destacar algunas de las obras o detalles que no deben pasarse por alto al visitante curioso que se ve obligado a seguir el ritmo trepidante de los guías del Patrimonio. Hay que avanzar que nos enfrentamos ante un conjunto artístico único en Europa, pues rara vez pueden hallarse en un edificio "vivo" tanta variedad de riquezas histórico-artísticas, tantas atrayentes colecciones de artes decorativas, de bibliografía exquisita.

Un pórtico, en el que se encuendra la hornacina en la que Carlos III parece invitarnos a la visita de su palacio, da paso a la solemne **escalera principal** diseñada por Sachetti y reformada y terminada por Sabatini. Su suave ascenso, cimentado en peldaños de mármol de una sola pieza, conduce al primer rellano en el que se bifurca en dos tramos paralelos con balaustrada, leones, jarrones y candelabros. La escalera termina en un segundo rellano que da acceso a distintas dependencias de palacio. La bóveda es de una riqueza y luminosidad sorprendente: lunetos con grandes óculos, decoración de estucos blancos y dorados y pinturas de refinado colorismo, pincelada vibrante y toque ligerísimo del prolífico Corrado Giaquinto, napolitano del que veremos nuevas muestras sin salir de palacio. Este lugar de uso solemne y protocolario, fue escenario en 1841 del ataque de los rebeldes que intentaban apoderarse de la reina niña Isabel II, intento abortado por la intervención de Diego de León y la guardia de palacio.

El **Salón de Alabarderos** o de Guardias, que tan providencial actuación tuvieron en el relatado episodio, ofrece hoy una espléndida decoración con tapices de la Fábrica de Santa Bárbara de la serie "Historia de José, David y Salomón", fechables hacia 1760. Las alfombras, también del XVIII, el mobiliario y los elementos artísticos estilo imperio, completan la decoración de este salón, que cierra la bóveda pintada por el veneciano Tiépolo (competidor con Giaquinto en la decoración de palacio) con un asunto mitológico.

El llamado **Salón de Columnas,** ofrece idéntica composición arquitectónica (columnas, lunetos, óculos, bóveda) que la escalera principal, ya que fue la caja de la doble escalera proyectada por Sachetti. Sirvió para acontecimientos de tan distinto signo como banquetes, bailes, velatorios y liturgias (aquí los reyes lavaban los pies y daban de comer a 25 pobres de ambos sexos el día de Jueves Santo ante toda la Corte instalada en tribunas). Hoy suele utilizarse para grandes conciertos de cámara (generalmente con los Stradivarius de palacio). En la decoración destacan los tapices bruselenses sobre cartones de Rafael y las esculturas en bronce del XVI (Neptuno, la Tierra y Venus) que se salvaron del incendio del viejo Alcázar. Interesantes son también la Mesa de las Esfinges, de estilo imperio, sobre la que se firmó en 1985 el tratado con la CEE, y la copia de la soberbia escultura de Leoni "Carlos I dominando el furor" cuyo original puede verse en el Prado. También se conserva en el Prado el boceto de la pintura con que Giaquinto decoró la bóveda de este salón con los temas de "El nacimiento del Sol" y "La alegría de la Naturaleza", quizá el conjunto más bello pintado por el napolitano en la Corte española.

Las habitaciones siguientes fueron ocupadas por Carlos III al instalarse en palacio en 1764. La primera de ellas, la **Saleta de Gasparini** fue comedor del rey; muy modificada en el XIX, hoy ofrece como elementos más destacados los cuatro lienzos de Lucas Jordán, la bóveda pintada por Mengs y las arañas de bronce y cristal tallado de La Granja que iluminan el recinto.

La **Antecámara de Gasparini,** estuvo decorada en origen con grandes cuadros de Velázquez y Tiziano que pasarían más tarde al Prado; hoy no está mal dotada, pues adornan sus paredes nada menos que cuatro lienzos espléndidos de Goya: dos retratos de Carlos IV (el rey-guerrero y el rey-cazador) y la reina María Luisa (con traje de Corte y con mantilla española). También está presente la pareja real en bustos de mármol tallados por Adam. Completan el repertorio artístico y curioso de esta sala un monumental reloj, una buena araña francesa, una alfombra muy colorista de la Real Fábrica de Tapices y la bóveda adornada por Mengs con temas mitológicos, tan del gusto de los pintores neoclásicos.

La **Sala de Gasparini** es la única de las salas del "Cuarto del Rey" que conserva la decoración del siglo XVIII debida a Matías Gasparini. Para muchos es la más bella sala de Palacio; desde luego es la más ornamentada. Aquí Carlos III se vestía en presencia de sus más allegados cortesanos, siguiendo una tradición de la época. El contraste con otras salas es fuerte, pues aquí impera el gusto dieciochesco por la chinoiserie, dentro del estilo rococó. Gasparini conjuga los motivos decorativos (tapicerías de los muros, del mobiliario, formas de los marcos de las cornucopias, dibujo de la solería de mármol,...). Esplêndidos son el reloj rococó, los candelabros de bronce, las cabezas de mármol de Lucio y Cayo, obras romanas del siglo I, la mesa central y la araña de bronce y cristal tallado.

La pieza alargada que se suele llamar **Tranvía de Carlos III,** está decorada con bronces, retratos cortesanos, muebles estilo imperio, alfombra de la Real Fábrica de fines del XIX y buena araña con remate en forma de palmera de la misma época. Da paso al **Salón de Carlos III,** recinto que fue dormitorio del rey (aquí murió en 1788), aunque los primitivos tapices fueron sustituídos por las telas con los emblemas de la Orden de Carlos III. También nos recuerda al rey el retrato de Maella y la pintura del techo en la que el monarca crea su Orden (una inscripción recuerda que Fernando VII mandó que se pintara este tema en el techo mismo por el que transitaría al cielo "para recibir mayor premio de su virtud y mérito". En la misma sala destacan de la lujosa decoración propia de su dignidad, los relojes en forma de jarrones (con autómatas) firmados por De Belle en el siglo XVIII y una gran araña de bronce, de época isabelina, en forma de flor rematada por la Corona Real.

La **Sala de Porcelana** es otra de las estancias de decoración exótica que tanto debían gustar a los Borbones. Sus muros y techumbre están recubiertos totalmente de placas de porcelana (más de 300), procedentes de la época de esplendor (1765-70) de la Fábrica de Porcelana del Buen Retiro; la solería se resuelve con placas de mármol bajo diseño de Gasparini. Centra la pieza un curioso reloj planetario "Atlante" del XIX.

Los tapices que decoran la **Saleta Amarilla** proceden del Salón de Carlos III, ya descrito. Son magníficos ejemplares tejidos con oro, seda y lana en el siglo XVIII por la Fábrica de Santa Bárbara. También hay que destacar el mobiliario (excelente el escritorio), el piano rococó, un curioso reloj calendario y la lámpara francesa en forma de templete.

El **Comedor de Gala** es un gran salón constituido en época de Alfonso XII para comedor y salón de baile, abriendo las habitaciones denominadas "Cuartos de la Reina". Hoy se sigue usando como comedor de gala (capaz para 145 comensales). La decoración está resuelta mediante tapices bruselenses del XVI sobre cartones de Vermeyer, porcelanas chinas del XVIII, jarrones de bronce dorado con placas de porcelana de Sevres. Las pinturas de los techos de las tres habitaciones que forman la sala corresponden a Mengs ("La Aurora en su carro"), González Velázquez ("Cristobal Colón ante los Reyes Católicos") y Bayeu ("La rendición de Granada", boceto en el Museo del Prado). La iluminación se resuelve mediante quince arañas y diez apliques de fines del XIX.

Tras el gran salón, pasamos a una sala interior en la que se expone una **colección de relojes** de palacio. Se exhiben 60 piezas (la colección de Palacio está formada por más de 200 y la Real supera los 600) entre las que pueden verse toda clase de diseños. La habitación siguiente, interior también presenta, con criterio cronológico, la **colección de piezas de plata** usadas cotidianamente durante los reinados de Fernando VII a Alfonso XIII.

Dejando a un lado las salas del "Museo de Pinturas y galería Artes Decorativas", rodeamos una parte de la galería, de arquerías acristaladas, que dan a patio principal. En la parte central del lado norte de la galería se encuentra el acceso a la **capilla,** uno de los recintos más interesantes de palacio y no precisamente por la grandeza de sus dimensiones, sino por todo lo contrario, por su concentrada elegancia. El diseño básico y primero corresponde a Sachetti, aunque fue muy reformado por Ventura Rodríguez. Dieciséis columnas de mármol negro sostienen la bóveda que se asienta sobre un tambor de cuatro óculos. Todo el complejo juego de formas, curvas y planas que dan cobertura a la capilla ofrecen una decoración virtuosista a la que Corrado Giaquinto aporta lo mejor de su arte. Pieza de auténtico lujo de esta capilla —no visible para el visitante— es el excelente órgano barroco del afamado organero mallorquín Jorge Bosch, que pese a sus holgados doscientos años sigue sonando maravillosamente cada vez que le dan oportunidad de hacerlo (muy escasas, lamentablemente).

Desde hace años no se visitan tres dependencias anexas a la capilla: Anterrelicario, Relicario y Cámara Fuerte, por lo que renunciamos a su descripción, confiando en que, en próximas ediciones de este libro puedan ofrecerse mejores noticias.

La galería nos pone en comunicación con otras dependencias de palacio: las habitaciones oficiales de la Reina María Cristina (en tiempos de Carlos III las ocuparon los infantes). La **Antesala** contiene valiosos tapices bruselenses del XVI, además de elementos decorativos de impacto como el velador central de bronce y piedras nobles. La **Antecámara** ofrece tapices franceses del XVIII, y el lujo habitual de estas salas, rematado por una pintura al fresco de Maella sobre un curioso tema simbólico de "El tiempo descubriendo la Verdad".

En la **Saleta de la Reina María Cristina** podemos ver una buena colección de retratos reales entre los que destaca el de Isabel II (Casado del Alisal), las dos parejas reales Felipe V e Isabel de Farnesio y Fernando VI y Bárbara de Braganza, de Van Loo, y los retratos de José II, príncipe de Brasil (Duprá) y Luis I, príncipe de Asturias (Meléndez).

El **Comedor de Diario** es una amplia y lujosa sala con muros recubiertos de terciopelo rojo, grandes espejos, medallones y relieves decorativos, gran araña, alfombra palaciega y presidiéndolo todo un espléndido retrato de Isabel II muy bien tratada por Winterhalter; la bóveda representa "La caída de los gigantes" obra de Francisco Bayeu.

Elegantísimo es el **Salón de los Espejos** (antiguo tocador de la Reina y sala de música) dentro de la corriente estética del neoclasico del último tercio del XVIII. Predominan los colores blanco y azul, los amplios espejos verticales, los grandes jarrones de porcelana y piezas sorprendentes como un reloj monumental de porcelana del Retiro y una lámpara francesa de original diseño (adornada también con espejos); las pinturas de la bóveda corresponden también a Bayeu "Hércules en el Olimpo".

El **Salón de los Tapices** nace ya con la vocación que su denominación testimonia. Los tapices fueron expresamente encargados para esta sala a la Real Fábrica de Santa Bárbara. Llama la atención el mosaico florentino con motivos marinos que puede verse en el centro de la sala (perteneció a la reina María Antonieta). La bóveda ofrece otro tema de Bayeu "la institución de las Ordenes de la Monarquía Espa]ola", firmada en forma destacada por el autor.

El **Salón de Armas** es una pieza recubierta de tapices bruselenses de los siglos XVI y XVII sobre temas guerreros. Las piezas ornamentales que la decoran son de un alto valor artístico: el tríptico con pinturas de Juan de Flandes de fines del siglo XV que versan todas ellas sobre la vida de Cristo, unos monumentales juegos de candelabros de bronce, figuras ecuestres de Felipe V y Carlos III, y joyas de vitrina; el fresco de la bóveda fue pintado por Maella con un tema de "Hércules entre la Virtud y el Vicio".

Del **Tranvía de la Cámara** destacan los pequeños lienzos galantes de Watteu, los bíblicos de Solimena y los retratos de Palmaroni (Isabel de Borbón), de escuela flamenca (Gelileo), italiana (Cabeza de ángel) y madrileña (personaje de la época de Felipe III).

La Cámara Oficial o **Salón de Audiencias** es un gran salón tapizado, decorado con grandes espejos y mobiliario cortesano, del que destacan los dos grandes retratos de Alfonso XII (Casado del Alisal) y doña María Cristina de Habsburgo (Moreno Carbonero). La lámpara es monumental, la mayor de palacio, y la bóveda se adorna con "La apoteosis de Adriano" de Maella.

La **Antecámara** es una sala de tonos azules con retratos de Carlos III (Mengs), del rey Luis Felipe de Orleans y su esposa (Winterhalter), del rey de Nápoles Fernando IV, así como bustos de mármol (Carlos IV, María Luisa de Parma, Isabel II, Alfonso XII) y bronce (Don Juan Carlos I, de Juan de Avalos y su hijo el príncipe Don Felipe, de Santiago).

En la **Saleta,** sala de audiencias populares, pasamos del azul al damasco rojo, de los retratos reales a los tapices de escenas populares con escenas que recuerdan a Teniers: "la vendimia", "los bebedores", "el pozo", "los fumadores", "la carga de frutas", "juego de bolos", "los bailaores" y, el mejor de todos "el alquimista". No faltan, sin embargo, las consolas, jarrones, espejos, bronces, candelabros y el complemento obligado de araña, alfombra y bóveda pintada al fresco, en este caso con un bellísimo tema de Juan Bautista Tiépolo ("El poder de la monarquía española").

El **Salón del Trono** conserva la apariencia del tiempo de Carlos III: paredes tapizadas de terciopelo rojo, gradas y trono defendidos por cuatro leones de bronce dorado (que ya estuvieron en el Salón de Reinos del viejo Alcázar), esculturas de bronce patinado (de tamaño natural), consolas y espejos, dos espléndidas arañas venecianas y la que quizá sea la mejor bóveda de palacio, pintada por Juan Bautista Tiépolo ("Alegoría de la Grandera de la Monarquía Española"). Piezas de museo son los dos relojes de pie, piezas de procedencia suiza (Berthoud) e inglesa (John Ellicot).

De la pequeña pieza llamada **Habitación de los Grandes,** lo más destacable son los tres lienzos de Lucas Jordán sobre temas bíblicos.

La reseña de las **Habitaciones de la reina María Cristina** debe ser telegráfica; todas ellas cuentan con magnífica decoración (mobiliario, relojes, jarrones, alfombras, arañas), aunque cuentan, además, con algo más que las caracteriza y distingue. Entrada "furriera" (tapices flamencos del XVI), pasillo (lienzos del XVI de Carducho y Poussin), sala de espera (colección de abanicos, esculturas de porcelana y retratos de Alfonso XII), tocador (tapices sobre cartones de Goya), cuarto de baño (retratos del pintor Vicente López), dormitorio (pinturas de Madrazo), comedor (cuadros de Alfonso XIII), biblioteca (vistas de Venecia de Guardi y otras pinturas), despacho (pequeños tapices XVIII, cuadros, bustos y figuras de bronce), gabinete (tapiz, retrato de Madrazo, figura de plata de Isabel II), sala de música (tapices flamencos XVII, figuras y muebles de gran mérito) y el salón o cámara (paredes tapizadas con ricos paños sobre "las cuatro estaciones", esculturas y mobiliario de extraordinaria calidad).

Las colecciones especializadas de palacio, están situadas en otras dependencias, con acceso independiente de las salas principales que constituyen la visita general denominada de los "Salones Oficiales".

El **Museo de pinturas y artes decorativas,** cuenta con varias salas en las que, junto a otras obras artísticas de intención decorativa, se exponen parte de los fondos de pintura del Patrimonio. Sala I (colección de cuadros atribuidos al veneciano Bassano, pintor del renacimiento activo en la segunda mitad del siglo XVI), sala II (obras de la pintura barroca italiana: Lucas Jordán, Guido Reni, Chiniani y otros con una espléndida obra de Caravaggio y bóveda de Bayeu), sala III (académicos españoles de la primera mitad del XIX: Bayeu, Maella, Vicente López, así como un valioso cartón de Goya para tapiz), sala IV (obras religiosas de Mengs algo frías, y de otros diversos autores tan distantes como Morales "El Divino", Maella o Jorge Manuel hijo del Greco), Sala V (cuadros de Velázquez), salas VI y VII (pintura flamenca: gótica —Van del Weyden—, renacentista —Brueghel, Zittow—, barroca —Snyders, Teniers, Broüwer, Fyt, Craesbeck— y de escuela holandesa), sala VIII (cuadros de Houasse), sala IX (pintura española del XVII: Ribera, Bartolomé González y otros autores de escuelas regionales de la época; bóveda de Maella), sala X (bóveda de González Velázquez), sala XI (vitrinas con objetos artísticos menudos, bóveda de Bayeu), sala XII (bordados) y sala XIII (en ocho vitrinas se muestra una exposición de porcelanas que van del tiempo de Felipe V hasta la época de Alfonso XIII).

En las diez salas que componen el **Museo de Tapices** se exponen algunas de las piezas más antiguas y valiosas del Patrimonio, casi todas ellas procedentes de talleres bruselenses, fechables en las primeras décadas del siglo XVI, aunque también hay alguna manufactura flamenca de fines del XV. La colección se despliega en la zona de palacio en que estuvieron las habitaciones de Carlos IV y María Luisa (dos de ellas, alcoba y gabinete, conservan la rica decoración original).

La **Real Biblioteca** ocupa dos plantas del ángulo noroeste de palacio, alojando más de 300.000 libros, 4.000 manuscritos, 3.000 obras musicales, 3.500 mapas y 2.000 grabados y dibujos. Una selección de lo más valioso se expone en las salas abiertas a las visitas: Libros de Horas del siglo XV, incunables y libros raros de los siglos XV-XVIII, colección cervantina, manuscritos sobre historia y arte hispanoamericano, mapas manuscritos e impresos, libros románticos y bellísimas encuadernaciones españolas y extranjeras que van de las obras mudéjares del siglo XV hasta las de nuestros días. Otros miles de libros se agolpan en los hermosos armarios de caoba dejando ver los lomos de la colección de encuadernaciones de los siglos XVIII y XIX más completa de cuantas se conservan en España. Por su carácter de biblioteca palatina se exhiben también piezas únicas como arquetas de oro y plata con pergaminos dedicados a los monarcas, álbumes con encuadernaciones adornadas de brillantes y otras piedras preciosas, autógrafos de los Reyes Católicos, Santa Teresa, San Francisco Javier y otras muchas figuras de relieve universal.

Formando parte del recinto de la Biblioteca se encuentra el **Museo de Medallas** que aloja una de las colecciones más importantes de España de medallas conmemorativas. El grueso de la colección comienza en el siglo XVIII, ya que las medallas antiguas fueron cedidas al Museo Arqueológico. Hay series de auténtico valor material e histórico, pues se trata, en general, de medallas ofrecidas a los reyes.

También en este recinto se encuentra el **Museo de Música,** salón decorado con tapices bruselenses de los siglos XVI y XVII, en el que se exponen los famosos Stradivarius realizados entre 1694 y 1696 especialmente para la Corte de España (2 violines, 2 violas y 2 violoncellos); también se muestran otros interesantes instrumentos como pianos, dos arpas inglesas, un contrabajo italiano del XVIII, dos magníficas guitarras del tránsito del siglo XVIII al XIX, además de libros de coros, partituras, documentos, etc.

El **Museo de la Real Botica** (o Real Oficina de Farmacia) tiene su origen en la Botica Real creada por Felipe II en 1594 en el Alcázar. En 1734 se trasladó a la Casa del Tesoro con todos los materiales que pudieron salvarse del incendio del Alcázar hasta que dos años más tarde retornó a Palacio, una vez reconstruído éste. Los tarros de botica datan la mayoría de fines del XVIII y proceden de las Reales Fábricas de porcelana del Buen Retiro y cristal de La Granja. En 1964 se acondicionaron todos los fondos existentes en las salas de la plaza de la Armería. Muy llamativa es la Sala de Destilaciones con redomas, retortas, hornos, alambiques y morteros de bronce. En las salas de la Nueva Botica de Carlos IV se exhiben los tarros de porcelana, y en la Rebotica las "orzas" y "albarelos" de loza vidriada de Talavera. Interés para la historia de la medicina y la farmacia tienen los libros recetarios de los siglos XVII y XVIII donde se anotaban con todo detalle las medicinas dispensadas a las Reales Familias.

La **Real Armería** también es una creación de Felipe II; el monarca ordenó construir un edificio, junto al Alcázar, que albergara las armas suyas y las de sus antepasados. El núcleo inicial lo constituían las armas y armaduras del Emperador, el Tesoro de los Reyes Católicos (procedentes del Alcázar de Segovia) y las piezas procedentes de las Cámaras de Armas de los monarcas anteriores que existía en Valladolid. Los monarcas posteriores de la Casa de Austria y de Borbón aportaron nuevas armas, trofeos y banderas reunidos durante sus reinados. Tras el desmantelamiento de la guerra de la Independencia y el incendio de 1884, la Real Armería reune sus fondos y se instala en el actual edificio en 1893. Hoy pueden verse piezas valiosísimas como arneses y armaduras de guerra y de parada (de Carlos V a Felipe IV), espadas y estoques (la Tizona del Cid, la de San Fernando, la del Gran Capitán, la de Hernán Cortés y otras muchas que se remontan a los tiempos de Juan II), la espléndida cimera del yelmo del rey Martín I de Aragón, las rodelas y cascos del Emperador, la adarga de parada hecha por los indios de Méjico, armas de fuego de toda clase y época (culebrines del siglo XV, pistolas, arcabuces, espingardas, escopetas de caza), banderas (del Emperador, de las batallas de Lepanto y San Quintín, el Pendón de las Navas), trofeos (tomados en Pavía, Túnez, Mülhberg, Lepanto), etc.

Las Casas Consistoriales

La visita a la Casa de la Villa comprende el recorrido de dos edificios históricos contiguos: el palacio diseñado por Gómez de Mora para Casa del Concejo, que sirve de sede al Ayuntamiento desde fines del siglo XVII, y las dependencias de la Casa de Cisneros, ocupadas por el Ayuntamiento tras su reconstrucción en las primeras décadas de nuestro siglo.

Comenzando la visita por la **Casa de la Villa,** hay que destacar su **escalera de honor** con estatua de bronce en honor de Goya y tres buenos tapices flamencos del XVII, uno de grandes dimensiones sobre cartón de Rubens representando la "Batalla de Troya", y los dos restantes de la serie "Escuela de Equitación". El **despacho de Secretaría** es una estancia finamente decorada en el primitivo estilo. Sus techos muestran pinturas al fresco del XVII; hay cuadros de Vicente López (Isabel II niña), una copia de Mengs (Carlos III) y el San Dámaso atribuído a Palomino (siglo XVII). En la **sala de visitas** de la Secretaría encontramos tres referencias del urbanismo antiguo de Madrid: el plano de Wit grabado en 1622 (el más antiguo conocido), una reproducción reducida en color del Texeira en 1635 y una vista de Madrid realizada en la antesala del siglo XVII por Wesner. Como la anterior, la **antesala** es una estancia pequeña; aquí encontramos varios retratos: el rey Felipe IV (Villaldrando), el rey Fernando VII (de Vicente Velázquez), la reina María Cristina y su hijo Alfonso XIII (cuadro de Madrazo que presidió el Salón de Sesiones durante la Regencia) y el ministro Bravo Murillo (de pintor anónimo). En un rincón de esta sala hay un bello jarrón de Sevres, regalo del Consejo Municipal de París.

El **salón Goya** es una espaciosa y suntuosa estancia presidida por la copia del cuadro "Alegoría de Madrid", de Goya (el original se encuentra en el Museo Municipal). Elementos decorativos de gran categoría de la sala son: el primitivo techo brillantemente decorado a mediados del XVII (con el escudo de España que aún incluye el blasón de Portugal), la espléndida lámpara de La Granja, la mesa velador barroca con jarrón de porcelana del Buen Retiro que centra la estancia, los grandes jarrones laterales de porcelana del Buen Retiro y de Sevres y otros dos cuadros de mérito: "La Crucifixión" de Francisco de Ricci (1622) y "Madrugada del 3 de mayo en la Montaña del Príncipe Pío", de Vicente Palmaroli (1871).

La **capilla** ocupa tres piezas pequeñas unidas por arco de medio punto; toda ella está pintada al fresco por Palomino en 1696; aquí el Concejo oía misa antes de comenzar sus sesiones, dedicándose hace ya muchos años a despacho de cierto relieve.

La **sala de la Custodia** estuvo destinada a guardar la soberbia custodia de plata de la villa, obra realizada en 1573, propiedad del pueblo de Madrid (hoy se exhibe en el Museo Municipal). En su lugar se encuentra un gran centro de porcelana de la Real Fábrica del Buen Retiro que representa las cuatro estaciones. En la misma estancia, en vitrinas, pueden verse dos pergaminos claves para la historia de la villa de Madrid: el privilegio concedido por Alfonso X el Sabio en 1262 y el de Juan I de 1383. En cuanto a mérito artístico, hay que destacar un magnífico Cristo, tallado en marfil, en el siglo XVII, atribuido a Alejandro Algardi.

El solemne **salón de Sesiones** fue concluido en 1692, época a la que corresponde la recargadísima decoración de la bóveda en la que el tema central es una "Alegoría de Carlos II" rey reinante en aquel momento.

El **patio de Cristales,** abierto en origen, está hoy cubierto por una artística vidriera muy colorista, que reproduce el escudo de la villa, al efigie de los patrones y las puertas de Alcalá y Toledo. También se realizó una entreplanta que ha creado un nuevo espacio muy apto para recepciones. Sobre las puertas (antes balcones) del patio figuran bustos de madrileños ilustres (Calderón, Lope, Quevedo, etc.). Otras dependencias de algún interés son la saleta de la Paloma (pequeña sala de reuniones con cuadro de escuela madrileña del XVII representando a la Virgen de la Paloma), el vestíbulo de la Tribuna Pública y la sala de la Carreta, decorados con retratos al óleo de Alcaldes.

La **Casa de Cisneros** ofrece también algunos elementos primitivos y piezas artísticas de gran valor. En la **galería** de alcaldes encontramos retratos de alcaldes, un bonito paisaje de Rivelles sobre el Buen Retiro y un cuadro de escuela madrileña sobre el juicio de Salomón. En la **galería de comisiones** pueden verse dos grandes vistas de Madrid: la de Wyngarde de 1561 y otra desde el mismo punto, tomada casi 400 años después. También pueden verse copias de grabados de los siglos XVII al XIX. Esta galería comunica con la **escalera principal** adornada con los azulejos talaveranos de los talleres de Guijo y Ruiz de Luna.

En el **primer salón de comisiones** encontramos tres magníficos tapices, el de mayor valor es uno gótico del siglo XV emparentado con la colección de la colegiata de Pastrana (Guadalajara), representando la entrada de las tropas de Alfonso V de Portugal en Argila, los otros dos son del siglo XVI y representan escenas de caza. Hay también un bello repostero del XVII con el escudo de Castilla y León, así como también retratos y el curioso lienzo de "Alfonso XI instituyendo el Ayuntamiento de Madrid en 1346".

El **segundo salón de comisiones** conserva su magnífico artesonado de 1537.

En sus paredes cuelgan retratos de alcaldes y el lienzo "Tempestad" de Francisco Pradilla. Dando réplica al artesonado, el mobiliario es de estilo renacimiento español, debiendo destacarse un bargueño del XVI.

También conserva su magnífico artesonado el gran **salón de tapices,** el principal de la casa. La zona central del salón lo ocupan dos extraordinarios tapices góticos-flamencos del siglo XV. El primer representa "El paso del mar Rojo", el segundo denominado "Tineo" narra las hazañas de este caballero. Son dos piezas interesantísimas llenas de personajes en movimiento, ricamente ataviados y llenos de vida. Los restantes tapices del salón palidecen ante los anteriores, aunque debe destacarse el titulado "Neptuno" de principios del XVII.

La **galería** de los tenientes de alcaldes (techo de aspecto castellano, reproducciones de planos antiguos), nos conduce a la **escalera** de acceso al patio decorada con azulejería talaverana. El **patio** ha sido pavimentado con curiosos dibujos arabescos y en el **zaguán** vemos un último artesonado con las vigas pintadas con finos dibujos policromados y los vanos con azulejos.

CONVENTOS-MUSEOS

El Monasterio de la Encarnación

Tras licencia pontificia de 1965 se abrieron al público algunas estancias nobilísimas del convento que durante tres siglos habían permanecido cerradas por la clausura. Hoy, tras una reforma reciente, pueden visitarse con la compañía preceptiva de los acelerados guías del Patrimonio.

Sirve de antesala a la visita un **zaguán** decorado con retratos de reyes de la Casa de Borbón, entre los que destaca el Felipe V vestido a la usanza española, obra atribuida al pintor de la Corte Antonio Palomino.

De las **salas** previas al claustro hay que destacar varias obras, ante las que debe intentarse frenar al guía. Una de ellas es un gran cuadro representando la "Entrega en el Bidasoa" que refleja con fidelidad histórica el momento en el que se ponen en marcha las barcazas para intercambiar las princesas española (Ana de Austria, hija de Felipe III) y francesa (Isabel de Borbón, hija de Enrique IV y María de Médecis), destinadas a ser esposas de Luis XII y Felipe IV, respectivamente. Otra de las hijas de Felipe III, doña María, cuenta con un delicioso retrato en el que luce todas las galas de la época. Muy valioso es también el gran cuadro de Antonio Pereda, pintor del tiempo de Velázquez, que representa a San Agustín y a Santa Mónica, bajo la advocación de la Virgen, recibiendo como religiosa en el convento a Sor Ana Margarita, hija natural de Felipe IV. Cierra la selección de obras que requieren más atención el bellísimo "San Juan, mancebo" de Ribera, fechada en 1638, y la Inmaculada de Juan Carreño de 1683, obras ambas realistas y sensuales.

La **galería** decora sus arcadas con grandes lienzos de la primera época del convento con escenas solemnes de la vida de la Virgen y del Evangelio. La primera de las dos capillas del claustro es la denominada del Cordero en la que sobresalen un Cristo yacente de Gregorio Fernández y un gran cuadro de San Juan Evangelista contemplando una visión apocalíptica. La segunda capilla, la del Loreto, tiene menos interés. Al fondo de la galería sobre altares de bella azulejería de Talavera pueden verse dos pinturas notables representando a San Pedro y San Juan Evangelista y ante ellos una talla de Cristo atado a la columna.

Tras el **antecoro,** decorado con una buena tabla florentina, figuras y cuadros, se entra en el **coro bajo,** bellísima estancia que conserva la sillería de la época de la fundación, enriquecida con obras de arte tan meritorias como un Cristo de marfil, de excepcional tamaño, un gran lienzo de la época napolitana de Lucas Jordán representando a San Agustín y Santa Mónica sobre la reja que comunica con el templo, una estupenda serie de Arcángeles de Bartolomé Román (el autor del cuadro de la sacristía), tallas policromadas y el hermoso sepulcro de mármoles y bronce de Sor Ana Margarita (la hija de Felipe IV que aparece profesando en el cuadro de Pereda).

Tras un **cuarto** de paso en el que se conserva el sepulcro con el cuerpo incorrupto de Sor Mariana de San José, primera priora del convento, se pasa al **relicario,** auténtico osario bellísimamente enmarcado con techo de grutescos, zócalo de azulejos de Talavera, vitrinas de preciosas maderas y elaboradísimos relicarios. Cráneos, brazos, tibias, el cuerpo incorrupto de doña Luisa de Carvajal,... constituyen el arsenal óseo de esta sala, al que hay que añadir una reliquia algo distinta pero tan popular como la sangre de San Pantaleón (que se licúa cada 27 de julio). Muchas de esta reliquias es posible que procedan de la inmensa colección que logró reunir Felipe II. Una última curiosidad de esta sala es el pequeño Cristo del altar que según la tradición, fue quemado por los judíos en la madrileña plaza de la Cebada.

El monasterio de las Descalzas Reales

El **zaguán** de acceso al convento-museo nos retrotrae a los tiempos del emperador Carlos, pues se trata del mismo recinto que servía de entrada al viejo

palacio; su techumbre de madera habrá sido testigo del tránsito de todos los grandes personajes de la Corte de los Austrias. Al fondo del zaguán, recordándonos la primitiva denominación del monasterio, vemos un portal con la pintura barroca de la Virgen de la Consolación, y en las paredes cuadros de santos ermitaños.

Otra muestra del recinto primitivo es la puerta y sus magníficas tallas de estilo plateresco que dan paso a la **portería reglar,** pequeña sala decorada con pinturas de arcángeles de Bartolomé Román de principios del XVII (recuérdense las pinturas de este mismo artista en el coro bajo de la Encarnación).

El **claustro procesional de clausura,** cerrado en tiempos de Carlos III, cuenta con altares en sus cuatro ángulos y cuadros de santos ermitaños.

La **escalera principal** es quizá la zona más espectacular del convento, pues a su armonioso diseño arquitectónico que se remonta a los tiempos del viejo palacio, hay que añadir el singular enriquecimiento de paredes y techo con toda suerte de "arquitecturas fingidas" y "figuras flotantes", entre las que sobresale el "balcón real" desde el que nos observa Felipe IV y su familia. Los frescos corresponden a la segunda mitad del XVII atribuyéndose a Claudio Coello y sus colaboradores.

El **claustro alto** muestra arcos muy rebajados, también tabicados, con capiteles heráldicos correspondientes a los primitivos propietarios del palacio. Como sirve de acceso a distintas zonas del convento, se visita en forma discontinua. En el primer tramo encontramos varias pequeñas capillas (hay 33 en el convento); la más interesante es la del Santo Cristo Yacente que muestra azulejos de Talavera, pinturas al fresco y la imagen de Gaspar de Becerra (siglo XVI) que se lleva procesionalmente por el claustro público el día de Viernes Santo (cuenta con el privilegio de llevar el Santísimo en su costado). Otras capillas, todas ellas con pinturas y tallas de mérito, jalonan esta zona del claustro.

En el **antecoro,** al que se entra dejando atrás una gran puerta plateresca, encontramos diversas obras de arte, piezas de orfebrería religiosa y tres preciosos altares con alfombras de cerámica talaverana primitiva.

El **coro alto,** es una amplia estancia con sillería sencilla, decorada con tallas y pinturas de temas religioso y retratos de personas reales ligadas al monasterio. A este último estrato corresponde la urna de mármol de la emperatriz doña María.

De nuevo en el **claustro alto** en cuyo segundo tramo podemos ver otras pequeñas capillas, de las que destaca por su pintoresquismo la de la Virgen de Guadalupe con sus incontables espejitos y profusión barroca.

El **salón de tapices** exhibe una serie de siete tapices de la colección (de 20 piezas) regalada en 1627 al monasterio por la infanta Isabel Clara Eugenia, gobernadora de los Países Bajos. Se trata de excepcionales ejemplares tejidos con seda y lana en talleres bruselenses bajo cartones de Rubens, el gran pintor barroco del XVI, referidos a un gran tema de la ortodoxia contrarreformista: la Apoteosis de la Eucaristía. En la misma sala puede verse un cuadro curiosísimo: el viaje de Santa Úrsula, el retrato excelente de la Infanta donante por Van Dyck, una pintoresca colección de Niños Jesús, un ejemplar de la Misa de Réquiem del maestro Victoria, el excepcional músico de la casa, y obras de arte diversas.

Una pequeña puerta pone en comunicación el gran salón con un pequeño recinto que se conoce como **capilla de la Dormición;** se evoca el momento de la muerte de María y ascensión al cielo. La imagen de la Virgen, en actitud infrecuentemente representada, es primitiva y muy venerada, y junto a las figuras de los Apóstoles y la decoración pictórica componen un conjunto muy sugerente.

Para seguir de sorpresa en sorpresa, entramos en la **Casita de Nazaret,** pues la estancia cobija una pequeña casita con tejado y profusa decoración externa e interna, todo ello muy primitivo, como primitivo sería el recinto en que nos hallamos: la clausurada galería superior de un patio castellano de principios del XVI.

Tras la de Nazaret, la **capilla del Milagro,** nueva sorpresa, que como otras muchas del convento guardan relación con personas de rango real ligadas al monasterio. En este caso se trata del regalo de don Juan José de Austria (hijo de Felipe IV) por el ingreso de su hija en el convento. La capilla aparenta grandes dimensiones utilizando una técnica de arquitectura simulada, importada de Italia, cuya exigencia fundamental era el dominio absoluto de la perspectiva. Se realiza durante el reinado de Carlos II y en ella colaboraron los pintores Ricci y Mantuano, que en sus "ilusiones" incluyeron al rey Carlos II y al donante, tras los cristales, observando la capilla.

Tras la **sala del Angel Custodio,** se llega a la **celda-casita,** en la que se conservan recuerdos y pertenencias de la monja-princesa Sor Margarita que habitó esta celda aislada hasta su muerte en 1633 y cuya última imagen podemos ver en un lienzo que la representa muerta en su féretro.

A continuación, pasamos a la pieza que se conoce de antiguo como **Candilón** donde podemos ver una buena serie de pinturas con firmas de tanto prestigio como las de Rubens, Zurbarán, Sánchez Coello o Lucas Jordán sobre temas religiosos y retratos de Corte de la Casa de Austria.

La **sala Capitular,** con ventanas a la huerta del convento, reúne algunas de las más interesantes obras de escultura del monasterio, casi todas ellas del siglo XVII, época a la que también corresponden la mayor parte de los lienzos y muebles que decoran el salón.

El llamado **salón de Reyes** es la pieza noble del antiguo palacio, que aún conserva las yeserías mudéjares del friso con los escudos de sus propietarios. Sería la habitación principal de los huéspedes reales del monasterio y así nos lo recuerda la colección de retratos reales que decoran sus paredes. Entre las pinturas destacan el severo retrato de la emperatriz doña María, de penetrante mirada, atribuido a Pantoja de la Cruz, y los retratos cortesanos del Archiduque Alberto (hijo de la Emperatriz) atribuidos a Rubens y el de su mujer Isabel Clara Eugenia, atribuido a Pantoja de hacia 1599. También abundan los retratos de ilustres religiosas del monasterio y, hermanando a religiosas y princesas, encontramos el retrato de doña Juana de Austria, princesa viuda de Portugal y fundadora del convento.

A continuación, hay otra sala, más estrecha, que conserva parcialmente el mismo tipo de friso y cubierta del salón de reyes. Sirve de oratorio y está adornada con diversas pinturas.

La **sala de la escuela flamenca** es una pieza que envidiaría cualquier museo, pues aquí se han reunido obras flamencas de tanto mérito como el Ecce Homo (1496), la Adoración de los Magos de Brueghel (1569), la gran tabla del Salvador de Mabouse (finales del XV), Santa Cecilia de Coxcie (XVI), junto a trípticos y otros cuadros entre los que destacan dos curiosísimos: la batalla naval con el infierno y la gloria enfrentados y la pintura que reproduce la larga comitiva del Viaje de la emperatriz doña María de Praga a Madrid.

Una nueva aunque antiquísima **sala** abierta al público es una de las piezas "frescas", en la que se supone nació la fundadora del convento; en ella se exhibe pintura italiana y española; entre todas las obras destaca el extraordinario lienzo de Tiziano "La moneda del César".

MUSEOS EN TEMPLOS

Iglesia de San Francisco el Grande

Ya se ha dicho que, en general, las pinturas que adornan el templo no están a la altura de su arquitectura, pero hay excepciones que conviene destacar como un lienzo de Goya que preside una de las seis capillas laterales; representa a San Bernardino de Sena predicando al rey Alfonso de Aragón, que se encuentra rodeado de los magnates de su corte napolitana, todos ellos en éxtasis salvo el propio Goya que se autorretrata ajeno al misticismo de la escena. Otro lienzo de destacado valor es una Purísima de Maella (en la capilla de San Antonio). Curiosas resultan otras obras que presiden altares como la de Casto Plasencia que representa a Carlos III presentando a la Virgen el collar de la Orden de su real fundación o la de Casado del Alisal que recuerda la aparición del Apóstol Santiago a los soldados españoles de la batalla de Clavijo cuya figura central es, sin duda, el extraordinario caballo blanco del santo, sin desdeñar otra expresiva figura: el moro negro que, en el espanto de la huida parece querer salirse del cuadro.

Muy valiosas son las sillerías que se custodian en el templo procedentes de los expoliados monasterios del Parral y del Paular: los sitiales renacentistas de la capilla mayor (procedentes de los jerónimos del Parral de Segovia) y del aula capitular (procedentes de la misma dependencia del monasterio del Parral), obras ambas probablemente talladas por Bartolomé Fernández a principios del siglo XVI. También fue arrancada (y transportada en carretas de bueyes) la sillería gótica del coro de los monjes del Paular, hoy situadas en el coro de los frailes de San Francisco, e igual ocurrió con la sillería barroca de la sala capitular del Paular, que se reparte entre la antesacristía y la sacristía de nuestro templo.

Otras obras muy valiosas del templo son el Apostolado atribuido a José de Ribera "el Españoleto" colgado en las paredes de la sacristía y una pequeña pinacoteca que custodia obras de autores de tanto prestigio como Carducci, Ribalta, Sánchez Coello, Zurbarán, Velázquez, Rubens,...

Salvo la sillería del coro medio destrozada por las filtraciones y la apatía, el resto de los sitiales confiscados pueden verse a lo largo de la visita a las salas interiores que comienzan situándonos en la capilla mayor, momento que debemos aprovechar para ver de cerca los púlpitos de mármol blanco y la balaustrada que separa el presbiterio del resto del templo, las pinturas del frontal que nos recuerdan escenas de la vida de San Francisco, las estatuas de los evangelistas y los 26 sitiales de madera de nogal delicadamente labrados, rematados por una fina cresteria.

La portada del lado del evangelio nos sitúa en las galerías que sirven de acceso a la sacristía; en ellas pueden verse los austeros sitiales que tuvo el coro de la iglesia que precedió a la actual hasta 1760 y las pinturas de la pinacoteca franciscana, valiosa pero que apenas puede verse por el ritmo vertiginoso de los guías. Merece la pena tratar de frenar al guía para ver "El milagro de San Bernardo", magnífica obra no de Velázquez, ni de su suegro Pacheco, como se suele decir, sino del toledano Alejandro de Loarte.

La antesacristía y la sacristía son estancias cuyo mayor mérito son las sillerías del Paular; en la sacristía éstas se complementan con una larga cajonería (a la que se superpone una imitación en escayola de los respaldos de la sillería), con una mesa central regalo del político Sagasta, un apostolado del taller de Ribera y las suaves pinturas de la bóveda, obra de Contreras.

El aula capitular es una salita de agobiante pequeñez, en la que se puede admirar la artística sillería de fines del XV o principios del XVI compuesta por 17 sitiales de estilo renacimiento con algunos resabios góticos procedentes del aula del Capítulo de la Cartuja del Paular.

Iglesia de Santa Cruz

Una pequeña pero valiosa colección se custodia y muestra en una sala contigua a la sacristía del templo. Podemos ver una magnífica colección de pinturas del riojano Andrés de la Calleja, activo en el segundo tercio del XVIII, restaurador, retratista y pintor de cámara que, como otros pintores de la época, se siente influido por el estilo de Mengs. Realmente se trata de dos series: un Apostolado muy meritorio, con un San Juan de penetrante mirada, y otros cuatro cuadros, de forma ovalada, correspondientes a un Ecce Homo, una Dolorosa y los apóstoles San Pedro y San Pablo.

Otras obras notables son una Inmaculada de Alonso del Arco (artista de la segunda mitad del XVII), una Dolorosa del gran escultor Luis Salvador Carmona, que transita del rococó al neoclasicismo, un magnífico Ecce Homo de autor flamenco anónimo de la segunda mitad del XVI, una Inmaculada de principios del XVIII de escuela madrileña, un Crucificado de marfil de la primera mitad del XVII, una custodia del XVIII, orfebrería, ropas litúrgicas...

DATOS PRACTICOS

Academia de Bellas Artes. Alcalá, 13 (B4). Teléf. 232 15 43. Museo dependiente del Ministerio de Cultura. Horario: de 9 a 17 horas, de martes a sábados; domingos y lunes de 9 a 14 horas.

Calcografía Nacional. Alcalá, 13 (B4). Teléf. 232 15 43. Sala de exposición y venta de grabados. Horario: de 10 a 14 horas, y de 17 a 20 horas, de lunes a sábados; domingos y festivos, cerrado.

Casa de Lope de Vega. Cervantes, 11 (C5). Teléf. 429 92 16. Visitas: martes y jueves de 10 a 14 horas. Grupos máximos de 24 personas. Solicitud previa. Actualmente cerrada por obras.

Real Academia de la Historia. León, 21 (C5). Teléf. 227 84 80. Visitas por las tardes previa solicitud y fijación de fecha con el Académico-Anticuario.

Palacio Real. Plaza de la Armería (B1). Teléf. 248 74 04. Horario: de 9,30 a 12,45 horas y de 16 a 17,45 horas. Domingos y festivos de 9,30 a 13,30 horas. Este horario puede variar ligeramente según épocas. La visita completa debe iniciarse antes de las 11 horas, aproximadamente.

Casas Consistoriales. Plaza de la Villa, 5 (B2). Teléf. 242 55 12. Lunes laborables a las 17 horas. Grupos, petición previa.

Monasterio de la Encarnación. Plaza de la Encarnación (A2). Teléf. 247 05 10. Patrimonio Nacional. Visitas con guías del Patrimonio. Horario: 10,30 a 13,15 y 16 a 15,45 horas; lunes cerrado todo el día, viernes, domingos y festivos cierra tardes.

Monasterio de las Descalzas Reales. Plaza Descalzas (B3). Teléf. 522 06 87. Patrimonio Nacional. Visitas con guías del Patrimonio. Los horarios y días de cierre son los ya detallados para el Monasterio de la Encarnación.

Iglesia de San Francisco el Grande. Plaza de San Francisco el Grande (C1). Teléf. 265 38 00. Horario: de 11 a 13,00 y de 16,00 a 19,00 horas, salvo domingos. Visitas con guía oficial del templo.

Iglesia de Santa Cruz. Atocha, 6 (B3). Teléf. 227 00 14. Para visitar la colección solicitarlo en la sacristía.

6. Los conciertos de la Villa

La actividad musical de Madrid viene marcada por los solemnes conciertos del Real aunque existen también otras manifestaciones musicales en su entorno próximo. En las lineas siguientes incluímos una evocación, algunos datos históricos y actuales de los recintos en los que puede escucharse buena música y algunas informaciones complementarias.

La evocación

Aunque el ruidoso Madrid de hoy se presta poco a la evocación, existen rincones tranquilos que permiten recordar a grandes figuras de nuestra música vinculados a esta zona del viejo Madrid.

Los dos más grandes intérpretes castellanos del humanismo renacentista, Cabezón y Victoria, vivieron en torno al palacio.

Antonio de Cabezón, músico de cámara de Felipe II, muere en Madrid en 1566 y es enterrado en el primitivo templo de San Francisco. Se ha perdido el epitafio y todo rastro de la sepultura pero queda viva su música que con frecuencia puede oirse en nuestros órganos históricos.

Tomás de Victoria desarrolla el grueso de su vida artística en Roma, volviendo a Madrid en 1596 como organista de las Descalzas Reales, convento al que se había retirado su protectora la emperatriz doña María, hermana de Felipe II. Aquí vive en una relativa oscuridad y muere en 1611.

El siglo XVII, fecundo en la literatura y las artes plásticas, tiene escaso relieve en la creación musical en nuestro pais, sin embargo, en el XVIII la contribución de la corriente "ilustrada", la protección real, los suntuosos cultos en los templos y una incipiente ambición popular por la cultura, propician un florecimiento de la música que permite el asentamiento en Madrid de dos grandes intérpretes italianos de la sensibilidad barroca.

Domenico Scarlatti, autor de más de 500 sonatas para clavicordio, profesor de María Bárbara de Braganza, esposa de Fernando VI, vive en Madrid desde 1729 hasta su muerte en 1757. Su casa de la calle Leganitos fue derribada hace unos años.

Luigi Boccherini, autor de más de 100 quintetos entre los que figuran obras tan castizas como el célebre quintetino "La rittirata (o música nocturna) de Madrid", vivió y murió en el número 3 de la calle Jesús y María. Una placa en la que fue su casa madrileña y una preciosa glorieta junto a los jardines de palacio Cuesta de la Vega) son los testimonios agradecidos de la ciudad de Madrid a su inspiradísimo músico.

Algo más distante de Madrid —hasta cierto punto— queda otra gran figura del siglo: el padre **Antonio Soler,** organista y músico de capilla de El Escorial, discípulo de Scarlatti y autor de una obra fecundísima impreganada de un nacionalismo innovador en su tiempo y tan atrevido que incorpora a su música aires tan castizos como unas bulerías flamencas, un zapateado o un bolero, un siglo antes de que Liszt ensalzara Hungría o Chopin Polonia.

Sin embargo, es necesario que se creen salas populares para que la música amplíe su reducido ámbito limitado a palacios y templos. A principios del XVIII aparecen las compañías de "trafaldines" para representar óperas italianas en el teatro-corral de los Caños del Peral y prolongar así las representaciones cortesanas dadas en el Buen Retiro. Pocos años más tarde se reconstruye el local (en esos años se alza también el teatro del Príncipe sobre el viejo corral de La Pacheca) y se estrenan las obras de tema mitológico tan del gusto de la época.

Por fin, a mediados del XIX, Madrid cuenta con Conservatorio de Música y grandes teatros para Opera y Zarzuela. Asisten los madrileños al desfile de figuras tan legendarias como Rossini (1832), Liszt (1844), Verdi (1860).

Giuseppe Verdi vivió en el primer piso del número 6 de la plaza de Oriente cuando vino a Madrid a dirigir en el Real su ópera "La fuerza del Destino". En esta misma casa muere en 1890 el famoso tenor Julián Gayarre, uno de los mejores intérpretes del repertorio italiano de su tiempo.

Hilarión Eslava (Miserere) y **Emilio Arrieta** (Marina) vivieron y murieron (1878 y 1894) también en torno a la plaza de Oriente, en San Quintín, 8; y ya en nuestro siglo puede citarse a otros dos ilustres vecinos impulsores de la zarzuela moderna **Ruperto Chapí** (La Revoltosa) que vivió y murió (1909) en Arenal, 18, y **Tomás Bretón** (La verbena de la Paloma) que vivió y murió (1923) en Campomanes, 10.

Los teatros

El **Teatro Real,** templo de la música clásica en Madrid, fue edificado como teatro de la Opera por deseo de la reina María Cristina. Para ello se derribó en 1818 el viejo teatro de los Caños del Peral al que acudían los madrileños del XVIII para disfrutar con las óperas italianas que allí se representaban. Las obras fueron interminables, y así los esporádicos avances eran aprovechados para ir acomodando provisionalmente dependencias tan dispares como sala de bailes, polvorín, cuarteles, salón de sesiones de los diputados. Isabel II decide poner fin a unas obras que ya duraban más de 30 años y en 1850 se inaugura solemnemente el teatro con la representación de La Favorita de Donizetti. A decir de los cronistas de la época se trataba de uno de los recintos más insignes y lujosos de Europa. El teatro cumplió su cometido y por el pasaron figuras de la talla de Julián Gayarre, Hipólito Lázaro, Miguel Fleta, etc., hasta que en 1925 unas corrientes subterráneas (quizá las que habían alimentado los olvidados caños) pusieron en peligro la estabilidad del edificio, que se cierra y deteriora progresivamente. No vuelve a abrirse hasta 1966 convertido en lo que hoy es: una lujosa sala de conciertos, a la espera que se inaugure el Auditorio para retomar su vieja vocación de teatro de la Opera, función para la que sigue teniendo unas condiciones excepcionales.

El Teatro de la Zarzuela, fue promovido por la llamada Sociedad Artística (Barbieri, Gaztambide, Arrieta) que deseaban relanzar la zarzuela como género popular; se construye el teatro en un tiempo récord de siete meses en el año de 1856. El proyecto se ajusta en su planta al de la Scala de Milán (Piermarini, 1776). Un incendio, en 1909, corta su actividad hasta 1956 en que se reanuda con desigual fortuna. Desde 1964 se celebra en este teatro la temporada de Opera. El soñado Auditorio de Madrid, permitirá pasar estas temporadas al Real, recuperando plenamente su vocación de Teatro Lírico Nacional.

Los órganos históricos

En la capilla del **Palacio Real** se conserva, en excelente estado, uno de los mejores órganos españoles del XVIII debido al prestigioso organero mallorquín Jorge Bosch que lo construye entre 1773 y 1776 por encargo de Carlos III. Queda el rey tan satisfecho de su trabajo que le concede un buen cargo en la Corte que incluye el "enseñar a otros el difícil arte de la factura de órganos". El instrumento, aunque no tiene el emplazamiento acústico de una catedral, tiene enormes posibilidades musicales con trompetas de magnífico sonido metálico y flechas barrocas de extraordinaria calidad. Su actividad actual queda limitada a esporádicos conciertos y grabaciones discográficas. En el mismo lugar reposa otro interesante instrumento, un órgano realejo construido por el afamado artífice Pedro Echevarría en el siglo XVIII.

La iglesia del **convento de la Encarnación** cuenta con un excelente órgano del siglo XVIII, en muy buen estado de conservación y sonoridad, en el que con alguna frecuencia se dan conciertos públicos. También puede escucharse en la Misa principal de los domingos.

El templo de **Santa Cruz** ofrece unas condiciones acústicas excelentes aprovechadas con cierta frecuencia para ofrecer recitales y conciertos. En estos últimos el protagonista indiscutible es el magnífico órgano Cavaillé-Coll (París) de principios de este siglo, situado en el coro alto. Siguiendo una tradición de los templos medievales en la que el majestuoso órgano principal es compatible con otros órganos secundarios y portativos, en el presbiterio encontramos un pequeño órgano Grenzig, positivo barroco de 1984 que acompaña a ciertos actos litúrgicos.

La iglesia de **San Miguel** cuenta con un órgano moderno que reproduce las sonoridades y el aspecto externo de los órganos barrocos españoles.

Tampoco puede encuadrarse entre los órganos históricos el instalado en el salón de actos de la Academia de Bellas Artes de San Fernando, pero nos resistimos a no dar noticia de tan soberbio instrumento construido en los últimos años y que sirve de vehículo a los ciclos con que la Academia difunde la música de órgano en Madrid.

Los conciertos

Las actividades del **Teatro Real** están constituidas por los ciclos de temporada y los conciertos y recitales aislados. Entre los primeros hay que contar los conciertos de ciclo largo (octubre a abril) de:

La Orquesta y Coros Nacionales, que suelen celebrar sus conciertos las tardes de los viernes y sábados, y los domingos por la mañana.

La Orquesta Sinfónica y Coro de la RTVE, cuyos conciertos se celebran los jueves por la tarde y los viernes por la noche (ensayo público la noche de los miércoles).

Música de Cámara y Polifonía, que se celebran los martes por la tarde.

Otros ciclos de más corta duración que tienen como escenario el Real son los de Grandes Orquestas del Mundo (Ibermúsica), Grandes Recitales Líricos, Festival de Otoño, etc. Finalmente, son también frecuentísimos los conciertos aislados organizados por Juventudes Musicales, Universidad Autónoma, organismos y empresas privadas.

El **Teatro de la Zarzuela** organiza habitualmente las temporadas de Zarzuela, Ballet y Opera con una distribución que suele ceñirse al siguiente esquema: zarzuela (octubre a diciembre), ballet (diciembre y enero) y ópera (enero a julio).

También suelen organizar conciertos aislados o pequeños ciclos las siguientes instituciones: **Círculo de Bellas Artes, Real Academia de Bellas Artes de San Fernando, Real Conservatorio Superior de Música, Patrimonio Nacional, Ateneo de Madrid, Instituto Italiano de Cultura,** etc.

Entre los templos que organizan ciclos o conciertos aislados deben destacarse: la **iglesia de Santa Cruz** (recitales y conciertos de órgano) y la **iglesia del convento de la Encarnación** (conciertos de órgano).

También ofrecen música de cámara y actuaciones de solistas en directo algunos cafetines como **La Fídula** y el **Salón del Prado**.

Tiendas musicales

Unión Musical Española es la precursora en la dedicación integral a la música culta en Madrid. Fundada en 1900 bajo el nombre social de Casa Dotesio, denominación que aún hoy subtitula su rótulo, su dedicación inicial se centraba en la edición de música impresa, pero pronto se expansionó al comercio de todo lo que con la música se relacionaba: pianos, instrumentos, partituras, rollos de pianola, fonógrafos, discos, etc. Prácticamente todos los compositores españoles de los últimos cien años han editado sus obras en Unión Musical y por sus locales de la Carrera de San Jerónimo inaugurados en 1925 han pasado los más conocidos artistas, directores y concertistas.

Real Musical dedica cinco plantas a la música clásica. Partituras, instrumentos, discos, libros. La tienda ocupa un lugar de privilegio junto al Teatro Real, en el local que fue Cafe Teatro El Español, lugar de encuentro y tertulia de artistas (Albeniz, los hermanos Machado, el maestro Villa) frecuentemente ambientado por música al piano. Tras la guerra, el local pasó a ser comedor de Auxilio Social, más tarde garage, hasta recuperar hoy su vocación musical, aprovechando como escaparates lo que fueron ventanales del café y la entrada del garage como gran vitrina exterior.

Guitarreros

El gremio de guitarreros de Madrid tuvo ordenanzas desde 1578, reformadas en 1776 cuando los artesanos fabricaban arpas de dos órdenes y la guitarra llana.

En la segunda mitad del siglo XIX existían en Madrid 15 talleres situados en su mayor parte en la calle de Majaderitos (hoy de Cádiz); entre ellos destaca sobremanera la maestría de José Ramírez, creador de escuela como veremos seguidamente al detallar los principales talleres actuales.

José Ramírez, el patriarca de una dinastía que hoy va por la tercera generación, se estableció en 1882 y tras tener talleres en la Cava Baja y la plaza de Santa Ana se estableció en el número 2 de Concepción Jerónima. Hoy la tienda ocupa el local más moderno del número 5 donde, además de guitarras actuales puede verse una valiosa colección de guitarras donde hay magníficos ejemplares desde mediados del XVIII.

Paulino Bernabé, maestro de taller con Ramírez, instala su guitarrería en el local de Cuchilleros en 1970. Fabrica, sobre todo, guitarras de clásico; los mejores concertistas tienen guitarras suyas. Recibe encargos con cinco años de antelación.

Manuel González Contreras fue oficial de Ramírez, estableciéndose en 1962. Hace guitarras de estudio para conservatorios de todo el mundo y su éxito puede medirse también por sus galardones a la exportación.

Félix Manzanero también trabajó con Ramirez; hoy construye y restaura guitarras; su hijo construye e investiga. Tienen una valiosa colección de guitarras de época.

DATOS PRACTICOS

Locales

Teatro Real. Carlos III, s/n. Teléf. 248 38 75. Taquillas: lunes de 17,00 a 19,00 horas; martes, miércoles, jueves y viernes de 10 a 17 horas ininterrumpidamente; sábados de 11 a 13,00 horas; domingos de 10,30 a 12,00 horas. Las entradas no vendidas a lo largo de la semana se ponen a la venta una hora antes de cada concierto.

Teatro de la Zarzuela. Jovellanos, 4. Teléf. 429 82 16. Taquillas: 11,30 a 13,30 y de 17,00 a 20,00 horas (laborables).

Palacio Real. Plaza de la Armería. Teléf. 248 74 04.

Convento de la Encarnación. Plaza de la Encarnación. Teléf. 247 05 10.

Iglesia de Santa Cruz. Atocha, 6. Teléf. 227 00 14.

Iglesia de San Miguel. San Justo, 4. Teléf. 248 40 11.

Círculo de Bellas Artes. Alcalá, 42. Teléf. 231 85 03.

Real Academia de Bellas Artes de San Fernando. Alcalá, 13. Teléf. 232 15 43.

Real Conservatorio Superior de Música. Plaza de Isabel II, s/n. Teléf. 248 42 02.

Instituto Italiano de Cultura. Mayor, 86.

Ateneo de Madrid. Prado, 21. Teléf. 222 56 85.

Otros locales: La Fídula (c/ Huertas), Salón del Prado (c/ Prado).

Tiendas musicales

Unión Musical Española. Carrera de San Jerónimo, 26. Teléf. 429 18 92. Instrumentos, discos, partituras, libros.

Real Musical. Carlos III, 1. Teléf. 241 30 09. Instrumentos, discos, partituras, libros. Editan un boletín mensual de noticias y avisos de conciertos.

Garrido Bailén. Mayor, 88, esquina a Bailén, 19. Teléf. 248 28 29. Instrumentos musicales.

Otras tiendas de instrumentos musicales: Maxi (Leganitos, 12. Teléf. 241 98 70), Garijo (Santiago, 8 y Espejo, 4. Teléf. 248 05 13). Respaldiza (plaza Celenque, 1. Teléf. 232 85 88). Pianos y organillos Apruzzese (carrera San Francisco, 7. Teléf. 265 74 57).

Guitarreros

José Ramírez. Concepción Jerónima, 5. Teléf. 227 99 35.

Paulino Bernabé. Cuchilleros, 8. Teléf. 266 44 30.

Manuel González Contreras. Mayor, 80. Teléf. 248 59 26.

Félix Manzanero. Santa Ana, 12. Teléf. 266 00 47.

Otros guitarreros: Vicente Camacho (Amparo, 3. Teléf. 239 29 10), Arcángel Fernández (Jesús y María, 26. Teléf. 228 70 67), Luis Goya (Cava Baja, 42. Teléf. 265 78 42), Luis Maravilla (León, 4. Teléf. 429 57 30), Juan Alvarez (San Pedro, 7. Teléf. 429 20 33), Santos Bayón (Aduana, 23. Teléf. 222 95 21), Conde Hermanos (Felipe V, 2. Teléf. 247 06 12), Conde Hermanos (Atocha, 53. Teléf. 239 11 67), A. L. Iznaola (Imperial, 16).

Tiendas de discos (especializadas)

Música clásica: Real Musical y Unión Musical Española (direcciones ya citadas).

Música religiosa: Librería San Pablo (plaza Jacinto Benavente, 3. Teléf. 467 54 73).

Música moderna: Madrid Rock (Mayor, 38 Teléf. 248 77 60 y San Martín, 3. Teléf. 222 48 95), Escridiscos (postigo San Martín, 8. Teléf. 222 84 64), Melocotón (Toledo, 68. Teléf. 266 74 33).

Oportunidades: Discontrol (Fuentes, 6), Mínguez (Ribera de Curtidores, 6. Teléf. 230 52 15), Conde (Ribera de Curtidores, 15. Teléf. 468 79 60), Solís (plaza General Vara del Rey, 5. Teléf. 265 90 41), Trapiche (Ave María, 35. Teléf. 227 05 77).

Biblioteca Musical. Imperial, 8. Teléf. 266 48 85. Horario: de 8 a 14,30 y de 16,00 a 21,15 horas. Cierra domingos y festivos y agosto.

7. El mundo de los anticuarios

Anticuarios, almonedistas y chamarileros son los protagonistas del más encantador y sorprendente comercio en el que lo nuevo, lo recién salido de los talleres de artistas y artesanos, carece de interés y sólo lo que reúne la debida proporción de antigüedad, valor intrínseco y estética, encuentra su acomodo en este singular gremio.

No cabe duda que los chamarileros, ya bien asentados en el Rastro a principios de este siglo con pequeñas tiendas-almacenes, están en el origen del comercio actual de objetos antiguos en Madrid.

Sin embargo, junto al oportunismo que mueve el comercio de los objetos usados, propio del Rastro de siempre, otros factores favorecieron la aparición de almonedas y anticuarios en nuestra ciudad a principios de este siglo; entre ellos cabe citar el prestigio de la pintura, alentado por la vecindad del Prado y la existencia de una burguesía deseosa de ennoblecer sus caserones.

Quizá la característica de pieza única que suelen reunir los objetos que atesoran los comerciantes, despeja en el gremio la noción convencional de competencia; por otra parte, a todos conviene potenciar la tradición de mercadillo compacto que tanto facilita las visitas del público. Todo ello, ha favorecido la concentración de los comercios en zonas acotadas de nuestra ciudad: El Rastro y la zona del Prado, primero, y ya en época reciente el barrio de Salamanca (fuera del ámbito de esta obra).

A los comercios de anticuarios de la calle del Prado y su entorno, y a las galerías y locales de antigüedades y almonedas del Rastro, se dedican las siguientes líneas.

Anticuarios de la zona del Prado

La calle del Prado ofrece un espectáculo asombroso: 15 comercios de antigüedades en una calle de sólo 29 fincas. En el número 23, encontramos uno de los locales de aspecto más primitivo con sus viejos portones de madera, el de Rafael Romero que, desde 1951, sigue una tradición comenzada en 1908 por el anticuario francés Emilio Pares. Otro clásico, es el local que ocupa el número 15 de la calle, en él siguen activos los sucesores de Rodríguez y Jiménez, establecidos aquí en torno a los años 20. A la misma época puede corresponder el comercio de Martín Franco que ocupa, en el número 10, un local en el que se han sucedido varias generaciones de grandes profesionales. Más moderno es el comercio de Morueco que, desde 1965, exhibe una muestra de sus fondos en el lujoso marco del viejo Café del Prado (en los locales remozados de una vieja e inmensa droguería situada en la misma calle guarda el grueso de su asombrosa pinacoteca). Otro local con tradición es el de Peña, en el número 5, que procedente del Rastro se estableció aquí en el año 1953 en el local que ya ocupaba otro viejo anticuario. Otros dos locales de fachadas tradicionales, mantienen una dignísima oferta del mueble inglés: Brunswick (en el 12) y Patrick Moore (en el 23). Preciosas también son las fachadas con que Rolle (en el 9 con gran portón claveteado) y Sevres (en el 7 con artísticos herrajes) presentan su oferta de antigüedades. Más distante es la fachada de Díaz Monsálvez (en el 28), aunque hay que resaltar que dispone de una extraordinaria colección de pintura y mobiliario de alta época.

En la plaza de las Cortes, con vuelta a la Carrera de San Jerónimo se encuentra otro de los pioneros de los anticuarios de esta zona: Abelardo Linares, que tuvo tienda en la propia calle del Prado, trasladándose en 1924 al excepcional local actual. El local que hoy ocupa la galería San Agustín, tuvo un modesto origen de vieja cochera. Igual ocurrió con el local ocupado por Alcocer en la calle de Santa Catalina, que utilizó una vieja carbonería para convertirla en una espléndida exposición de valiosísimas antigüedades. Junto a este último local vemos una deliciosa fachada del comercio que fundara en 1925 un ilusionado anticuario; hoy permanece cerrado en espera de relevo.

En la acera de la plaza de Santa Ana que sirve de prolongación a la calle del Prado, encontramos otros tres comercios de antigüedades: el de Antonio Sánchez (en el 7) que continúa la tradición iniciada en 1916 por un afamado anticuario, el de Arte de Reloxes (en el 10) que continuaría una tradición iniciada en 1895 y el de Manual García (en el 12) especializado en plata antigua.

Anticuarios y almonedas del Rastro

Las antigüedades en el Rastro, organizadas en la forma actual de galerías, arrancan de principios de los años cuarenta, época en la que se pavimenta la Ribera de Curtidores y se fijan sus aceras, con lo que se produce el asentamiento en tiendas de los comerciantes callejeros, se dignifican las pequeñas tiendas-depósitos dispersas y se facilita el acceso del público de mayor nivel adquisitivo al viejo Rastro.

Primero se abren las galerías Bayón, hoy desaparecidas, en las que la materia prima básica fueron los más heterogéneos objetos procedentes de los rescates hechos por el ejército nacional tras la entrada en Madrid. En el año 50 se abrieron las galerías Piquer, pocos años después abren sus puertas las Nuevas Galerías y ya cerca de los años 70 se abren las galerías Ribera. En ellas se asientan los comerciantes de más prestigio del Rastro y también algunos antiguos chamarileros que con el tiempo han ido seleccionando sus mercancías y convirtiendo sus depósitos de viejos trastos en aseadas almonedas e incluso, en algunos casos, traspasando la sutil barrera que separa al almonedista del anticuario.

Entre los comercios pioneros de las galerías Piquer que, además, siguen manteniendo calidad y prestigio, hay que destacar a Alfonso Sampedro quizá el decano de los anticuarios del Rastro, a Juan Caballero, expertísimo anticuario especializado en dibujos y grabados, a Tolinos, gran especialista en numismática y relojes, a las familias de los Zazo (pintura), de los Hidalgos (objetos populares), de los Fresno (muebles), de los Pinto (relojes, muebles, armas),... Además de los citados, hay que destacar a los dos más sobresalientes anticuarios de las galerías Piquer por su amplio repertorio y calidad: Monasterio y Enrique Pelta, situados al fondo del patio central.

En las Nuevas Galerías, creadas en el año 52, cabe destacar un alto grado de especialización de las ofertas: Turrero y Gonçalves (hierros), Crimea (armas antiguas), Ojeda (grabados), Cárabe (muebles), Mercedes Cabeza de Vaca (muñecas), Grazziani (soldaditos y recortables). Entre los mejores anticuarios de las Nuevas Galerías hay que destacar especialmente a José María del Rey, tanto por su prestigio como experto como por sus colecciones de Alta Epoca; y como no señalar a algunas dinastías pioneras como la de los Lage o la de los Carabe, sin olvidar a los más modestos que ocupan la rampa exterior con sus batiburrillos de viejos objetos evocadores recuperados para la decoración y el regalo.

Galerías Ribera es la última de las galerías abiertas; para ello se aprovecha el sótano y la planta baja de un edificio construido en 1968. No ofrecen la vista abierta de sus dos precursoras, pues aquí no hay patios exteriores y sí un oscuro sótano que, sin embargo, alberga unas espléndidas tiendas de antigüedades y alta decoración: magnífico el repertorio de tallas de Barranco, las pinturas de Rafael y Manuel Romero, las asombrosas piezas decorativas de Ubada y las menudencias de Alvarez (Au Temps Jadis).

También hay locales que van "por libre" en la Ribera, sin el calor de las galerías, algunos de ellos continuadores de la tradición familiar como los Sánchez (en el 6) o los Benavente (en el 14); entre ellos un magnífico comercio como es el de Enrique Torres (en el 11) y otros con ofertas de muebles antiguos, imitaciones y objetos artesanos y decorativos. Al final de la Ribera, el Bazar de las Américas, un Rastro dentro del Rastro, donde pueden encontrarse los más variados objetos de hierro: puertas, ventanas, radiadores, calderas, camas, estufas, faroles.

Otro núcleo importante del Rastro es la plaza del General Vara del Rey, cuyo rectángulo compone una especie de galería en la que, como en aquéllas, al recorrerla se van descubriendo toda clase de piezas: selectas obras de arte centenarias, objetos rústicos de tradición popular, cachibaches pintorescos, recuerdos evocadores y chatarrería al peso. El sector más homogéneo y valioso es el comprendido entre los número 3 y 5 de la nueva numeración, con comercios tan tradicionales como los de Usallán, Palacios, Patricio, Marfe, Ayala o Albarrán, sin olvidar a personajes muy vinculados al cerrillo desde hace muchos años, como Codosero, Sancho o Rafael.

También en la calle del Carnero se da un fenómeno de concentración parecido al de la plaza de Vara del Rey, y así en las fincas números 4 y 6 se concentran 7 locales de antigüedades; hasta 20 comercios del gremio pueden contarse en esta calle, entre los que destaca sobremanera el denominado La Vitrina (en el número 2), tras éste se sitúan las tiendas del tramo medio (del número 4 al 9), y las muy surtidas almonedas del final de la calle.

Menos interés tienen los restantes establecimientos del Rastro que se reparten entre Carlos Arniches, Mira el Río, callejón del Mellizo, Rodas, Santa Ana, Bastero y López Silva.

DATOS PRACTICOS

Zona del Prado

Pedro López. Prado, 3. Teléf. 429 63 71. Reproducciones de plata antigua. Pilas de agua bendita, medallas, adornos.

Peña. Prado, 5. Teléf. 429 61 34. Pinturas, tallas, arqueología, curiosidades.

Librería del Prado. Prado, 5. Librería anticuaria.

Sevres. Prado, 7. Teléf. 429 61 05. Pintura. No abre con regularidad.

El Rastrillo del Prado. Prado, 8. Teléf. 429 50 47. Pinturas, muebles.

Rolle. Prado, 9. Teléf. 429 61 15. Bello portón labrado y claveteado. Pinturas, muebles, detalles artísticos, vitrina.

Martín Franco. Prado, 10. Teléf. 429 49 65. Muebles, pinturas, porcelana.

Brunswick. Prado, 12. Teléf. 429 51 69. Bellas fachada al gusto de los establecimientos tradicionales madrileños. Mueble inglés.

Luis Morueco (C. de Bienes). Prado, 16. Teléf. 429 57 57. Lujosa y amplia instalación. Pintura española, muebles, cerámica antigua española, detalles artísticos, vitrina.

Suc. de Rodríguez y Jiménez. Prado, 15. Teléf. 429 74 92. Pinturas, cornucopias, porcelanas.

Patrick Moore. Prado, 23. Teléf. 429 15 95. Mueble inglés.

Rafael Romero. Prado, 23. Pintura, muebles de época, relojes, cerámica.

Díaz Monsálvez. Prado, 28. Teléf. 429 33 35. Pintura y mobiliario de Alta Epoca.

Linson. Prado, 29. Teléf. 429 79 02. Pintura, muebles cerámica.

Montejo. Prado, 29. Teléf. 429 79 37. Decoración, muebles, arte.

Abelardo Linares. Plaza de las Cortes, 11. Teléf. 429 55 51. Pinturas, tallas, grabados, cerámica, vitrina.

Alcocer. Santa Catalina, 5. Teléf. 429 79 19. Cuadros, tapices, muebles, porcelanas.

Pedro León. Santa Catalina, 7. Teléf. 429 79 63. Relojes.

Antonio Rojo. Ventura de la Vega, 6. Teléf. 429 67 15.

Galería San Agustín. San Agustín, 3. Teléf. 429 91 21. Pinturas, vitrina.

Sant'Angelo. San Agustín, 4. Teléf. 429 98 69. Antigüedades y decoración.

Serrano. Plaza de Santa Ana, 7. Teléf. 429 47 50. Mueble español, cerámica, pintura antigua, tapices.

Arte de Reloxes. Plaza de Santa Ana, 10. Teléf. 429 64 63. Relojeros desde 1895. Restauración y venta de relojes de todas las clases, estilos y épocas.

Manuel García. Plaza de Santa Ana, 12. Teléf. 429 70 45. Plata antigua, tapices, muebles, abanicos, vitrina.

Isidro Lozano. Sevilla, 2. Teléf. 429 34 67. Muñecas antiguas.

Benito Martínez. León, 3. Teléf. 429 51 97.

Mexico. Huertas, 20. Teléf. 228 28 96. Libros antiguos y gran colección de grabados de época.

Berdagué. Cedaceros, 8. Teléf. 228 28 96. Mapas y grabados antiguos.

Zona del Rastro

Pedro Sánchez. Ribera de Curtidores, 6. Teléf. 227 05 10. Pintura, escultura, mueble español, cerámica, marcos antiguos, hierros.

Casa Palencia. Ribera de Curtidores, 8. Teléf. 468 75 31. Almoneda. Objetos de hierro, cobre y otros metales: camas, braseros, jarras, chocolateras...

Ramos Martínez. Ribera de Curtidores, 10. Teléf. 227 87 37. Almoneda. Ropas (saldos).

Enrique Torres. Ribera de Curtidores, 11. Teléf. 468 49 48. Pinturas, muebles, relojes, porcelanas, lámparas de cristal.

Nuevas Galerías. Ribera de Curtidores, 12.

Fachada a la calle

Turrero. Locales 8 y 9. Teléf. 239 86 63. Hierros y armas. Un clásico del Rastro. Viejos espadones y sables, machetes, cuchillos, navajas, tijeras, rejas, cadenas, cerraduras, cerrojos, tenazas, llaves, planchas, armas antiguas, campanas.

T. González (Sucesor de Cuenca). Teléf. 227 16 01. Muebles restaurados.

José María del Rey. Local 12. Teléf. 227 61 46. Uno de los anticuarios más preparados y con mejores piezas de Alta Epoca (pinturas, esculturas, arcones, cerámica). Experto en arte precolombino, oriental y africano.

Interior, planta baja

Mercedes Cabeza de Vaca. Local, 13. Teléf. 230 64 43. Muñecas y juguetes antiguos, objetos art nouveau y toda clase de piezas evocadoras de la primera mitad de este siglo.

Hermanos Lage. Local 16. Teléf. 239 93 41. Magníficas lámparas de cristal de La Granja, cerámica antigua, espejos y cornucopias, tablas y tallas de época, muebles.

Crimea. Local, 18. Teléf. 230 80 29. Armas antiguas (blancas y de fuego para coleccionistas): pistolas de chispa o de pedernal, cachorrillos, pistolas de pistón, de perrillo, de duelo, espingardas, sables, espadas, falcatas, dagas, machetes...

El Jueves. Locales, 20 y 21. Muebles rústicos y castellanos.

M. Riestra. Local, 22. Teléf. 227 20 57. Mapas y grabados antiguos, pintura, cerámica.

J. Zazo. Local, 23. Teléf. 468 31 28. Pinturas, tallas, muebles.

Gonçalves. Local, 24. Llaves, cerraduras, rejas, balaustres, morillos, cadenas, tenazas, braseros, lámparas, candelabros, llamadores, aldabones, campanas, y los más insospechados objetos en hierro, latón, cobre y bronce.

Carlos Ríos. Locales, 25 y 26. Teléf. 230 78 83. Mueble español. También hierros y cerámica.

Gamero. Local, 27. Objetos ornamentales de hierro y latón.

Ojeda. Local, 28. Grabado de época. Expertos conocedores y poseedores de un gran surtido de mapas, cartas marinas, planos de ciudades, motivos artísticos, populares, monumentales y decorativos.

Interior, primera planta:

Juan Antonio García. Local, 34. Teléf. 239 63 81. Muebles, pinturas, tallas, arañas, porcelanas, vajillas, telas, encajes.

Alfonso. Locales, 46 y 48. Teléf. 468 62 55. Muebles estilos castellano, español e inglés; también puertas y artesonados, tallas.

Santiso. Local, 58. Teléf. 239 75 70. Pinturas, grabados, muebles.

Almoneda. Local 50. Muñecas y otros objetos evocadores y decorativos.

Sobrina de Martínez. Local 52. Almoneda. Muebles tipo rústico.

Ana Fuente. Locales 42 y 43. Objetos evocadores. Muebles, ropas. fotos, telas.

Rampa a la calle:

Nave. Objetos de colección.

Grazziani. Soldaditos de plomo y recortables antiguos.

Valentín. Teléf. 239 15 77. Muebles, lámparas, relojes, porcelanas.

Rosales. Teléf. 239 98 71. Pequeños objetos evocadores y decorativos.

Otros locales: Al tipo anterior corresponden otros locales colindantes como el de María José (local 35) y el denominado Alba (local 38).

Benavente. Ribera de Curtidores, 14. Teléf. 227 47 40. Almoneda. Arte popular, Objetos antiguos de uso cotidiano en madera, cerámica, hueso, metales. Buena colección de bastones.

Amparo Gómez. Ribera de Curtidores, 14. Teléf. 228 07 16. Objetos antiguos e imitaciones para decoración: hierros, madera, bronces.

Galerías Ribera. Ribera de Curtidores, 15.

Planta sótano:

J. Barranco. Locales 18, 19 y 20. Teléf. 468 09 85. Tallas antiguas, pinturas, porcelana, cerámica, bronces, plata. Vitrina.

Au Temps Jadis. Inocencio Alvarez. Local 21. Teléf. 227 89 49. Bronces, lámparas, pintura, muebles.

F. Ubach. Local 23. Teléf. 239 32 12. Muebles, cerámica, lámparas, plata, bronces, porcelana, cristal.

Rafael Romero. Local 24. Teléf. 467 83 055. Pintura, escultura, muebles, marcos, objetos de arte.

Manuel Romero. Local 25. Teléf. 239 46 21. Pintura, escultura, muebles, objetos de arte.

Planta baja (nivel Ribera de Curtidores).

Antigüedades. Objetos antiguos y decorativos.

Atelier. Local 10. Teléf. 468 34 33. Joyería antigua, vitrina.

Romaya. Local 11. Pintura antigua, lámparas, relojes, bronces, muebles.

Paulino Bravo. Lámparas. Gran especialista que incluso las arregla y transforma. También porcelana y cerámica.

Libra. Local 17. Teléf. 230 23 09. Muebles, porcelana, decoración. Enfocado hacia regalos.

Jesús García. Ribera de Curtidores, 19. Teléf. 227 82 20. Muebles antiguos, decoración.

C. Camino. Ribera de Curtidores 19. Teléf. 227 86 86. Bronces, lámparas, decoración artística.

Pedro L. Alarcón. Ribera de Curtidores, 25. Teléf. 228 09 51. Exportación de antigüedades.

Bazar de las Américas. Ribera de Curtidores, 26. Bajo este número y denominación se incluyen los establecimientos de ambas aceras situados en el tramo final de la Ribera, entre las calles Mira el Sol y la Ronda de Toledo. Predomina la oferta de objetos de hierro (o mejor metálicos): rejas para puertas y ventanas, radiadores, calderas, motores, farolas, estufas, camas, máquinas de coser, mesas y sillas, cerrajería... También esculturas de piedra para jardines, saneamientos, mármoles, chimeneas...

Lara. Ribera de Curtidores, 27. Teléf. 227 91 35. Almoneda. Muebles rústicos de calidad y arte popular.

Molina. Ribera de Curtidores, 27. Teléf. 227 03 77. Objetos antiguos y evocadores para regalos: lámparas, cerámica, objetos de vitrina.

Manuel Sanchis. Ribera de Curtidores, 29. Teléf. 227 28 96. Muebles antiguos y lámparas.

Abolengo. Ribera de Curtidores, 29. Muebles y lámparas.

Galerías Piquer. Ribera de Curtidores, 29.

Primer patio (nivel Ribera de Curtidores).

El Jueves. Local 5. Mueble castellano de época, lámparas, muñecas.

José Luis Guinea. Locales 6 y 7. Teléf. 227 95 45. Porcelanas, lámparas, abanicos, relojes.

Lozano. Local 8. Teléf. 228 41 65. Pintura, relojes, muebles.

Gonzalo Zazo. Local 9. Pintura antigua, objetos de colección.

Argeo. Local 10. Pintura y otras piezas artísticas de calidad.

Julio Cárabe. Local 11. Teléf. 230 58 46. Mueble español, piezas de cerámica, grabados.

Valentín Pinto. Local 12. Teléf. 475 65 32. Mueble español. Muebles rústicos y sobre todo camas: de hierro, doradas, con porcelana, isabelinas, estilo inglés.

1881. Local 26. Almoneda. Objetos antiguos y curiosos.

Usallán. Local 27. Teléf. 227 61 84. Mueble español, puertas, artesonados, objetos de hierro forjado.

Emilio. Local 28. Almoneda.

Santiago Tapia. Local 29. Teléf. 467 33 02. Numismática y otros objetos de colección.

Lozano (Cecilia e Isidro). Locales 30 y 31. Muñecas y objetos evocadores y decorativos. Nuevo local dedicado monográficamente a las muñecas antiguas en la calle Sevilla.

Iglesias (Goyo y Paco). Local 32. Objetos viejos y aparentemente inservibles, pero de los que los decoradores sacan extraordinario partido.

Luis Jabato. Local 33. Teléf. 239 91 89. Mueble de estilo, pintura, lámparas, relojes, porcelanas y objetos de vitrina.

Segundo patio (entreplanta).

Félix García. Local 13. Teléf. 239 84 87. Entre la variedad de objetos destaca el extenso surtido de lámparas y una buena colección de numismática.

Francisco Pinto. Local 14. Teléf. 230 57 00. Muebles, tallas, relieves, armas, lámparas de bronce.

Hilario Zazo. Local 15. Teléf. 227 06 56. Un clásico del Rastro. Pintura de fines del XIX, porcelanas y relojes de época.

Juan Ruiz. Local 16. Teléf. 230 50 66. Tallas, cerámica, pinturas, mueble rústico español, marcos de época.

Monasterio. Locales 17, 18 y 19. Teléf. 230 99 09. Pinturas de los siglos XV al XIX, imaginería, muebles europeos de época, porcelanas, sillerías, relojes.

Galerías Lover. Local 20. Teléf. 227 49 29. Pintura de los siglos XIX y XX, muebles de estilo y objetos de época.

Tolinos. Local 21. Teléf. 468 34 32. Numismática y relojes. Anticuario con auténtica experiencia en sus dos especialidades.

Enrique Pelta. Local 22. Teléf. 239 79 89. Un soberbio muestrario especialmente de pintura del XIX; también tallas, plata antigua, muebles.

Hidalgo. Local 23. Teléf. 230 56 53. Hierros. Armas (espadas, sables, bayonetas), hierros artísticos, planchas de todas clases, herrajes de caballería, llaves, pesas, aldabones, grilletes de galeotes.

Juan Caballero. Local 24. Teléf. 468 09 52. Un clásico del Rastro y reconocido experto. Dibujos antiguos, grabados, objetos arqueológicos, cerámica española, hierros artísticos, monedas, medallas, vidrios, relicarios.

Pedro Benito. Local 25. Teléf. 227 14 92. Muebles antiguos, lámparas, pinturas y objetos de vitrina.

Planta superior (nivel calle Rodas).

Antonio Cañada. Local 29. Teléf. 467 5 594. Almoneda. Antigüedades y objetos artísticos. Restaurador. Pequeños objetos.

La Cuarenta. Local 40. Mueble rústico.

Davenport. Local 41. Mueble español.

Fresno. Local 43. Teléf. 239 49 63. Pintura, muebles, decoración.

Muñoz. Local 47. Teléf. 228 65 34. Lámparas y bronces.

El Acueducto. Local 49. Mueble español, objetos de colección.

Antigüedades. Local 51. Cuadros, lámparas, bronces.

J. Pombo. Locales 52 y 53. Teléf. 239 22 37. Pintura, tallas, muebles y otras piezas de interés artístico.

Tomás Pérez. Local 56. Teléf. 228 02 17. Muebles y cuadros. Puertas, portones, chimeneas y artesonados de los siglos XV al XVIII; también pinturas de mérito.

Almoneda. Local 58. Muebles, cuadros, relojes, bronces.

López Reiz. Local 59. Madera. Mueble español, tallas.

Doldán. Local 60. Teléf. 468 33 36. Pintura y pequeños objetos artísticos y decorativos.

Galerías Lover. Local 62. Teléf. 227 49 29. Pintura del siglo XIX.

Laureano Pinto. Local 63. Teléf. 467 35 43. Armas, muebles clásicos, relojes, lámparas, bronces.

Alfonso Sampedro. Local 66. Teléf. 227 73 89. Decano de los anticuarios del Rastro. Piezas de gran categoría artística. Pintura, cerámica, objetos de colección.

José Luis Abellán. Local 67. Teléf. 230 96 59. Ebanista restaurador del mueble clásico.

Viuda de M. Santiago. Local 69. Teléf. 239 79 60. Mueble castellano.

Auba. Ribera de Curtidores, 29. Teléf. 239 84 60. Porcelanas. Piezas valiosas de la Granja, El Retiro, Limoges, Sajonia. También otras pequeñas piezas de vitrina.

Chaura. Ribera de Curtidores, 31. Teléf. 227 52 25. Cerámica y objetos de vitrina enfocados al regalo y la decoración.

Usallán. Plaza Gral. Vara del Rey, 2. Teléf. 221 61 84. Almoneda. Objetos rústicos: alfarería, llaves, muebles.

Vicente Segura. Plaza Gral. Vara del Rey, 3 (patio interior accesible por el callejón). Objetos rústicos, pintura, lámparas, pequeños muebles, objetos decorativos.

Elisabeth Miró. Plaza Gral. Vara del Rey, 3 (patio interior accesible por el callejón). Teléf. 468 01 22. Arte decoración, objetos de estilo modernista.

Palacios. Plaza Gral. Vara del Rey, 3. Teléf. 227 31 70. Relojes, cerámica y miles de objetos rústicos y pintorescos.

Patricio. Plaza Gral. Vara del Rey, 3. Teléf. 228 48 30. Gran prestigio. Especialista en pequeños objetos de vidrio, cristal y porcelana; destacables las piezas de La Granja.

Marfe. Plaza Gral. Vara del Rey, 3. Teléf. 228 38 08. Pintura, marcos de época, tallas (piezas y retablos).

Ayala. Plaza Gral. Vara del Rey, 3. Teléf. 467 38 06. Pintura, relojes, porcelana, muebles, miniaturas y otras piezas escogidas de vitrina.

Fidias. Plaza Gral. Vara del Rey, 4. Teléf. 467 14 84. Muebles, pinturas, marcos, molduras y otros objetos artísticos de época. Forran cuadros.

L. Romero. Plaza Gral. Vara del Rey, 4. Teléf. 467 35 42. Pintura antigua y otras piezas artísticas.

Albarrán. Plaza Gral. Vara del Rey, 5. Teléf. 227 07 12. Porcelanas, lámparas, mantones de Manila.

Juanito. Plaza Gral. Vara del Rey, 8. Teléf. 265 52 63. Almoneda. Un poco de todo abundando las piezas de escaso valor.

Hobby Antonio. Plaza Gral. Vara del Rey, 11. Teléf. 265 52 63. Juguetes antiguos y modernos. Poco surtido. Aeromodelismo, modelismo naval.

La Revoltosa. Plaza Gral. Vara del Rey, 11. Teléf. 265 58 72. Pañería. Telas antiguas y nuevas. Paños, retales, sedas, lanas, a precios de ganga.

Mateos. Plaza Gral. Vara del Rey, 11. Teléf. 265 26 33. Anticuario. Relojes de todas clases, lámparas y apliques.

Nemesio Gil. Plaza Gral. Vara del Rey,

11. Chamarilería. Chatarra (muebles viejos y objetos de hierro y bronce) y piezas selectas en el "altillo" del local.

Sancho. Plaza Gral. Vara del Rey, 11. Teléf. 265 84 49. Anticuario especializado en cerámica (platos, tarros, tinteros, benditeras...). También muebles, hierros artísticos, vidrios, pinturas, tallas policromadas.

Codosero. Plaza Gral. Vara del Rey, 11. Teléf. 266 28 36. Cerámica, relojes, bronces, pintura del XIX y piezas de vitrina.

Ropas. Plaza Gral. Vara del Rey, 11. A pesar del rótulo en este local se venden objetos antiguos y curiosos.

Las Gangas. Plaza Gral. Vara del Rey, 11. Poco interés desde el punto de vista de las antigüedades.

Frank Iniesta. Carnero, 1. Teléf. 228 46 28. Almoneda. Lo más abundante en este viejo local son los muebles y lámparas; porcelanas y otros objetos antiguos completan su oferta.

Caballete. Carnero, 1. Teléf. 227 75 13. Almoneda. Muñecas, juguetes, ropa antigua, pequeño mobiliario, láminas, máquinas registradoras.

La Vitrina. Carnero, 2. Teléf. 467 33 32. Relojes, lámparas, bronces, porcelanas, muebles de estilo, bastones, piezas de vitrina, todo ello de gran calidad.

Asis. Carnero, 4. Teléf. 467 33 59. Muebles antiguos, cuadros, libros, muñecas antiguas.

Martínez. Carnero, 4. Teléf. 239 31 00. Muebles, objetos de arte y vitrina.

Teruel. Carnero, 5. Teléf. 228 15 73. Mueble rústico castellano y cerámica.

Jerónimo. Carnero, 6. Teléf. 228 18 89. Muebles de estilo, lámparas de cristal.

Quintanilla. Carnero, 6. Teléf. 239 32 09. Muebles, lámparas, relojes, cornucopias.

Luis Francisco. Carnero, 6. Teléf. 230 69 46. Muebles antiguos, cuadros, bronces y muñecas antiguas.

Gamella. Carnero, 6. Teléf. 230 25 71. Muebles, lámparas, cerámica.

Bravo. Carnero, 7. Teléf. 467 69 09. Cerámica, artesanía antigua, objetos menudos.

Bolaños. Carnero, 7. Teléf. 265 88 49. Lámparas, relojes, objetos menudos.

Almoneda. Carnero, 9. Pequeño local dedicado a maniquíes, muñecas y curiosidades.

Robledo. Carnero, 14. Teléf. 266 24 36. Almoneda.

Torres. Carnero, 14. Teléf. 265 44 80. Objetos de arte con amplio surtido de cómodas y lámparas catalanas. Restaurador de muebles antiguos.

La Fuentecilla. Carnero 17. Teléf. 265 88 49. Almoneda. Muebles, lámparas, relojes, bronces y otros objetos artísticos.

Arienza. Carnero, 17. Teléf. 265 90 56. Almoneda. Compra-venta.

Florentino. Carnero, 17. Teléf. 265 83 85. Muebles de estilo, bronces, alfombras.

El Rastro. Carnero, 17. Teléf. 265 88 49. Muebles, lámparas.

Romo. Carnero, 19. Librería de lance. Habitualmente abierta a diario y domingos.

Arte Arabe (Abdelhab Laraki). Carlos Arniches, 2. Teléf. 230 70 50. Kaftanes, marroquinería, alfombras y cobre procedente de Marruecos (Marraquez, Fez). Abundan los objetos de cobre, armas antiguas, artículos textiles y de pieles, aunque, en general, abunda más la artesanía que los artículos antiguos.

El Corralón. Carlos Arniches, 3. Gran casona con inmensa portada de madera, material que domina en toda la estructura interior, viejísima y de sabor castizo. En sus "encierros" abundan los muebles y cacharrería de todo tipo, de poco valor.

María San José. Carlos Arniches, 6. Teléf. 239 16 43. Almoneda. Muebles y cacharros curiosos y decorativos.

Ayala. Carlos Arniches, 6. Teléf. 467 15 21. Anticuario. Muebles clásicos, lámparas, bronces, porcelanas, relojes.

Bustamante. Carlos Arniches, 7. Teléf. 468 38 61. Almoneda con variedad de artículos menudos.

Torrijos. Carlos Arniches, 7. Teléf. 467 47 05. Almoneda. Muebles y objetos de vitrina.

Iglesias. Carlos Arniches, 8. Teléf. 227 81 15. Almoneda. Gran variedad de medallas entre otros objetos de vitrina.

Jiménez. Carlos Arniches, 9. Cuadros, bronces y otros objetos artísticos de calidad.

Parente. Carlos Arniches, 9. Teléf. 230 99 34. Vajillas, cuadros, muebles, lámparas, libros y gran variedad de objetos artísticos y curiosos.

Hermanos Esteban. Carlos Arniches, 10. Teléf. 228 11 33. Almoneda. Cuadros, monedas, libros.

Granda. Carlos Arniches, 10. Teléf. 468 06 46. Almoneda. Muebles, lámparas.

Vacas. Carlos Arniches, 15. Teléf. 239 00 40. Libros. (antiguos, nuevos y de ocasión).

Fotocasión. Carlos Arniches, 22. Aparatos antiguos: cámaras fotográficas, radios.

Lunae. Carlos Arniches, 26. Almoneda. Lámparas y bronces.

Victorio. Carlos Arniches, 30. Librería de lance (libros antiguos y de ocasión).

Viejo. Duque de Alba, 10. Teléf. 265 06 31. Joyería-platería. También comercian con antigüedades entre las que predominan los mantones de Manila antiguos bordados a mano, isabelinos y de principios de siglo, las muñecas y soldados de plomo, relojes, bronces.

Torres. Bastero, 14. Almoneda.

Almoneda. Bastero, 17. Pequeñas piezas de cierto valor.

Pavía. Bastero, 19. Anticuario. Objetos militares, salvo armas de fuego. Cascos de época, condecoraciones, guerreras, gorras, bayonetas y cuchillos, cantimploras, posters...

De la Iglesia. López Silva, 3. Teléf. 265 62 80. Almoneda.

Tibor. Callejón del Mellizo, 4. Teléf. 239 08 93. Piezas para decoración seleccionadas con gusto. Abren sólo domingos, o previo aviso.

Moreno. Callejón del Mellizo, 5. Teléf. 266 90 39. Almoneda.

Antica. Callejón del Mellizo, 6. Teléf. 230 89 12. Piezas antiguas y curiosidades orientadas a la decoración o el coleccionismo.

Bravo. Callejón del Mellizo, 7. Teléf. 266 32 47. Gran variedad de muebles de ocasión; también libros.

Gil. Mira el Río Alta, 4. Teléf. 265 90 96. Muebles, cuadros, tallas, relojes.

Mayoral. Mira el Río Alta, 5. Teléf. 265 41 02. Plata, muebles.

García. Mira el Río Alta, 6. Porcelana, cerámica y otras piezas artística de época.

Alemán. Mira el Río Alta, 11. Teléf. 265 94 99. Muebles viejos.

La Fuentecilla. Mira el Río Alta, 14. Teléf. 265 97 07. Muebles viejos.

Agueda. Mira el Río Alta, 17. Teléf. 265 43 13. Relojes artísticos y valiosos; también, simplemente viejos. Muy surtido.

Bravo. Mira el Río Baja, 7. Teléf. 239 77 48. Camas, muebles de estilo, lámparas, apliques de bronce y cristal.

Robert. Mira el Río Baja, 7. Teléf. 239 51 55. Mueble rústico, maletas, baules, cueros.

Cudeiro. Mira el Río Baja, 15. Teléf. 773 95 75. Juguetes (trenes, especialmente) y otras piezas para coleccionistas.

Verona. Mira el Río Baja, 20. Teléf. 230 37 96. Gran cantidad y variedad de pequeñas piezas antiguas y curiosas.

Gárgola. Mira el Río Baja, 21. Teléf. 228 11 95. Muebles, objetos y ropas antiguas.

Palacios. Mira el Río Baja, 21. Teléf. 467 36 29. Mueble español, objetos rústicos antiguos y piezas de vitrina.

El Desván de Ataulfo. Rodas, 26. Muebles, objetos evocadores, piezas de vitrina.

Agustín. Rodas, 28. Teléf. 228 55 42. Curiosa fachada con pequeñas piezas de cerámica; el interior es una especie de tienda-museo con piezas antiguas y curiosas como trajes de luces —algunos centenarios— y cabezas de toros. En venta cuadros, láminas, tarjetas postales, tallas y demás "cosas de arte" siguiendo la terminología de la casa.

Villén. Rodrigo Guevara, 4. Teléf. 265 78 24.

Hernández. Santa Ana, 23. Teléf. 265 03 09. Muebles y objetos de valor.

Utopía (El rincón del coleccionista). Magdalena, 30. Teléf. 227 46 14. Publicaciones y láminas antiguas (cromos, postales, tebeos, estampas).

105

8. El Madrid literario y artístico

El Madrid literario

Durante muchos años fue conocido por el barrio de las Musas el espacio comprendido entre las plazas que hoy denominamos de Jacinto Benavente, del Angel y de Santa Ana y el Prado de los Jerónimos. En ese espacio quedan las calles donde vivieron las más insignes figuras de la literatura de nuestro Siglo de Oro; también aquí estuvieron los corrales y teatros en que se representaron sus obras y por aquí vivieron también los comediantes que las representaban.

En la iglesia de San Sebastián fueron bautizados docenas de famosos autores y comediantes y dentro del templo fueron sepultados no pocos famosos, entre ellos Lope de Vega. Junto al templo se fundó la Congregación de Nuestra Señora de la Novena tras un hecho milagroso que devolvió a las tablas a una comedianta paralítica. En el convento de Trinitarios Descalzos se celebraba la controvertida Misa de Hora cuya continuidad apoyó Tirso asegurando "que la Iglesia y el Paraiso eran de todos, y que si las comediantes habían puesto de moda aquella misa los hombres irían tras de ellas, en lo que saldría ganando la Religión".

Cervantes vivió y murió en la calle de los Francos (hoy Cervantes), en el lugar que hoy ocupa la finca número 2, en la que una placa recuerda al ilustrísimo vecino "cuyo genio admira el mundo"; fue enterrado en el contiguo convento de las Trinitarias, en el que profesó su hija Isabel. Muy cerca, en la calle de Atocha se conserva la casa en la que estuvo instalada la imprenta de Juan de la Cuesta de la que salieron a la inmortalidad universal las dos partes del Quijote y otras muy importantes obras literarias de nuestros mejores clásicos.

En el número 11 de la ya citada calle de los Francos (hoy Cervantes) se conserva, restaurada y convertida en museo, la casa donde vivió, de 1610 hasta su muerte en 1635, el gran Lope de Vega; también en el mismo convento de las Trinitarias profesó una hija de Lope: Sor Marcela de San Félix.

Una amplísima manzana de la actual calle Lope de Vega (antes de Cantarranas) está ocupada por el histórico y evocador convento de las Trinitarias; también la finca número 6 de la misma calle nos muestra una portada de granito de época: 1676. En cuanto a inquilinos famosos de la calle cabe decir que en la finca de esquina a la del León, tuvo puesta casa durante bastante tiempo el poeta Góngora (escribía a sus amigos "he alquilado una casa que en el tamaño es dedal y en el precio de plata").

En la corta calle del Niño (hoy de Quevedo), situada entre las de Francos y Cantarranas, estuvo la casa propia del eminentísimo poeta y claro ingenio don Francisco de Quevedo. En la calle del León, entre las de Francos y del Prado, estuvo el famoso Mentidero de los Representantes, lonja para la contratación de compañías teatrales y de obras a representar por ellas.

En la casa chaflán donde coinciden las actuales calles de Moratín y de Santa María, formando la plazuela de San Juan, nació en 1760 Leandro Fernández de Moratín; su padre, Nicolás, presidió durante años la tertulia literaria neoclásica de la Fonda de San Sebastián (en la calle del mismo nombre esquina a la plaza del Angel).

Al llegar la corriente del romanticismo, el poeta adquiere el primer planc en la vida social y surgen en Madrid las tertulias románticas en las que se vive muy apasionadamente la vida literaria. Larra (que vive y muere en Santa Clara, 3) es el prototipo de la época, y el Ateneo, la más significativa realización del romanticismo literario madrileño.

En el Ateneo dieron ciclos de charlas nuestros ilustres Cajal, Unamuno y Ortega, y conferencias magistrales los célebres Einstein, Bergson y Maeterlinck. En el Ateneo protagonizaron tertulias Menéndez Pidal, Benavente y Valle Inclán e incluso se estrenó El Amor Brujo de Falla. También su biblioteca fue lugar de trabajo de una buena parte de los escritores que vivían en la villa, uno de los más asiduos fue Galdós.

En los años treinta con un Madrid bohemio, eran muchos los escritores que aún escribían en las mesas de los cafés desde las primeras horas de la mañana incorporándose más tarde a la tertulia. El Pombo (en la calle Carretas) y sus tertulias (inmortalizadas por Solana) fue quizá el lugar más famoso entre una larga lista de cafés desaparecidos (de San Sebastián, del Prado, del Príncipe, de Correos, del Siglo, del Espejo, de París, etc.). Hoy siguen vivas algunas reliquias de aquel tiempo de tertulias como el Café Barbieri, la Cervecería Alemana, la Taberna de Antonio Sánchez o Casa Ciriaco.

Corrales, coliseos y teatros

En el barrio de las Musas se levantaron los primeros y famosos Corrales de Comedias: el de la Pacheca, el del Príncipe y el de la Cruz, explotados por cofradías e instituciones religiosas, a pesar de que sus obras eran mayoritariamente "poco pías". Otros muchos se levantaron sin alcanzar la importancia de estos tres.

El Corral de la Pacheca se alzó en la calle del Príncipe y en él se dieron representaciones desde 1561 hasta que cerró sus puertas por la competencia del vecino del Príncipe abierto en 1583 en la manzana inmediata, ya en la actual plaza de Santa Ana. El de la Cruz se alzó en 1584 en la calle de este nombre casi pegado a la plaza del Angel y calle de Núñez de Arce (entonces de la Gorguera).

Durante más de dos siglos los corrales del Príncipe y de la Cruz representaron las obras de los grandes autores del teatro español (Lope, Tirso, Calderón, Moratín, Alarcón, Moreto, Rojas, Zorrilla, Vélez de Guevara, etc.).

A mediados del XVIII los "corrales" del Príncipe y de la Cruz pasan a ser "coliseos" y el de la Cruz, tras la demolición del teatro de los Caños del Peral, pasa a representar óperas italianas (aquí dirigiría Rossini en 1831 su famosa obra El Barbero de Sevilla) hasta su demolición en 1856.

Mejor suerte corrió el Coliseo del Príncipe (actual Teatro Español), pues tras el incendio de 1802 se reedifica por el arquitecto Villanueva y aunque ha sufrido nuevos incendios y reconstrucciones aún sigue representando teatro, con gran dignidad, esta legendaria institución.

Los restantes teatros que se levantan en el barrio de las Musas son de construcción mucho más reciente (ver capítulo de el Madrid Moderno).

El Madrid artístico

Así como el Madrid literario con el barrio de las Musas y el Madrid musical con la zona del Real, tienen un entorno físico en el que creadores, intérpretes y espectadores tienen acomodo, los artistas plásticos no presentan igual fenómeno de concentración.

Lógicamente, la pintura cortesana, tan importante casi hasta nuestros días, tuvo su centro en el viejo alcázar de los Austrias primero (hasta el incendio de 1734 en el que, además de varios siglos de historia netamente matritense, se consumieron unas 300 pinturas famosas y un auténtico tesoro en esculturas, tapices, porcelanas, etc.), y más tarde, en el palacio de los Borbones.

Los representantes máximos de ambas etapas serían Velázquez (y su gran generación), al que el paisaje madrileño le debe el ser "velazqueño", y Goya que nos deja imágenes del Madrid trágico de la guerra y del alegre Madrid de las verbenas.

Dos hechos claves del tránsito del protagonismo en las artes desde los salones de palacio a los de la sociedad burguesa, son la creación del Museo del Prado y la apertura de la Academia de Bellas Artes de San Fernando, que sirven de despegue artístico de la zona del viejo Madrid: la comprendida entre el paseo del Prado (sede del Museo) y la calle de Alcalá (sede de la Academia). Por la zona del Prado desfilan artistas y amantes del arte y se abren tiendas y galerías; por la Academia pasan los artistas, se filtran las corrientes artísticas y surgen las Exposiciones Nacionales.

Tres figuras españolas cercanas en el tiempo nos conducen también al Madrid viejo: Ignacio Zuloaga, asistente asiduo a tertulias y con estudio frente al jardín de las Vistillas, Juan Gris que nace en 1887 en la calle Tetuán 18 esquina a Carmen, junto a la Puerta del Sol, y Pablo Picasso que funda en Madrid el revista "Arte Joven", estudia en San Fernando, gana una modestísima mención honorífica en una Nacional de Bellas Artes, todo ello viviendo en un piso del número 5 de la castiza calle de San Pedro Mártir, entre 1897 y 1898.

Hoy la actividad artística encuentra eco más fácilmente mediante las numerosas manifestaciones que desde los certámenes oficiales, premios, grandes exposiciones y galerías profesionales, hasta los residuos bohemios como los mercadillos (especialmente el de la plaza del Conde Barajas) o exposiciones en cafés o tabernas, permiten a artistas y amantes del arte encontrarse con facilidad.

DATOS PRACTICOS

LUGARES EVOCADORES

Casas de grandes escritores: Lope de Vega (Cervantes, 11), Miguel de Cervantes (Cervantes, 2), Francisco de Quevedo (Quevedo, 7), Leandro Fernández de Moratín (Plaza de San Juan, esquina a Moratín).

TEATROS

Clásicos: Teatro Español (Príncipe, 25. Teléf. 429 62 97).

Dramáticos: Bellas Artes (Marqués de Casa Riera, 2. Teléf. 232 44 37). Círculo de Bellas Artes (Alcalá, 42. Teléf. 231 77 00). Reina Victoria (Carrera de San Jerónimo, 24. Teléf. 429 58 90). Comedia (Príncipe, 14. Teléf. 521 49 31).

Teatros de vanguardia: Sala Olimpia (Centro Nacional de Nuevas Tendencias Escénicas). Plaza de Lavapiés, s/n. Teléf. 227 46 22).

Teatros de marionetas: Sala El Mirador (Doctor Fourquet, 31. Teléf. 239 57 67).

Comedia ligera, musicales, revistas: Alcázar (Alcalá, 20. Teléf. 232 06 16). Calderón (Atocha, 18. Teléf. 239 13 33). Fígaro (Doctor Cortezo, 5. Teléf. 239 16 45). La Latina (Plaza de la Cebada, 2. Teléf. 265 28 35). Príncipe Gran Vía (Tres Cruces, 10. Teléf. 521 80 16). Progreso (Plaza Tirso de Molina, 1. Teléf. 227 38 16).

Grandes espectáculos y recitales: Monumental (Atocha, 65. Teléf. 227 12 14).

CINES

Salas oficiales: Filmoteca Española (Centro de Arte Reina Sofía). Santa Isabel, 52. Teléf. 467 50 62.

Salas comerciales de estreno: Arlequín (San Bernardo, 5. Teléf. 247 31 73), Bellas Artes (Marqués de Casa Riera, 2. Teléf. 522 50 92), Callao (Plaza Callado, 13. Teléf. 522 58 01), Madrid (Plaza del Carmen, 3. Teléf. 221 56 94), Real Cinema (Plaza de Isabel II, 7. Teléf. 248 59 18).

Otras salas: Cinestudio Bogart (Cedaceros, 7. Teléf. 429 80 42), Cinestudio Falla (Colegiata, 9. Teléf. 228 17 10), Consulado (Atocha, 38. Teléfono: 222 98 16), Montera (Montera, 42. Teléf. 222 98 16), Salas X (Duque de Alba, 4. Teléf. 227 07 85 y Postas, 7. Teléf. 231 73 27).

SALAS DE EXPOSICIONES

Academia de Bellas Artes de San Fernando. Alcalá, 13. Exposiciones monográficas.

Ateneo de Madrid. Santa Catalina, 10. Exposiciones monográficas.

Calcografía Nacional. Alcalá, 13. Teléf. 232 15 43. Horario de 10 a 14,00 y de 17,00 a 20,00 horas; domingos y festivos cerrado.

Centro de Arte Reina Sofía. Santa Isabel, 52. Teléf. 467 50 62. Horario: de 10 a 21,00 horas, todos los días excepto martes. Grandes exposiciones monográficas.

Círculo de Bellas Artes. Alcalá, 42. Teléf. 231 85 03. Cierra domingos tarde y lunes. Exposiciones monográficas.

Hemeroteca Nacional. Magdalena, 10. Exposiciones monográficas.

Palacio de Villahermosa (Museo del Prado). Plaza de las Cortes, 6. Horario: de 9 a 19,00 horas de martes a sábados; domingos y festivos de 9 a 14,00 horas. Grandes exposiciones de fondos museísticos.

GALERIAS DE ARTE

Aachen. Jovellanos, 3 (Hogar Ascó). Teléf. 221 57 75. Pintura. Abre también los domingos de 12,00 a 14,00 horas.

Aldaba. Rollo, 7. Teléf. 247 51 86. Pintura, escultura.

Angel Romero. San Pedro, 5. Teléf. 429 32 08. Pintura.

Espalter. Marqués de Cubas, 23. Teléf. 429 87 03. Pintura.

Grifé & Escoda. Alcalá, 30. Teléf. 232 05 05. Pintura, dibujos y escultura. Cierra sábados tarde.

La Ralea. Fuentes, 6. Teléf. 242 59 78. Cerámica, fotografía, tapices.

Leandro Navarro. Amor de Dios, 1. Teléf. 227 97 79. Pintura.

Macarrón. Jovellanos, 2. Teléf. 429 68 01. Pintura, escultura. Cierra sábados tarde.

Quorum. Costanilla de los Angeles, 13. Teléf. 248 62 34. Pintura.

Soto Mesa. San Pedro, 1. Teléf. 429 40 89. Pintura.

Sumer. Taller Galería. Señores de Luzón, 5. Teléf. 241 01 22. Grabados. Cierra sábados tarde.

Todas las galerías de arte pueden visitarse libremente los días laborables de 11 a 14,00 horas, excepto lunes, y de 17,00 a 21,00 horas.

REALES ACADEMIAS Y OTRAS ASOCIACIONES ILUSTRES

Real Academia de la Historia. León, 21. Teléf. 227 84 80.

Real Academia de Medicina. Arrieta, 12. Teléf. 247 03 20.

Real Academia de Bellas Artes de San Fernando. Alcalá, 13. Teléf. 232 15 43.

Asociación de Escritores y Artistas. Leganitos, 10. Teléf. 248 90 67.

Sociedad Económica Matritense de Amigos del Pais. Plaza de la Villa, 2. Teléf. 248 34 13.

FESTIVALES

Festival de Otoño. Organizado por la Comunidad de Madrid. Suele celebrarse entre la segunda mitad de septiembre y primeros de octubre. Incluye en su programación espectáculos de música, danza, teatro, ópera y zarzuela. Entre otras salas y teatros se suelen utilizar los recintos de los teatros Real, de la Zarzuela, Español, Albéniz y Monumental, la sala Olimpia, la iglesia de Santa Cruz, y el auditorio de la Real Academia de Bellas Artes de San Fernando. Información: Teléfs. 455 83 63 y 455 85 97.

APRENDIZAJES

Arte dramático: Escuela de Arte Dramático (Plaza Isabel II), Musicvox (Esparteros, 11, 6. Teléf. 231 47 47).

Arte floral: Campomanía (Campomanes, 10, colocación de flores secas), Ikebana (Santa Cecilia, 8. Teléf. 222 78 58, arte floral japonés).

Artesanía textil: Taller Textil San Lorenzo (San Lorenzo, 5. Teléf. 410 22 88; tejido, hilado, tintes naturales); La Ralea (Fuentes, 6. Teléf. 242 59 78; tapices). Taller Eneko (Ave María, 16; cursos de alto lizo). Titaacart y Cre (Tres Peces, 20; cursos de alto lizo).

Cata de vinos: Unión Española de Catadores (Lope de Vega, 27. Teléf. 429 34 77; cursos de catadores de varios niveles y especializaciones.

Cerámica: Taller de Artes Plásticas (Amnistía, 2. Teléf. 248 51 69; técnicas del esmaltado y la cerámica). La Ralea (Fuentes, 6. Teléf. 242 59 78). Grima (Zurita, 31. Teléf. 468 24 03; esmaltes cerámicos y alfarería). Escuela de cerámica (Salitre, 12).

Cocina: Alambique (Plaza de la Encarnación, 2. Teléf. 248 73 29).

Danza. Rosa María Blanco (Costanilla Desamparados, 6. Teléf. 429 45 67). Sala Mirador (Doctor Fourquet, 31. Teléf. 239 57 67). Pilar de Oro (Sombrerería, 9). Escuela de Ballet (Doctor Piga, 4).

Encuadernación: Taller Escuela de Encuadernación (Montera, 22-3.º. Teléf. 232 28 10; encuadernación artesana, técnicas del dorado, restauración de papel, encuadernaciones antiguas).

Expresión corporal: Centro Impulso (Unión, 1-1.º. Teléf. 247 24 63; expresión corporal, técnicas motrices y ritmo).

Fotografía. La Ralea (Fuentes, 6. Teléf. 242 59 78). Escuela (Flora 6).

Grabado: Sumer (Señores de Luzón, 5. Teléf. 241 01 22).

Modelismo: Taller del modelista (Embajadores, 35. Teléf. 467 71 38; modelismo y modelismo naval).

Música: Real Conservatorio de Música (Plaza Isabel II. Teléf. 248 42 02).

Orfebrería: Escuela de Artes Aplicadas y Oficios Artísticos (Estudios, 1. Teléf. 265 48 34).

Restauración: Amparo Caro (Aduana, 3. Teléf. 222 43 43).

Pintura: Soto Mesa (Moratín, 46. Teléf. 429 40 89). Amparo Caro (Aduana, 3. Teléf. 222 43 43; pintura y dibujo).

Relajación: Centro Aldaba (Plaza de San Javier, 2. Teléf. 242 19 61; relajación, despertar energético). Centro Cultural Neo Humanismo (Olmo, 10. Teléf. 239 42 14; relajación, psicología transpersonal).

Yoga: Yug (León, 4. Teléf. 231 70 86; centro de yoga, medicina natural y gastronomía), Hatha Yoga (Unión, 1-1.º. Teléf. 247 24 63).

9. Los comercios tradicionales

No es éste el lugar para profundizar en la evolución de los establecimientos comerciales madrileños en los terrenos de la economía, la sociología o la historia, pero sí para dar algunas pistas fundamentales al paseante curioso receptivo a dejarse impresionar por los llamativos mensajes visuales que irradian los establecimientos tradicionales y quiera llegar a algunas conclusiones de bulto que le permitan ordenar ideas y cronologías someras.

Los materiales

Una constante de los establecimientos más antiguos es el uso de la madera como materia prima básica, tanto para fachadas como para interiores. El prototipo es el establecimiento con grandes portones de madera de varias hojas que aún hoy podemos ver con relativa frecuencia en el viejo Madrid, y que constituirían inicialmente simples almacenes a los que tendrían acceso los carros y que, al propio tiempo, servirían de despacho público disponiendo las mercancías en cajas apiladas que con el tiempo darían paso a los mostradores actuales.

Los colores llamativos y el dintel rotulado con la actividad del establecimiento debieron ser recursos tempranos de un marketing intuitivo pero eficaz que quizá se decantara por una cierta uniformidad, no pactada, en la elección de los colores, con mayor libertad de iniciativa a la hora de rotular.

Tendrían que consolidarse y robustecerse los establecimientos comerciales para alcanzar grados de mayor refinamiento con el tallado y ornamentación de la madera y el uso de otros materiales como la cerámica, el cristal, el mármol y los metales.

Especial interés cromático tienen las decoraciones a base de paneles de **azulejos** que se ponen de moda en las primeras décadas de nuestro siglo. Las decoraciones no se limitan al interior, sino que llenan de luminosidad las fachadas. Salvo algunos casos aislados en que la temática se ciñe a modelos hispano musulmanes o heráldica medieval, lo general es que para exteriores se asuman imágenes que canten las excelencias o modernidad del negocio (como ocurre en peluquerías, pescaderías o restaurantes) o que, más sutilmente, se limiten a crear el ambiente apropiado a las características del local (caso de colmados y bares). En otros casos el azulejo se limita al rótulo con excelentes resultados cromáticos.

Sin alcanzar el nivel artístico de los azulejos, pero a costes sensiblemente más bajos, el **cristal** pintado tiene una difusión y éxito enormes; de forma que la mayor parte de nuestros establecimientos tradicionales lo incorporan a sus fachadas, en el rótulo, y a veces, también llenando módulos laterales. Su mayor encanto es el brillo y el inconveniente principal la dificultad de conservación.

También se emplean otros materiales como la piedra con algunos buenos ejemplos de **mármoles** en fachadas; un caso curioso es el uso frecuentísimo que se hace de este material para la construcción de mostradores de panaderías, siempre con algún detalle decorativo y adoptando distintos modelos (de fachada, de altar, de lápida).

Los casos de utilización del **hierro** y el **metal** se ajustan, en general, más a necesidades funcionales (seguridad, fundamentalmente) que a intenciones estéticas, aunque a veces la combinación con otros materiales y el cromatismo de la mezcla dé buenos resultados.

Los rótulos

La evolución en este apartado no sólo responde a las técnicas y gustos del momento sino también a la posición del comerciante en el entramado social.

En los establecimientos más antiguos, y también en otros locales más modernos, pero en los que el comerciante carece de protagonismo o no aspira a él, encontramos rótulos impersonales como *Vinos, Coloniales, Tahona*, etc.

En otros casos, tímidamente, junto al nombre de la actividad comercial aparece una discreta identificación personal del propio propietario (ejemplo característico es el local de la calle Toledo, 106, que reserva el mayor espacio para la mención *Vinos y aguardientes* y un pequeño espacio para *Casa Bueno*.

A la máxima personalización se llega cuando se rotula el comercio con el nombre de su propietario, sin ninguna otra referencia *José Ramírez, Antonio Sánchez*; más frecuente aún es encontrar comercios cuya denominación *Casa Paco, Casa Ciríaco, Casa...* responde a la forma en que la voz popular los identifica.

Más reciente es la irrupción de la fórmula de nombre comercial que, con frecuencia adopta denominaciones de lo más pintorescas, pero siempre con alguna vinculación con la actividad del negocio, como *La Esbeltez* (corsetería), *La Rápida* (reparación de calzado), *La Flor de Castilla* (comestibles).

Otra modalidad castiza, también frecuente, es la relativa a comercios que recurren a la especialización, adoptando, casi siempre, la fórmula de *La Casa de...* (las mantas, los hábitos, las capas, y un larguísimo etcétera) o términos superlativos como *El As...* (del bacalao, de las cortezas, etc.), *El Rey...* (del vino, de los caracoles, etc.), *El Palacio...* (del vestido...), *La Catedral...* (de las colchas...).

A modas importadas recientes corresponden otras denominaciones foráneas que en muchos casos se aplican sin ton ni son, como es el caso de las *boutiques*: del disfraz, del bocadillo, del jamón, del caballo, y otros muchos.

La publicidad

Quedan rastros de la que hoy nos parece ingenua publicidad tradicional en algunas fachadas decoradas con soportes resistentes al tiempo y sus inclemencias; así podemos ver aún eslóganes tan añejos como los que reflejan las placas cerámicas de peluquerías (*Higiene. Servicio esmerado. Se sirve a domicilio. Desinfección. Se corta el pelo a señoritas. Lociones del país y extranjero*), lecherías (*Leche pura, para niños y enfermos*), bares (rótulo en torno a botellas de vino con frases tan expresivas como *Jesú que rico* o *Lo mejor del mundo*), pescaderías (dibujos de pesca con expresiones como *Se recibe diariamente*).

Más escasos son los mensajes publicitarios de locales cuyas fachadas fueron construidas de madera y/o cristal; de entre ellos pueden destacarse algunos eslóganes y mensajes curiosos como el de Yustas, en la Plaza Mayor (*Inmerso surtido en gorras. Exportamos a provincias*), el de la tasca Casa García (*Jerez especial para enfermos*), el de El Rey de los Vinos (*los vinos de la casa son el mejor reconstituyente*), el de la panadería Ochoa (*Pan caliente a todas horas*).

Otros comercios, utilizando soportes diversos, tratan igualmente de hacerse notar, unos con cierta agresividad, como Casa Viñas (*Millares y millares de navajas, tijeras y cuchillos*) o el taller zapatero de la calle Mancebos (*Primera en composturas*), otros utilizando la vía más matizada del orgullo por el trabajo bien hecho como Casa Aguado (*los arreglos de esta casa son siempre del agrado del cliente*), y algún otro con el orgullo patrio por delante como un pequeño bar de la calle del León que muestra un escueto eslogan que no deja resquicios para la discusión: *Somos gallegos*.

Los decanos

En cada gremio, en cada rama comercial, hay siempre un decano, portador del estandarte de la tradición. Veamos cuales son los establecimientos de más solera del viejo Madrid.

Entre los establecimientos más antiguos destaca un numeroso bloque de **farmacias** tradicionales, lo que no es de extrañar, pues a principios del pasado siglo había en Madrid más de ciento cincuenta farmacias en activo. Entre todas ellas destaca la de la Reina Madre en la calle Mayor, que data del siglo XVI, conservando arcaicas recetas y tarros conteniendo las píldoras áureas, el castoreo, la momia egipcia o la piedra imán; la fachada actual es de principios de siglo cuando era proveedora de la Real Casa y famosa por las visitas frecuentes de la Soberana. Sin salir de la calle Mayor pueden encontrarse otras dos farmacias centenarias: la de la Viuda de Navarro, fundada en 1830 y la de Mateo, de finales del XIX. Otros ejemplares que junto a su antigüedad aportan interés museístico son la de Zurita 41, o la famosa del Globo en la Plaza de Antón Martín; por su decoración interior son interesantes las situadas en Ave María, 26 y en Mesón de Paredes, 16.

En la **restauración** tenemos tres campeones de la longevidad que siguen compitiendo en tan grato oficio. Cronológicamente el decano es Botín cuya hostería fue fundada en el siglo XVII por el cocinero francés Jean Botin en la plaza de Herradores; tras un incendio en los años 40 se reabre en su emplazamiento actual de la calle de Cuchilleros en un edificio de mucho carácter y antigüedad, con decoración apropiada a su tradición bajo el rótulo de Sobrino de Botín. Conserva el viejo horno de asar con carbón de encina y la brillantez de su legendaria especialidad: el cochinillo asado.

Por cronología, habría que señalar en segundo término a la taberna La Bola, fundada en 1802 como botillería (uno de los escasos locales donde se permitía vender vino embotellado), aunque su actividad como restaurante no comienza hasta 1873 en que la bisabuela del propietario actual comienza a dar comidas ganando pronto fama sus cocidos madrileños, servidos en ollas individuales de barro.

El tercer local, aunque primero en cuanto a permanencia en su dedicación y mantenimiento del local es el célebre Lhardy, establecido en la Carrera de San Jerónimo en 1839 por iniciativa del comerciante francés Emilio Huguenin

Lhardy. La fachada actual fue realizada a fines del XIX y el interior comprende tienda, obradores para la pastelería y fogones para el restaurante en la planta baja; en la alta estuvieron siempre los comedores, el grande con balcones a la Carrera, el japonés con balcones a la calle del Pozo y el blanco de pequeñas dimensiones. Políticos y escritores famosos fueron frecuentadores del local en la segunda mitad del XIX y principios del XX como confirman las descripciones de Galdós y Azorín. Entre el mobiliario y decoración se mantienen reliquias de la época de la fundación, aunque todo el local ha conservado su aire primitivo. Igualmente se mantiene la tradición del caldo y las croquetas mañaneras que se toman en la tienda, y del legendario cocido de sus salones.

Otro sector de gran tradición es el de las **cererías** que abren sus puertas inmediatas a los templos de más afluencia. Las seis que se mantienen en el viejo Madrid alcanzan un promedio de vida centenario. La decana es uno de los comercios más antiguos de Madrid: la casa Ortiz-Arauz abierta en 1760 junto a la iglesia de San Sebastián en la calle Atocha con siete generaciones de artesanos que se reparten entre el local primitivo que duró hasta que se derribó el edificio y el actual, continuador del primero, que se alzó en 1914 con formidable mobiliario de caoba y nogal.

Mucha antigüedad registran también las **pastelerías** de la villa. Quizá el obrador decano sea el Horno del Pozo abierto en 1830 y con una larga trayectoria en preparar las golosinas a que eran tan aficionadas las gentes de alcurnia del XIX: los hojaldres rellenos de ternera; hoy todo sigue igual con sus clásicos portones de madera y los mejores hojaldres de la villa al alcance de los iniciados que conocer este viejo reducto.

Otros viejos y exquisitos establecimientos dedicados a las dulcerías son Casa Mira, fundada en 1855, El Riojano (1892), La Mallorquina (1894), La Pajarita, La Violeta... De todas ellas se ofrecen más datos en el capítulo correspondiente a "Las compras gastronómicas".

Un negocio básico como pocos es el de las **panaderías.** El viejo Madrid registra una curiosa penetración de tahoneros franceses oriundos del Cantal desde el siglo XVII al XIX; tan fuerte fue el protagonismo de éstos que en el triángulo urbano compuesto por las calles Toledo y Atocha se han llegado a detectar unas cuarenta tahonas que fueron regidas por franceses. Entre ellas podemos seleccionar una panadería activa con siglo y medio de vida y de cierto relieve en su gremio. Se trata de la panadería Maldonadas, fundada en 1848 por un cantonés (que trae de Francia seis oficiales empleando un sólo operario español). El negocio sigue en manos foráneas hasta 1931 en que la colonia francesa se extingue, siendo asumido el negocio por panaderos del país.

Panaderías y lecherías son frecuentemente tomadas en el siglo XIX por indianos (asturianos, cántabros y gallegos) que vuelven de Cuba a poner un negocio en Madrid. Tal vez por ello, el modelo de estos dos tipos de establecimientos es similar: fachada de tonos claros, mostrador de mármol, gran espejo y vaquería u obrador al fondo. No hay liderazgos en las modestas **vaquerías** desaparecidas muchas de ellas a partir de 1965, en que se prohíbe la venta de leche fresca, aunque quedan algunos pocos establecimientos que mantienen su centenario despacho en las populares callejas del viejo Madrid; de entre ellas hay que destacar la de la calle Carlos Arniches por su atractiva fachada de azulejos.

Droguerías y mercerías son también establecimientos primitivos, aunque difíciles de rastrear a través del tiempo. De las primeras, la decana es, que duda cabe, los Almacenes El Botijo, que abrieron sus puertas en 1754 en este mismo lugar cuando aquí paraban las diligencias de Toledo, Getafe, Leganés... El botijo colgado de la puerta era símbolo de buena acogida, de hospitalidad. Hoy el local nada conserva de su primitivo aspecto salvo la evocación del botijo y su historia centenaria. Ejemplares de más aparente antigüedad son los de portones o rótulos coloristas situados en las calles de la Cebada, Valencia... De las **mercerías,** el ejemplar más característico y antiguo es El Angel, tienda abierta en 1840, proveedora de la Real Casa, que conserva su fachada de principios de siglo.

De las **peluquerías** se conservan espléndidos ejemplares de establecimientos que conjugan antigüedad y pintoresquismo, como los de fachada decorada en cerámica entre los que destacan los locales de Embajadores 31 y Santa Isabel 22 de principios de siglo. Otro ejemplar, éste más rústico pero que conserva intacto su aspecto tradicional: la barbería de Calvario, 9 esquina a Lavapiés.

Entre las **carbonerías** no tiene competencia la centenaria tienda de la familia Gayo ya activa en 1897, que conserva un bonito local tradicional con escaparates para mostrar los acreditados carbones asturianos.

En el gremio del curtido de **pieles** y elaboraciones de guarnicionería, se llevan la palma en antigüedad e interés los establecimientos de Vicente Márquez en Atocha, 4 (taller-tienda con atractiva fachada de madera verde) y El Valenciano en pleno Rastro, en el 16 de la Ribera de Curtidores, ambos fundados en el ya lejano año de 1880.

DATOS PRACTICOS

FACHADAS DE MADERA

Portones rústicos: tabernas (Amparo, 91; Conde, 1; Echegaray, 7; Marqués de Toca, 7; Mesón de Paredes, 13; Moratín, 2; Tetuán, 12); talleres artesanos (Atocha, 4; Bolsa, 8 y 9; Campomanes, 12; Caravaca, 11; Espada, 4; Mediodía Grande, 3; Paloma, 5; Relatores, 9; Ribera de Curtidores, 16); comedores (Cuchilleros, 17; Doctor Fourquet, 28; Lope de Vega, 16; Maldonadas, 5); otros (Calatrava, 12; Carmen, 8; Cebada, 9; Fe, 19; Isabel la Católica, 5; San Cayetano, 2; Santa Catalina, 5).

Madera tallada: El Riojano (Mayor, 10); El Relámpago (Mayor, 25, art nouveau de fines del XIX enteramente agredido por el mal gusto de la actual propiedad), La Inesperada (Cruz, 11).

Madera y dibujos: Santarrufina (Paz, 9, con dibujos de 1860 bien conservados).

Madera y cristal: Parra (Concepción Jerónima, 29); Seseña (Cruz, 23); Casa Antonio y Panadería (Latoneros, 10); Arte-Regalos (Núñez de Arce, 15); Lafuente (Moratín, 18); Brunswick (Prado, 12); Droguería y Relojería (Postas, 17 y 19); droguerías (Valencia, 16 y 18).

Calles con amplio repertorio: Bola, Cervantes, Embajadores (desde la plaza de Cascorro a la travesía de Cabestreros), Isabel la Católica, León, Plaza Mayor, Salitre, Costanilla de San Andrés y Zaragoza.

FACHADAS CON ROTULOS DE CRISTAL

Tamaños extremos: mínimo (Amparo, 91), máximo (San Cristóbal, 4).

Letras de fantasía: Calvario, 2; Huerta del Bayo, 4; Postas, 1.

Clásicas (fondo negro letras doradas): Arganzuela, 13; Esparteros, 6; Juanelo, 14; Zaragoza, 6; Zorrilla, 13.

Autodidacta (realizado por el propio comerciante): Carnero, 12.

Con dibujos: Miral el Sol, 11; Núñez de Arce, 4 (inminente ruina); Veneras, 7.

Calles con amplio repertorio: Calatrava, Embajadores, León, Plaza Mayor.

FACHADAS DE CERAMICA (presentadas por artistas o talleres).

Alfonso Romero (Sevilla, 1882. Madrid, 1940). El mejor artista-artesano de los "de antes de la guerra"; dejó muestras de su buen hacer en muchos rincones del viejo Madrid. Los más interesantes que aún se conservan son los realizados para algunos colmados andaluces a finales de la segunda década de nuestro siglo:

Los Gabrieles (Echegaray, 17). Decoración interior con anuncios de bodegas y reproducciones de cuadros famosos como una espléndida copia de *Los borrachos* de Velázquez, plena de brillantez colorista y definición formal.

Villa Rosa (Núñez de Arce, 17, continuando por Alvarez Gato, 8). Siete grandes paneles exteriores con preciosas vistas de Sevilla, Granada, Córdoba, Madrid (Cibeles y el Retiro); Sevilla (Jardines de Murillo) y Málaga (desde el monte de Sancha).

El Generalife (Victoria, 9). Decoración interior: dos paneles con una vista de los jardines del Generalife y la oración del torero Pepe Hillo ante la Virgen de la Paloma, la víspera de su muerte en el coso de Madrid.

Mensaque y Rodríguez. Antiguos talleres del barrio de Triana en Sevilla; subsiste un espléndido trabajo, el de la antigua pescadería de la calle Torrecilla del Leal, 6; quedan dos paneles laterales, uno de una mujer sacando el pescado de la barca a la playa y otro de barcos pesqueros faenando, junto con el mensaje "Se recibe diariamente".

Casa Mensaque (Madrid). Quedan dos magníficos trabajos:

Viva Madrid (Manuel Fernández y González, 7) con la imagen central de La Cibeles y mensajes publicitarios de época, y

Peluquería (Ave María, 8) con escenas de afeitado y de corte de pelo, y también curiosos mensajes publicitarios.

Ginestal y Machuca (Talavera). Peluquerías de Embajadores, 31 y Santa Isabel, 22; también con escenas de corte de cabello sobre los sillones reclinables que causaban sensación en las primeras décadas de nuestro siglo.

F. Blanco. Taberna-restaurante de la calle San Millán, 4, con dibujo antológico de cocinero armado de gran cuchillo cortando jamón. También quedan restos con temas decorativos en otro local de parecidas características (hoy cerrado a la calle) de la calle Ventura de la Vega, 17.

E. Guijo (Madrid). Firma trabajos de Los Gabrieles (Echegaray, 17), aunque parece que prácticamente todo corresponde al arte de Alfonso Romero que, por aquellos años, trabajaba para Guijo. También firma Guijo el rótulo de la librería de la travesía de Arenal, 1 (poco interesante desde el punto de vista artístico).

E. Casabello. Lechería (Carlos Arniches, 25). Bonita fachada con dos paneles: pastor con rebaño y vacas pastando en la sierra.

Carlos González (Madrid). Bodega (ya cerrada) de la calle Salitre, 2. Paneles con la imagen del interior de una bodega trasegando vino y con una vista de una viña (con cazador descansando).

Otras fachadas. Los ejemplares más interesantes son:

Bar de la plaza de Tirso de Molina, 10, con exterior de azulejos reproduciendo blasones de los Reyes Católicos e interior con azulejos de tipo talaverano.

Tienda de cerámica de la calle Isabel la Católica, 2; presenta una fachada compuesta con restos de cerámica decorativa procedente de derribos y dos temas figurativos: "La Verge del

Mar", de Emilio Niveiro, y Don Pelayo en Covadonga.

Decoración de la fachada del Teatro Reina Victoria con azulejos de Talavera.

Otros interiores. Cerámica de calidad decorando las escaleras de la Casa de Cisneros. Motivos decorativos más simples pueden verse en los bares de Concepción Jerónima, 2; Embajadores, 13; Ruda, 5. Muy artístico el correspondiente al bar Los Portugueses de la calle Cruz, 3.

Rótulos. Interesantes los ejemplos situados en dos locales muy próximos de la calle San Carlos, 3 y 6, combinando dos colores con gran gusto.

VIEJAS BOTICAS

Antigua farmacia de la Reina Madre. Mayor, 59. Teléf. 248 0 014. El edificio actual es de 1905, correspondiendo la decoración al año 1914. Sus orígenes se remontan al siglo XVI. Conserva libros de recetas primitivos con más de mil fórmulas arcaicas y un extenso botamen de unos 250 tarros decorados minuciosamente a mano.

Viuda de Navarro. Mayor, 44. Ya existía en 1830. Portada e interior decorado en madera.

Mateo. Mayor, 13. Preciosa fachada restaurada de madera verde con rótulo sobre cristal. Sigue la tradición de tres generaciones de Mateos; el local fue comprado por el abuelo en 1915 cuando ya era una botica activa.

López de Jorge. Arenal, 1. Abierta en 1848. Conserva parcialmente la decoración primitiva.

Morán. Zurita 41. Teléf. 227 12 99. Local abierto en 1824 como tienda de ultramarinos, convirtiéndose no mucho después en botica. Conserva su aspecto y tradición con hermoso interior. Rebotica con morteros, alambiques, granatario, retorta y otros utensilios primitivos de valor museístico.

Hernández. Mesón de Paredes, 16. Preciosas cajas pintadas para medicamentos, ocupando todo el frente del despacho.

Farmacia del Globo. Plaza Antón Martín, 5. Teléf. 239 46 00. Famosa por sus anuncios de la fachada y su globo Montgolfier (tradición inglesa para distinguir farmacias de herbolarios o droguerías). Hoy todo muy transformado; sólo conserva como reliquia una curiosa colección de específicos de interés museístico para expertos.

Pons. Ave María, 26. Preciosa decoración interior. Su origen se remonta a 1860.

HOSTERIAS

Sobrino de Botín. Cuchilleros, 17. La hostería de Botín fue fundada en el siglo XVII en la plaza de Herradores. Un incendio en los años 40 destruyó el edificio del primitivo Botín. El actual de la calle Cuchilleros conserva un horno legendario; por otra parte se trata también de un edificio primitivo mantenedor del ambiente y calidades de las viejas hosterías acreditadas de la villa.

La Bola. Bola, 5. Fachada roja tradicional. Fundada en 1802 como "botillería"; en 1873 empezó a dar comidas y a recibir en sus salones a todas las personalidades de la política, las letras y las artes.

Lhardy. Carrera de San Jerónimo, 8. Fundada en 1839 y ahí sigue, con pocos cambios, conservando muebles y decoración primitivos y manteniendo las tradiciones del aperitivo caliente y del cocido madrileño.

CERERIAS

Ver capítulo dedicado a "Los oficios artesanos".

PASTELERIAS

Ver capítulo dedicado a "Las compras gastronómicas".

PANADERIAS

Maldonadas. Maldonadas, 3. Conserva fachada tradicional.

Antigua tahona La Sagreña. Amparo, 89.

Tahona. Embajadores, 40.

VAQUERIAS

Lechería. Amparo, 12. Mostrador de mármol.

Granja Los Navazos. Bordadores, 3.

Otras lecherías. Buenavista, 36 (mal estado fachada, aunque mantiene su viejo mostrador de mármol), Fe, 8, etc.

DROGUERIAS

Almacenes El Botijo. Toledo, 35. Sólo interesante por su dilatada historia.

Acacia. Embajadores, 42. Auténtico establecimiento tradicional de principios de siglo con fachada de madera tallada y rótulo saliente.

Otras droguerías tradicionales. Valencia, 16 y 18; Cebada, 9, etc.

MERCERIAS

El Angel. Esparteros, 3.

BARBERIAS

Casa Tejero. Ave María, 46. De 1930.

Casín. Embajadores, 31. De principios de siglo.

Rodriguez. Ave María, 8.

Casa Vallejo. Santa Isabel, 22. De hacia 1905. Letreros actuales más modernos pero de origen los sillones "estilo americano" (años 30). Tuvo 20 operarios, hoy sólo 2.

López. Arganzuela, 3. Colores tradicionales (azul, rojo y blanco).

Barbería. Calvario, 9, esquina a Lavapiés. Conserva el aspecto de las viejas barberías de barrio.

CARBONERIAS

Gayo. Embajadores, 12. Ya activa a fines del XIX a cargo de asturianos de la misma familia que aún detentan la propiedad: la familia Gayo.

Otras carbonerías tradicionales. Bueno (Río, 6); Martín (Bastero, 2); Despacho (Cervantes, 20); Fernández (Coloreros, 5); Despacho (Salitre, 31).

CURTIDOS Y GUARNICIONERIA

Vicente Márquez. Atocha, 4. Fachada de madera verde. En el interior estuvo el tallar con anchura de muros suficiente para no molestar a los vecinos pues el local se hizo al edificar la finca.

El Valenciano. Ribera de Curtidores, 16. Fachada, taller y tienda interior tradicionales; a estos dos últimos locales se accede por el portal de la finca (no por la tienda exterior) y su visita es obligada para los amigos de los reductos tradicionales.

10. La arquitectura popular

Las corralas de Lavapiés

La difusión del casticismo de corralas en zarzuelas y comedias de ambiente popular madrileño (especialmente destacable en este sentido La Revoltosa del maestro Chapí) y el "descubrimiento" de uno de los ejemplares vivos en un rincón tan popular como la confluencia de las calles Mesón de Paredes, Sombrerete y Tribulete, han favorecido el que en Madrid se tenga especial cariño por estas reliquias cuyo origen hay que buscarlo en el incremento que experimenta la población de la Corte entre los siglos XVIII y XIX.

Madrid, cuyos límites estaban constreñidos por la cerca amurallada, triplica su población entre 1625 y 1868 pasando de 70.000 a más de 200.000 habitantes.

Pero además de la escasez de solares y demografía de aluvión demandadora de viviendas baratas, aparecen otros dos factores que condicionan el modelo de hábitat popular: la Ordenanza que impedía que las fachadas de las casas que dieran a conventos superaran en altura a las tapias de éstos, y la Regalía de Aposento que obligaba a dar morada a funcionarios y comitivas reales en todas aquellas casas que superaran la altura de un piso.

La respuesta a todos estos factores son las corralas y las llamadas "casas de malicia", y también la combinación de ambas fórmulas.

Las **corralas** constituyen la adopción de un modelo foráneo cuyo mejor ejemplo puede hallarse en los corralones sevillanos y cuya característica básica es el aprovechamiento en altura de un espacio centrado por un patio alrededor del cual se disponen las plantas que alojan pequeñas viviendas que comparten accesos, corredores y servicios sanitarios. También algunas de las corralas conservan el pozo o la fuente, situados en el patio, para que los vecinos se abastecieran de agua.

Las viviendas suelen tener cuatro pequeños aposentos, dos con ventana al corredor (cocina y salón comedor) y dos interiores (dormitorios) separados de los anteriores por simples cortinas al modo de las alcobas venecianas. La angostura de las viviendas favorece que la vida comunitaria sea intensa y que patios y corredores se ornamenten como prolongación de la propia vivienda con abundantes macetas y plantas, como si se tratase de los balcones exteriores de los que carecen las viviendas, aunque a esta faceta estética se añada la funcional del aprovechamiento de los espacios abiertos como colgaderos de la ropa lavada.

En la determinación de la cronología de estas construcciones juegan un papel fundamental los materiales, pudiéndose establecer que en los ejemplares más antiguos, las barandillas son de ladrillo encalado rematados con pasamanos de

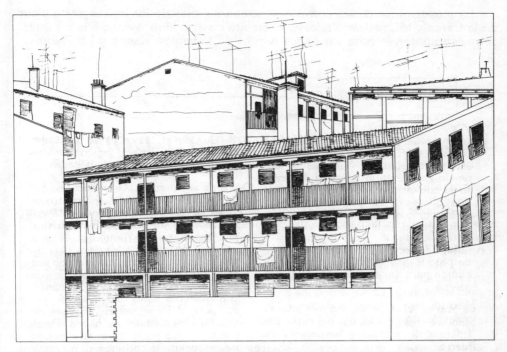

madera y también son de madera los elementos de sustentación (columnas, basas, dinteles). Más modernos suelen ser los ejemplares que sustituyen la mampostería y la madera por componentes metálicos; a veces se combinan por la sustitución de algunos elementos antiguos deteriorados o por la modernidad de la construcción, ya que los edificios de corrales se siguen levantando en Madrid hasta las primeras décadas de nuestro siglo.

Las llamadas **casas de malicia** constituyen la respuesta de la picaresca popular a la Regalía de Aposento, pues presentan una fachada con una sola altura, eximiéndose pues de gravosos hospedajes, alzando plantas adicionales retranqueadas respecto a la fachada. A veces estos niveles superiores adoptan el modelo de corrala lo que, a veces, permite contemplar desde el exterior las galerías de corredor.

El dispositivo así creado de distintas alturas en el mismo edificio, ideado para aprovechar mejor el espacio, obligaba a una disposición curiosa de accesos que aún podemos ver en muchos de los ejemplares aquí citados. Traspasando el portal se encuentra una primera escalera que sube a las viviendas exteriores; pero hay que seguir un largo, estrecho y oscuro pasillo para llegar al patio y escaleras que suben a los corredores de las galerías.

Aunque los ejemplares más conocidos de corralas son las de Mesón de Paredes, esquina a Sombrerete y Tribulete, quizá los más interesantes sean los situados poco más abajo, en la propia calle Mesón de Paredes, en la confluencia con Miguel Servet y Espino que, además de ser ejemplares primitivos (1790) reúnen la doble característica de corralas y casas de malicia, a lo que hay que añadir la fortuna de una rehabilitación reciente que les han devuelto su deslumbrante apariencia primitiva. Otro ejemplo de restauración reciente lo constituye la manzana de la plaza de Cascorro.

La mayor parte de las corralas se sitúan no lejos de los límites norte y sur de la Cerca y así, restringiéndonos al ámbito de este libro, vemos que raramente se sobrepasan la zona sur de los barrios de Lavapiés, Rastro y La Paloma.

DATOS PRACTICOS

A continuación se detallan una serie de corralas seleccionadas por su interés estético o estilístico. También se han tenido en cuenta la facilidad de acceso ya que otras muchas no citadas son más difíciles de ver por haber protegido los vecinos el acceso a la finca mediante portal, habitualmente cerrado.

Aguila, 17. Portón y mínimo cancel que da paso a un zaguán alargado que se bifurca para dar acceso al patio y a la galería.

Ave María, 41. Corrala con tres alturas dando a tres de los lados del patio. Estructura de madera y barandales de hierro.

Bastero, 7. Un piso en fachada, largo túnel, accesos y patio con un corredor de madera y mampostería.

Buenavista
Número 40. Acceso a través de pasillo enlosado con placas de granito, patio con un cuerpo de corredor de tres alturas con estructura de madera muy destacada que arranca del suelo apoyándose en bloques de granito.
Número 44. Similar a la anterior, aunque presenta un doble cuerpo y cuatro alturas, usando barandas de hierro.
Números 12, 14, 16 y 34. Otras corralas menos interesantes.

Caravaca, 17. Portón con gran aldaba. Corredor con dos alturas y estructura de gruesos maderos con barandas metálicas.

Carnero, 15. Dos alturas en fachada con galería de cinco niveles con vigas de madera y barandales de hierro.

Cascorro. Varias corralas resueltas con mampostería y madera, integradas en una manzana delimitada por la ribera de Curtidores, las calles de San Cayetano y Embajadores y la plaza de Cascorro, recientemente rehabilitadas.

Doctor Fourquet, 31. Gran finca con bella fachada, restaurada, con cuatro niveles de balcones y portón metálico. Acceso amplio, para paso de carruajes; tras él, primer tramo que tiene la escalera de acceso a los pisos exteriores; un segundo tramo empedrado nos sitúa ante dos cuerpos de corredor de cinco alturas, a derecha e izquierda, con sustentaciones de madera que arrancan del suelo sobre bloques de granito y barandales de hierro. Finalmente amplio patio con cuatro locales que servirían de cocheras.

Embajadores, 46. Estrecho y zigzageante túnel que da acceso a cuartos bajos y a dos cuerpos de viviendas, una de ellas en forma de galería de tres alturas con estructura de madera y barandales de hierro. Se conserva fuente en el patio.

Esperanza, 11. Doble cuerpo de corredores de tres niveles con estructura de madera y barandillas de hierro. Restaurado.

Espino, 6 (esquina a Miguel Servet). Acceso a una de las dos corralas de Miguel Servet. Portón de madera claveteado con reja-mirilla. Juego de pasillos en planta baja, uno de ellos da a un patio con tinajas, otro al patio de la corrala desde el que se ven los tres corredores de madera y mampostería. Restaurado y acomodado (aparcamiento, ascensor). Ver Miguel Servet.

Fray Ceferino González, 7. Fachada baja con luminosa corrala en el interior de dos alturas formada por estructura de madera y mampostería.

Mesón de Paredes

Número 43. Corrala de dos alturas. Desde la galería superior se domina la propia corrala, la de la finca 41 colindante y un sorprendente horizonte de tejados rojizos.

Número 45. Un interminable túnel conduce a un patio con dos corredores con estructura de madera.

Número 61. Pequeño corredor interior de dos niveles con estructura de madera y mampostería.

Entre números 61 y 65. Vista de las dos corralas a las que se accede por Sombrerete, 13 y Tribulete, 12, que quedaron al descubierto al derribarse los edificios de Mesón de Paredes que completaban la manzana. Presentan cinco y cuatro alturas con estructuras en las que predominan las sustentaciones metálicas. Restauradas.

Número 79. Acceso (abierto) a una de las dos corralas visibles desde la calle Miguel Servet. El portón de madera de sorprendente calibre, claveteado y con aldabón, da paso a un estrecho pasillo que conduce a escaleras y patio de la corrala (mantiene la fuente). Los corredores presentan cuatro alturas con estructura de madera y mampostería, recientemente restaurado y enlucido. Ver apartado siguiente.

Miguel Servet, 12 a 18. Fachada con una única altura, hoy ocupada por tiendas. Situándonos en la acera opuesta, podremos ver los corredores de las corralas de Mesón de Paredes, 79 y Espino, 6, las espigadas chimeneas, los elementos decorativos (reloj de sol, cromatismos) y el movido juego volumétrico que incluye los perfiles de edificios, galerías, buhardillas, chimeneas.

Mira el Sol, 10. Corrala amplia con cuatro niveles de pisos sobre el patio y con fachadas a los cuatro lados. Estructura de madera y barandales de hierro. En buen estado.

Paloma. Pueden verse dos ejemplos extremos de los peligros que hoy acechan a las corralas madrileñas; en el número 5 una corrala sumamente deteriorada y en el número 8 una corrala reformada y modernizada en exceso con materiales inadecuados.

Peña de Francia, 6. Un ejemplo de reforma respetuosa con la estética y materiales propios de este tipo de construcciones.

Provisiones, 12. Antigua construcción que salva el actual nivel de la calle mediante unos escalones en el pórtico. El portón claveteado da paso directamente a un curioso patio con galerías voladas de mampostería que se enlazan a través de un puente central.

Redondilla, 13. Casa de corredor en forma de "C" que corresponde al tipo refinado de arquitectura residencial madrileña de comienzos del XVIII. Su situación en zona principal, su diseñador (el arquitecto Ardemans, 1711) y su patrocinador (el duque del Infantado), dignificaron el modelo popular que ha sido restaurado recientemente, aunque la visita al interior está dificultada por interponerse un inoportuno portero automático.

Rodas. Corralas populares en los números 5, 9 y 12.

Rollo, 7. Esta construcción y la ya citada de Redondilla, 13, se apartan en cuanto a cronología, emplazamiento y patronazgo de las construcciones populares habituales. En este caso estamos ante un edificio de 1724 con fachada muy reformada recientemente, pero que conserva su interior primitivo en bastante buen estado destacando las llamativas estructuras de sustentación en madera.

Sombrerete, 13. Acceso a la primera corrala abierta de Mesón de Paredes.

Tribulete

Número 12. Acceso a la segunda corrala abierta de Mesón de Paredes, contigua a la anterior. Al contrario que en el caso anterior, este acceso está habitualmente abierto.

Número 10. Corrala con estructura de madera que parte del suelo con cuatro pisos altos que dan a tres de los cuatro lados del patio. Barandillas metálicas. En buen estado.

11. La artesanía

Los oficios artesanos

Los oficios artesanos nacen con la organización social propia de los núcleos urbanos; antes aún, la creación o el engrandecimiento de los recintos amurallados, que muchas veces constituyen el origen de nuestras ciudades, atraen la afluencia de **albañiles, canteros, carpinteros** y un largo etcétera de trabajadores artesanos que, con frecuencia, pasan a ser sus primeros moradores estables.

Madrid no sería una excepción, y tanto en la Medina árabe como en el Magerit medieval, los talleres de los primeros oficios artesanos serían parte esencial del incipiente entramado urbano.

Quizá uno de los gremios de más tradición es el de **herreros,** ya regulado en el Fuero de 1202 para fijar los precios de las azadas y del herraje de las caballerías.

Durante siglos, los gremios permanecieron unidos en calles o zonas bien delimitadas hasta que en los siglos XVII y XVIII el crecimiento de la ciudad obliga a una cierta dispersión, decisión que debió ser impuesta por los munícipes y no bien acogida por algunos gremios reticentes, como el de los esparteros situados en la calle que aún hoy conserva su nombre.

Todavía el callejero de nuestro viejo Madrid conserva denominaciones centenarias, rastro de la actividad de los artesanos con oficios tan primitivos como el de **bordadores, botoneras, cabestreros, cedaceros, coloreros, cuchilleros, esparteros, herradores, latoneros, curtidores, tintoreros, yeseros.**

Hoy apenas queda más que el recuerdo de estas actividades que, bien han desaparecido, o se han industrializado, no quedando más que alguna rara reliquia y su comercio en establecimientos trasnochados.

Los **herreros** siempre estuvieron situados cerca de las puertas de las villas, en nuestro caso entre Puerta Cerrada y la Puerta de Guadalajara (inmediatos a la actual calle Mayor y próximos a la actual plaza de Herradores), en zona que se denominaba La Herrería. Sucesivas disposiciones municipales alejaron las molestas fraguas del centro de la villa; perdido todo rastro de este ruidoso trajín solo nos queda el artificioso, pero evocador, festejo que se viene celebrando últimamente en la plaza de Herradores, en torno a noviembre, en el que se reproduce el herraje de caballerías propio de otros tiempos.

Sí podemos ser testigos del comercio de los más variados objetos de hierro que pueden encontrarse en tiendas especializadas y puestos callejeros del Rastro y, en especial, en el Bazar de las Américas. También podemos encontrar talleres y comercios aislados dedicados a la **hojalatería, los bronces, la cuchillería...,** algunos de ellos de tradición centenaria.

Otro sector de mucha tradición es el compuesto por los gremios de **curtidores, zurradores, guanteros** y **zapateros**, cada uno de ellos con actividades bien delimitadas y reglamentadas. De los cuatro se conocen ordenanzas de los siglos XVI y XVII. En nuestro Madrid antiguo siguen existiendo talleres y pequeños comercios especializados, algunos de ellos ampliamente centenarios, bien conservados y activos; entre todos ellos pueden destacarse El Valenciano o Vicente Márquez.

La Comunidad de **Encuadernadores** de la Corte, tiene una prolija ordenanza de 1762 que exige saber leer y escribir a los aspirantes y establece el periodo de aprendizaje en cinco años consecutivos. Siguiendo la mejor tradición artesana del gremio contamos con un gran establecimiento, el de la Vda. de Luna, y numerosos pequeños talleres cuyas técnicas y apariencia no han variado sensiblemente del siglo XVIII a nuestros días.

DATOS PRACTICOS

INDICE DE LOS OFICIOS ARTESANOS

Artesanía de la madera

Talleres de talla en madera. Talleres de imaginería religiosa. Talleres de tonelería. Otros talleres de la madera.

Artesanía del mueble

Talleres de mobiliario rústico. Talleres de mobiliario de estilo. Talleres de mobiliario de encargo. Talleres de mobiliario tapizado.

Artesanías complementarias del mueble

Talleres de torneado de la madera. Talleres de taracea y marquetería. Talleres de decoración del mueble. Talleres de barnizado.

Artesanías de la piel y el cuero

Talleres de marroquinería. Talleres de repujado en cuero. Talleres de botería. Talleres de guarnicionería. Talleres de zapatería.

Artesanías de las fibras vegetales

Talleres de cestería. Talleres de sillería y mobiliario.

Artesanías textiles

Talleres de bordado. Talleres de tapicería y alfombras. Talleres de pasamanería. Talleres de anudado. Talleres de sastrería taurina.

Artesanías del barro

Talleres de alfarería de diseño. Talleres de cerámica tradicional. Talleres de cerámica de diseño. Otros talleres del barro.

Artesanías de la piedra

Talleres de escayola.

Artesanías del vidrio

Talleres de talla y decoración del vidrio. Talleres de vidriería mural.

Artesanía del hierro y de los metales

Talleres de mobiliario metálico y herrajes. Talleres del bronce y otros metales. Talleres de orfebrería metálica. Talleres de grabado y rotulación. Talleres de hojalatería.

Artesanía de los metales preciosos

Talleres de platería y orfebrería. Talleres de lapidarios de diamantes y piedras. Talleres de talla de marfil y maderas duras.

Artesanía de los instrumentos musicales

Talleres de guitarrería. Talleres de otros instrumentos musicales.

Artesanía del libro

Talleres de encuadernación.

Artesanía del juego y la fiesta

Talleres de juguetería. Talleres de muñequería. Talleres de máscaras, títeres y marionetas.

Otras artesanías madrileñas

Talleres de cerería. Talleres de corchería. Talleres de cedacería. Talleres de estuchería. Talleres de pantallas para lámparas. Talleres de miniaturismo y maquetas. Talleres de taxidermia. Talleres de adornos varios.

Artesanía de la restauración

Talleres de restauración de mobiliario. Talleres de restauración de piezas diversas.

ARTESANIA DE LA MADERA

Talleres de talla en madera

Florencio Cuadrado. Ribera de Curtidores 35. Teléf. 468 36 34. Talla en madera en general.

Talleres de imaginería religiosa

Manuel Paradela. Encomienda 4. Teléf. 230 24 23. Ornamentos e imágenes clásicos.
Pedro Fernández. Encomienda 11. Tallas, retablos y reproducciones clásicas.

Talleres de tonelería

Pozo Luis Pozo. Ronda de Segovia 29. Reparación de tonelería y elaboración de tonelería en roble y castaño.
José Muñoz. Cava Baja 12. Teléf. 265 68 58. Artesano de tradición, activo en este local desde 1941. Toneles, cubas y jarretes en roble. También encargos.

Otros talleres de la madera

Taller INTI. Carlos Arniches 26. Plumas de bambú.
José Antonio Pérez. Mesón de Paredes 81. Teléf. 228 70 76. Carpetas de madera tintada.
Gloria Castro. Zurita 31. Teléf. 467 83 61. Cuadros, murales y cajas en madera, cristal y cobre. Dibujos propios.

ARTESANIAS DEL MUEBLE

Vicente Martín. Ribera de Curtidores 35. Teléf. 230 28 24. Estanterías y almireces en abedul y nogal.

Talleres de mobiliario de estilo

Antonio Fernández. Amparo 25. Teléf. 228 06 50. Sillería, espejos y consolas de estilo inglés y francés.
Sillería Esteban. Embajadores 94. Teléf. 227 63 33. Sillería clásica en roble, nogal y haya.

Talleres de mobiliario de encargo

Miguel Tejedor. Embajadores 31. Teléf. 228 42 15. Puertas y ventanas clásicas.
Vaquero Mayor. Olmo 14. Teléf. 239 34 13. Mesas y cabeceros clásicos.
Taller Media Luna. San Cosme y San Damián 13. Teléf. 227 58 71. Artesanía sobre madera, cuero y piedra.
Francisco Marqueta. Tres Peces 34. Teléf. 239 90 37. Cajoneras, maleteros y librerías.

Talleres de mobiliario tapizado

Wenceslao Fernández. Costanilla de San Andrés 18. Teléf. 265 12 66. Tresillos y sillería tradicional.
Tapicerías Correa S.A. Cabestreros 11. Teléf. 228 11 32. Tresillos y sillería tradicional.
Tapicería Sanjo. Olmo 24. Teléf. 468 63 10. Sillas, sillones y tresillos clásicos.
Viuda de Hurtado. Salitre 27. Sofás, sillas y sillones tradicionales.
Eleuterio Jaramillo. Bola 3. Teléf. 247 69 20. Sillones, sofás y tresillos clásicos

ARTESANIAS COMPLEMENTARIAS DEL MUEBLE

Talleres de torneado de madera

Luis San Millán. Campillo del Mundo Nuevo 4. Teléf. 239 95 18. Patas de sillería y otras piezas tradicionales.
Gabriel Arnedo. Jesús y María 25. Te-

léf. 239 82 60. Patas, adornos y accesorios de mobiliario.
María Callejo. Reloj 14. Piezas clásicas en pino y haya.

Talleres de taracea y marquetería
Valderrama. Lucientes, 5. Teléf. 265 74 65. Molduras en pan de oro.

Talleres de decoración del mueble
Taller Lugo. Rodas, 26. Teléf. 467 04 31. Dorado de marcos y figuras clásicas con pan de oro.

Talleres de barnizado
Eugenio Lapausa. Huerta del Bayo 8. Teléf. 239 33 19. Barnizado tradicional y restauración de mobiliario y marquetería.

ARTESANIAS DE LA PIEL Y EL CUERO

Talleres de marroquinería
Patricia Corral. Amparo 4. Agendas y libretas en cuero, diseños propios.
Gerardo Menéndez. Buenavista 16. Teléf. 468 41 27. Bolsos, cinturones y fundas.
Antonio García Fernández. Buenavista 27 Primero. Teléf. 227 36 77. Cueros, marionetas, tapices en piel de becerro.
Amillo. Fuentes 10. Teléf. 248 16 27. Pieles y material para encuadernación. Estuches, muebles y artículos de piel.
Baranda. Santa Isabel 42. Teléf. 227 97 47. Bolsos, cinturones, monederos, carteras,... También pieles para tapicerías.
Manuel Sánchez Claramunt. Cañizares 3. Teléf. 228 35 43. Bolsos clásicos.
Santiago Mazuela. Mesón de Paredes 62. Teléf. 239 43 40. Bolsos de señora de diseños propios.
Angela y Nieves. Miguel Sirvet 5. Teléf. 221 81 31. Máscaras, carteras, cinturones, bolsos y espejos en cuero y diseños propios.
Manuel Fernández. Núñez de Arce 11. Teléf. 231 09 53. Carteras y bolsos.
Hector Ramiro. Olivar 35. Teléf. 227 43 81. Bolsos y cinturones de diseño actual.
Artesanía MAS. Olmo 27. Teléf. 230 84 31. Bolsos, maletas y carteras en cuero. También arreglos en local contiguo esquina a Ave María.
Luis Bujalance. Guillermo Roland 5. Teléf. 247 67 21. Bolsos tradicionales.
Alicia López. Jesús 12. Teléf. 429 21 20. Bolsos de diseño clásico y actual.
Mariano Martínez. Moratín 7. Teléf. 222 72 19. Bolsos de señoras clásicos.
Castiñeira. Independencia 3. Teléf. 247 31 00. Marroquinería. Confección con pieles de cocodrilo, lagarto, serpiente,... Especializados en pieles de cebra, vaca, cabra y pieles exóticas de pelo para decoración.

Talleres de repujado en cuero
Antonio García Fernández. Buenavista 27. Cueros repujados.
Arturo García Viejo. Lavapiés 20. Teléf. 467 20 10. Cordobanes y utilitarios ornamentales.
Taller Media Luna. San Cosme y San Damián 13. Teléf. 227 58 71 Maletería y marroquinería repujada.
Orfecur. Alcalá 20, 3.° 5-A. Teléf. 460 10 08. Taller de cuero repujado y orfebrería.

Talleres de botería
Julio Rodríguez. Aguila 12. Teléf. 265 66 29. Taller fundado en 1907 por el abuelo del actual artesano. Botas tradicionales de piel de cabra (desde medio a doce litros) y pellejos de encargo.

Talleres de guarnicionería
ROAL. Arganzuela 10. Teléf. 265 38 83. Fundas, correajes, troquelados y estuches.
Ildefonso Palomares. Fray Ceferino González 5. Teléf. 468 19 75. Guarnicionería propia de la caza: correas, bozales y cinturones. También encargos.
Casa El Valenciano (Hijo de Salvador Detell). Ribera de Curtidores 16. Teléf. 227 16 56. Casa fundada en 1880. Conserva su tradicional fachada y su especialización en monturas. Muy acreditada. A pesar de su emplazamiento en el corazón del Rastro cierra domingos y festivos.
Huestamendía. Cabestreros, 13 y Me-

són de Paredes, 23. Teléf. 227 59 90 y 227 03 95. Fundada en 1910. Curtidos, accesorios de calzado, guarnicionería y tapicería.

Adriano García del Río. Dos Hermanas, 22. Teléf. 227 67 55. Trabaja el boscal y la baquetilla para el calzado, cuero para bolsos y cinturones, y badanas para forros.

Angel Villegas. Echegaray, 14. Teléf. 429 57 62. Guarnicionero tradicional.

Antón Díaz. Sierpe 4. Teléf. 265 24 34. Carteras de escolares y de cobrador.

Vicente Márquez. Atocha 4. Teléf. 227 29 59-230 78 18. Establecimiento fundado en 1880. Artículos de cuero y guarnicionería, herrajes, cuerdas, hebillas,... utilizando pieles de vaca, cabra y borrego.

Guarnicionería de la Valle. Sombrerería 1. Teléf. 227 98 76. Todo sobre el caballo: sillas de montar, cabezales. zahones, mantas, fustas...

Medina. Bolsa 10. Teléf. 222 56 26. Curtidos. Pieles para calzados, bolsos, tapicería y pieles de pelo para decoración. Guantes, encuadernación, confección.

Talleres de zapatería

Hijos de García Tenorio. Bolsa 9. Teléf. 221 31 94. Calzado de campo y caza.

Román Gonzalo. Espada 4. Teléf. 227 34 27. Taller activo desde 1915. Curtidos y cortes. Especialidad en botas camperas.

MATY. Hileras 7. Teléf. 241 20 16. Zapatos y zapatillas de baile.

Manuel López Fernández. León 17. Teléf. 429 54 54. Zapatos y botas clásicos.

ARTESANIAS DE LAS FIBRAS VEGETALES

Talleres de cestería

Manufacturas Mallorquinas. Abada 2. Teléf. 221 48 71. Local de venta de artesanía en rafia, junco, mimbre, bambú, castaño, pita y fibras vegetales.

Barros y Cañas. Amazonas 4 y Plaza Cascorro 9. Teléf. 265 48 79. Muebles de caña y mimbre.

Talleres de sillería y mobiliario

Fidel López. Isabel la Católica 7. Teléf. 248 73 70. Local con gran tradición hoy atendido por los continuadores de una prestigiosa dinastía. Asientos, respaldos y cabeceros de cama clásicos en junco.

Segundo Garcés. Mediodía Grande 3. Teléf. 265 56 29. Taller fundado en 1938 con bella fachada tradicional. Colocan y reparan asientos haciendo verdaderas filigranas con diversos. materiales como junquillo, anea, palmito, cuerda, rejilla y junco.

Ruiz. Lavapiés 11. Reparación de asientos de rejilla.

ARTESANIAS TEXTILES

Talleres de bordado

Carmen Mesa. Cava Baja 34. Teléf. 890 05 19. Uniformes, banderas y mantos religiosos en hilos de oro y plata.

Talleres de tapicería y alfombras

J. Luis Sánchez-Sáez Adana. Plaza Conde Miranda 1. Teléf. 275 93 07. Tapices de diseño propio en lana y algodón.

Alhalba Telar. Buenavista 33. Teléf. 227 19 91. Tapices, maceteros y alfombras de diseño propio en algodón, yute, pita y lino.

Ibarra. Lavapiés 29. Teléf. 467 47 64. Tapices de diseño propio.

Taller Mamaflor. Zurita 31. Teléf. 230 56 54. Tapices, cortinas, maceteros, lámparas y murales de diseño propio tejidos en algodón, yute, lanas y rapón.

Talleres de pasamanería

Antonio Ger. Ronda Toledo 14. Teléf. 227 51 19. Galones, hebillas y lentejuelas tradicionales.

Hijo de Antonio Bolea. Bolsa 4. Teléf. 221 44 45. Borlas y cordonería tradicionales.

Talleres Lucía. Fomento 28. Teléf. 247 77 31. Cordones, borlas, flecos, galones y cinturones clásicos.

Sucesores de Viuda de J. Declive. Fuentes 7. Teléf. 248 37 27. Cordones, flecos, trencillas y borlas.

Talleres de anudado

Fernando Alamo. Ave María 16. Teléf. 230 72 49. Lámparas, cortinas y tapices en algodón, lana, lino, pita y yute.
Juan Sánchez. Cuchilleros, 9. Teléf. 266 48 37. Espartería: cañizos, maromas, astiles, lías, espuertas, escobas de brezo.

Talleres de sastrería taurina

Angela. Plaza General Vara del Rey 11. Teléf. 265 13 40. Muletas, capas de juego y paseo, monteras, medias, zapatillas, fundas de espada y espartones.
Sastrería Justo. Plaza Tirso de Molina 9. Teléf. 467 64 64. Trajes de torero, capotes, muletas, camisas y pantolones.
Fermín López Fuentes. Aduana 27. Teléf. 231 68 84. Trajes de toreo, capotes y camisas.

ARTESANIAS DEL BARRO

Sergio Aguilar. Núñez de Arce 14. Teléf. 402 55 85. Palomas, gallos y gallinas en arcilla.

Talleres de cerámica tradicional

Artesanía AMR. José Luis Martínez Florido. Ribera de Curtidores 29. Teléf. 228 69 75. Joyeros, tarros de farmacia y jarrones tradicionales decorados con óxidos metálicos y oro líquido.
Taller de Artesanía Juana Soares. Zurita 31. Teléf. 467 03 74. Estudio artesano de cerámica: Platos, ceniceros, cuadros, muñecos y vasijas clásicos en barro y esmaltes.
Antigua Casa de Talavera. Isabel la Católica 2. Teléf. 247 34 17. Establecimiento fundado en los años 20. Fachada de azulejos antiguos rescatados de derribos. Cerámica española con gran variedad de formas (vajillas, jarrones, platos, escribanías,...) y procedencias (Talavera, Toledo, Alcora, Sevilla, Puentes del Arzobispo, Manises, Granada, Onda, Andújar, Ribesalbes, La Bisbal). Reproducción en azulejos de toda clase de cuadros e imágenes.
Cántaro. Flor Baja 8. Teléf. 247 95 14. Local dedicado a la venta con una gran variedad de cerámica y alfarería popular española. Reproducción de diseños antiguos, cerámica decorativa y alfarería rural de los principales focos regionales, así como obras de intención artística y de alta decoración.
Cerámica Sanz. Segovia 5. Teléf. 265 26 20. Establecimiento con medio siglo en la venta de cerámica artística castellana, levantina y andaluza.
La Ralea. Fuentes 6. Teléf. 242 59 78. Artesanía y cerámica. Venta y también cursos.
La Cerámica. Humilladero 18. Venta de cerámica decorativa. Abre a diario y domingos mañana.
Blanco. Salitre 12. Escuela de cerámica. Exposición y venta.
E. Fernández. Plaza Mayor, 6. Teléf. 265 91 54. Cerámica artística, azulejos decorados. Restaurador de la fachada de Villa Rosa y creador de nuevas decoraciones castizas.

Talleres de cerámica de diseño

Azaila. Plaza de la Morería 7. Bustos, relieves y cabezas de diseño propio.
Gloria Tena. Atocha 90. Vasijas, platos y esculturas de diseño propio.
Taller de Arte Cerámica Monserrat Ibáñez. Jesús y María 21. Teléf. 248 04 82. Vasijas, figuras, queseras y cuadros de diseño propio.
Teresa García Ibarra. Lavapiés 29. Teléf. 228 11 93. Modelado y escultura cerámica actual.
Francisco González. Príncipe 15. Platos, jarros y objetos diversos.
Tres Peces. Tres Peces 20. Teléf. 227 64 65. Escultura cerámica actual, máscaras y esmaltes cerámicos. Diseños propios.
Los Siete Soles. Arte Sóthico. Mira el Sol 14. Teléf. 212 00 47. Ceramistas y mitólogos trabajando en equipo. Máscaras sobre mitologías egipcia, celta, germana,...

Otros talleres del barro

Alhambrique. Cebada 7. Teléf. 265 04 25. Gargantillas y pendientes de diseño propio.
Lauro Cenjor. Argumosa 13. Teléf. 227 49 59. Corcho y barro.
Taller Cabeza. Pablo María Pinedo. Ca-

beza 14. Teléf. 734 24 61. Espejos, máscaras, alambiques, escultura y murales en cobre, latón y esmaltes.

ARTESANIAS DE LA PIEDRA

Talleres de escayola

Esculturas Bartolozzi. Bordadores 4. Teléf. 266 52 40. Figuras clásicas.

ARTESANIAS DEL VIDRIO

Talleres de talla y decoración del vidrio

VALDECOR. Mediodía Grande 9. Teléf. 2653334. Decoración tradicional en vidrio.

Carmen Tena. Atocha 79. Teléf. 239 63 23. Juegos de copas y botellas en vidrio tallado.

Talleres de vidriería mural

ARTEVISA. Costanilla de los Angeles 14. Teléf. 247 19 36. Vidrieras emplomadas.

ARTESANIAS DEL HIERRO Y LOS METALES

Talleres de mobiliario metálico y herrajes

Antonio Ballesteros. Ronda de Toledo 16. Teléf. 227 29 95. Cerrajería en latón estilos inglés, imperio y Luis XVI.

Bronces Alvarez. Rodas 5. Teléf. 230 23 74. Lámparas, cabeceros y marcos. Morillos de chimenea y candelabros en latón y bronce.

Baldomero Moreno. Ronda de Toledo 16. Teléf. 227 16 15. Lampistería y restauración de objetos de latón y alpaca.

Tenmexix. Huertas 16. Teléf. 216 64 33. Lámparas, faroles, apliques y mesas en bronce, latón y cristal.

Talleres de artesanía del bronce y otros metales

Villalba. Cabeza 24. Teléf. 227 38 48. Bronces artísticos. Lámparas y objetos de regalo.

Alvarez. Rodas 5. Teléf. 230 23 74. Artesano broncista. Trabaja de encargo para decoradores y particulares.

Talleres de orfebrería metálica

Isidro Díez. Rodas 11. Teléf. 467 36 42. Lámparas, esculturas, candelabros y relojes en estaño y plata y diseño tradicional.

Pilar Martín. Carrera de San Francisco 14. Teléf. 265 56 58. Iconos, arquetas y cuadros de estilo tradicional y diseño propio en cobre, estaño y plata.

Matalart. Cabestreros 16. Teléf. 468 05 68. Espejos, máscaras, teatros, escultura y otros objetos decorativos de diseño propio, en latón, cobre y alpaca.

Viuda e hijos de Juan Fernández. Mesón de Paredes 75. Teléf. 227 07 70. Medallas, llaveros, placas y emblemas en latón, aluminio y cobre.

José Luis Jiménez. Santa Isabel 5. Espejos de diseño propio en cobre, esmaltes y vidrio.

Talleres de grabado y rotulación

Grabados Pérez. Carretas 14. Teléf. 221 69 48. Placas timbradas.

Antonio Olivares. Concepción Jerónima 8. Teléf. 227 00 53. Grabados de joyería, troqueles y sellos de grabación.

Grabados Alonso. Sombrerería 12. Teléf. 227 54 67. Planchas, troqueles y escudos.

Eugenio Moreno. Victoria 6. Teléf. 415 60 40. Placas de homenaje, moldes, rótulos.

Talleres de hojalatería

Taller Orive. Amparo 96. Teléf. 227 11 52. Taller tradicional fundado en 1927. Trabaja la hojalata y el estaño, confeccionando cortadores, moldes, boquillas, bandejas y recipientes en general.

Mayordomo. San Isidro Labrador 7. Teléf. 265 36 81. Taller tradicional fundado en 1918. Elaboran contenedores y recipientes de finalidad fundamentalmente utilitaria.

ARTESANIA DE LOS METALES PRECIOSOS

Talleres de platería y orfebrería en metales preciosos

Manuel Valera. Rodas 11. Teléf.

228 18 13. Apliques y relojes en oro y plata.
Carlos Orfebre. Rollo 10. Teléf. 248 08 61. Esculturas, llaveros y gemelos en oro, plata y bronce.
González Maganto. Príncipe, 8. Teléf. 222 31 70. Orfebrería tradicional, bandejas y trofeos en oro, plata y pedrería.

Talleres de lapidarios de diamantes y piedras

Alejandro Sanz. Carretas, 14. Teléf. 232 48 34. Grabados en ágata.
Luis Requena. Mesoneros Romanos, 3. Teléf. 231 99 93. Grabación en piedras preciosas.
Gonzalo Causape. Montera, 34. Teléf. 231 07 39. Talla de diamantes.
Domingo Tornell. Alcalá, 20. Teléf. 221 14 93. Talla de diamantes.

Talleres de talla de marfil y maderas duras

Andrés Barbero. Plaza del Carmen 1. Teléf. 232 79 45. Anillos, colgantes, imaginería y restauración de piezas de marfil, hueso y nácar.

ARTESANIAS DE LOS INSTRUMENTOS MUSICALES

Talleres de guitarrería

Paulino Bernabé. Cuchilleros 8. Teléf. 266 44 30. Guitarras españolas tradicionales.
Félix Manzanero. Santa Ana 12. Teléf. 266 00 47. Guitarras flamencas y de estudio, bandurrias y laúdes.
Guitarras Camacho. Amparo 3. Teléf. 239 29 10. Guitarras clásicas y flamencas.
Mariano Conde. Atocha 53. Teléf. 239 11 67. Guitarras clásicas y flamencas.
Arcángel Fernández de la Mata. Jesús y María 26. Teléf. 228 70 67. Guitarras flamencas y clásicas.
Santos Bayón. Aduana 23. Teléf. 222 95 21. Guitarras clásicas.
Mariano Conde. Felipe V 2. Teléf. 274 06 12. Guitarras españolas tradicionales.

Manuel González Contreras. Mayor 80. Teléf. 248 59 26. Guitarras tradicionales.
Juan Alvarez Gil. San Pedro 7. Teléf. 429 29 33. Guitarras y bandurrias clásicas.

Talleres de otros instrumentos musicales

Apruzzese. Carrera de San Francisco 7. Teléf. 265 74 57. Organillos.
Domisol. Grafal 8. Teléf. 265 64 66. Pianos y organillos.
Manuel Parra. Ave María 12. Teléf. 230 29 33. Flautas, clarinetes, trompetas y tambores.

ARTESANIA DEL LIBRO

Talleres de encuadernación

Escobar. Angel 12. Teléf. 266 58 61. Encuadernación tradicional.
Francisco Duque. Carrera de San Francisco 8. Teléf. 265 52 24. Encuadernación tradicional.
Estampaciones Ochoa. Villa 5. Teléf. 248 25 88. Estampación tradicional.
Paricia Corral y Antonio Sousa. Amparo 4. Encuadernación de libros, agendas y diarios y decoración de cubiertas.
Vergara. Escuadra 3. Teléf. 468 60 30. Encuadernación clásica.
José Mediavilla. San Simón 5. Teléf. 228 02 45. Encuadernación clásica.
Fernando Lobo. Amnistía 1. Teléf. 248 08 13. Encuadernación tradicional.
Luna. Campomanes 12. Teléf. 247 00 31. Encuadernación artesana. Taller activo desde 1920. Realizan trabajos de gran calidad para altos organismos, instituciones, bibliófilos, particulares exquisitos y simples amantes de la encuadernación artesana bien hecha.
Jesús Cortés. Caños del Peral 9. Teléf. 247 00 27. Encuadernación clásica. Excelente profesional muy acreditado.
Antonio López. Santa Clara 5. Teléf. 248 07 15. Encuadernación clásica en piel.
Ruiz. Infante 4. Teléf. 429 68 55. Encuadernación en piel, tela y guaflex.
Angel Raso. Moratín 46. Teléf.

429 40 89. Encuadernación en piel y tela.

ARTESANIAS DEL JUEGO Y LA FIESTA

Talleres de juguetería

José Fernando Oliver. Plaza Cebada 15. Teléf. 265 07 30. Arco iris, árboles, barcos y aviones de madera.

Taller Magerit. Eutiquiano Dorado. Buenavista 38. Teléf. 269 08 85. Ajedreces, dominós, backgammon, juguetes en madera y latón de diseño propio.

Taller Beleño. Cruz 37. Teléf. 222 54 56. Espejos, muñecos y cajas en papel, cartón y madera de diseño propio.

Taller El Velero. Zurita 14. Teléf. 468 26 32. Juegos y juguetes de diseño propio.

Taller Los Juegos. Zurita 14. Teléf. 239 51 70. Puzzles y juegos en madera.

Talleres de muñequería

Ernesto Ramirez. Ribera de Curtidores 35. Teléf. 228 60 52. Muñecas de diseño propio.

Talleres de máscaras, títeres y marionetas

La Mundia. Amparo 86. Teléf. 239 86 94. Marionetas y muñecos en cartón y pasta de papel.

Begoña Domínguez. Lavapiés 16. Teléf. 230 95 89. Máscaras en papel maché

Milagros Espinosa. Relatores 5. Teléf. 227 06 28. Marionetas y teatrillos.

Jorge González. Cervantes 4. Teléf. 429 26 05. Máscaras en pasta de papel.

El Tranvía. Moratín 16. Teléf. 232 86 50. Máscaras y escenografía teatral.

OTRAS ARTESANIAS MADRILEÑAS

Talleres de cerería

Cerería Ortíz. Paloma 5. Teléf. 265 98 48. Fundada en 1910. Mantiene su aspecto tradicional. Velas de candela, blancas y rizadas. Hachotes tradicionales.

Cerería Ortega. Toledo 43. Teléf. 265 60 19. Situada junto a la catedral de San Isidro. Fundada hace más de ciento cincuenta años. Lamparillas, velas tradicionales y rizadas, cirios litúrgicos y exvotos de animales.

Cerería Ortíz. Atocha 41. Teléf. 239 44 46. Uno de los establecimientos más antiguos de Madrid. Fundado en 1760. El local actual sigue manteniendo un buen surtido de cirios, velas rizadas y flores y figura de cera y parafina.

Santa Cruz. Atocha 5. Teléf. 221 84 36. Cerería con local tradicional situado frente a la iglesia de Santa Cruz.

Niño del Remedio. Donados 4. Teléf. 248 55 14. Velas especiales, ceras para arte y técnicas industriales.

Villegas. Plaza de Jesús 7. Frente a la capilla de Jesús de Medinaceli.

Talleres de corchería

Angel Lara. Bastero 6. Teléf. 265 44 49. Nacimientos tradicionales en corcho.

Laura Cenjor. Argumosa 13. Teléf. 227 49 59. Corcho y barro.

Corchera Castellana. Colegiata 4. Teléf. 227 47 19. Actividad artesana familiar activa desde 1903. Manufacturas para usos utilitarios y decorativos.

Casa Ballesteros. Duque de Alba 8. Teléf. 265 12 40. Corchos decorativos y aislantes.

Santa Cruz. Jesús y María 23. Teléf. 239 96 40. Modesto establecimiento dedicado exclusivamente a derivados del corcho.

Casa Moreno. Mayor 82. Teléf. 248 35 26. Planchas de corcho para todo uso.

Talleres de cedacería

López. Cava Baja 10. Teléfono 265 24 62. Artesano activo desde 1926. Cribas con aros de madera, bozales de ganado, morteros, fuelles, huevos de madera para zurcir, alabreras para el braseo, cepos para ratones, hueveras de alambre y otros artículos insólitos *descatalogados* en comercios actuales.

Talleres de estuchería

Vicente Torrecillas. Ronda de Toledo 34. Teléf. 227 09 97. Estuches tradicionales en piel, seda y tafilete.

Novaldos. Jardines 27. Teléf. 221 59 15. Estuches clásicos en madera.

Talleres de pantallas para lámparas

Antonio Velasco. Jesús y María 7. Teléf. 239 92 50. Pantallas de sobremesa y techo.

Talleres de miniaturismo y maquetas

Félix Luengo. Angosta de los Mancebos 4. Teléf. 265 03 85. Modelos de aeroplanos de la historia de la aviación española.

Talleres de taxidermia

Castiñeira. Independencia 3. Teléf. 247 31 00

Talleres de adornos varios

Taller de Arte Magente. Huertas 61. Teléf. 429 70 40. Muñecas, herbarios y decoración con plantas secas.

Mariano Soriano y Yolanda Figueroa. Argumosa 13. Teléf. 227 49 59. Vestidos pintados.

ARTESANIAS DE LA RESTAURACION

Talleres de restauración de mobiliario

Santos Hernández. Huerta del Bayo 8. Teléf. 228 15 27. Restauración de mobiliario castellano.

Ignacio Buenavida. Huerta del Bayo 12. Teléf. 467 18 98. Restauración mobiliario gótico, castellano, francés y clásico en general.

Ricardo Fernández Picazo. Rodas 7. Teléf. 467 50 94. Restauración mobiliario y marquetería de estilo inglés.

Antonio de Gracia. Rodas 11. Teléf. 228 55 83. Restauración mobiliario.

Julián Calle. Rodas 14. Teléf. 467 64 94. Restauración de mobiliario y talla.

Emilio de Gracia. Rodas 26. Restauración de mobiliario español.

Francisco de los Infantes. Amparo 50. Teléf. 668 06 25. Restauración mobiliario y marcos Luis XV.

Cooperativa del Barco. Ave María 5. Teléf. 239 56 76. Restauración de muebles, espejos, lámparas.

López Brea. Caravaca 15. Teléf. 239 38 17. Restauración marcos y mobiliario.

Angel Ibáñez. San Pedro 9. Teléf. 429 15 32. Restauración mobiliario clásico.

Ramón Jorge Souto. Santa Isabel 38. Teléf. 468 09 42. Restauraciones de lámparas antiguas.

Diego. Carlos Arniches 23. Taller de restauración de camas, mesillas, lámparas y, en general, mobiliario de latón o bronce.

Talleres de restauración de piezas diversas

Antonio Palacios. Rodas 2. Teléf. 467 31 83. Restauración relojes ingleses.

José Gascón. Amparo 51. Teléf. 227 64 98. Restauración de relieves, tallas y objetos de madera.

Arte de Reloxes. Juan José Ontalva. Plaza de Santa Ana 10. Teléf. 231 26 14. Restauración relojería antigua.

Arte Decorativo. Fomento 31. Teléf. 247 81 11. Restauración de porcelana, marcos y espejos.

Salas Lazo. Costanilla Desamparados. Teléf. 429 35 72. Restauración de pipas de madera de brezo y marfil.

VENTA DE ARTESANIA

Además de las direcciones consignadas anteriormente que, en general, corresponden a los talleres de los artesanos, aunque también se incluyen algunos establecimientos comerciales especializados, no deben dejar de citarse los comercios de artesanía en general como El Caballo Cojo (Segovia 5), Artespaña (plaza de las Cortes), o el mercadillo de la plaza de Santa Ana que se celebra todos los sábados por la tarde y al que asisten con sus productos y tenderetes muchos de los artesanos activos en Madrid.

12. Los mercadillos

El Rastro, los orígenes

El origen del Rastro, tanto de la denominación del espacio topográfico que hoy conocemos con este nombre como del animado lugar de intercambios comerciales menudos, se remonta a los siglos XVI o XVII.

Se tienen noticias de que en el XVI existía un matadero denominado "matadero viejo" situado en la margen izquierda de la Ribera de Curtidores (en lo que hoy sería la calle Fray Ceferino González). A finales de dicho siglo o principios del siguiente se inaugura un nuevo matadero cercano a la Puerta de Toledo.

Los planos de la ciudad de principios y mediados del XVII ya nos muestran rincones que hoy nos son familiares que se identifican con el nombre que ha llegado a nuestros días. En el plano de Wit de 1635 ya encontramos "El Rastro" definiendo el espacio de la actual plaza de Cascorro y "El matadero" al final de la calle Toledo. En el plano de Texeira de 1656 seguimos viendo "El matadero", su calle contigua que toma idéntico nombre (junto a la de "Arganzuela") y "Las Tenerías" identificando la vía que hoy conocemos como Ribera de Curtidores.

Un texto clásico de igual época, el Diccionario de Covarrubias, de 1611, nos define el término "rastro" como *El lugar donde se matan los carneros... Dixose rastro porque los llevaban arrastrando, desde el corral a los palos, donde los degüellan, y por el rastro que dexan se le dio este nombre al lugar.*

En esta época, los curtidores sólo podían traficar con su mercancía en la zona del Rastro, en la Ribera de Curtidores, la antigua cuesta de "Las Tenerías". Puede afirmarse también con firmeza que en estos tiempos la existencia de un matadero atraía a gentes que acudían a comprar asaduras, carnes, despojos, etc., y puede pensarse que este tráfico impulsaba un cierto mercadillo. Si nos atenemos a ciertos sainetes que reproducen el ambiente que se vivía en el Rastro en el siglo XVIII podemos imaginarnos a vendedores de frutas, callos, salchichas,... y a algún vendedor de calzones, tingladillo de prendería y comerciantes con objetos de hierro y baratijas en el suelo.

Mesonero Romanos en "El antiguo Madrid", obra fechada en 1861, se refiere a la "celebérrima" plazuela del Rastro, definiéndola como *"el mercado central adonde van a parar todos los utensilios, muebles, ropas y cachivaches averiados por el tiempo, castigados por la fortuna, o sustraídos por el ingenio a sus legítimos dueños. Allí es donde acuden a proveerse de los respectivos menesteres las clases desvalidas, los jornaleros y artesanos; a las miserables covachas de aquellos mauleros, cubiertas literalmente de retales de paño, de telas de todos los colores; a los tinglados de los chamarileros, henchidos de herramientas, cerraduras, cazos, sartenes, velones, relojes, cadenas y otras baratijas; a los montones impro-*

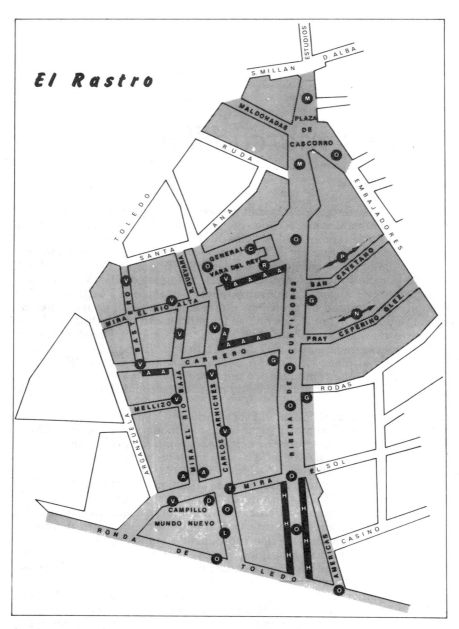

A = Anticuarios, almonedas.
C = Artículos de colección.
D = Discos, cassettes, programas.
G = Galerías.
H = Hierros.
L = Libros.
M = Ropa y complementos de moda.
N = Animales.
O = Artículos diversos, oportunidades.
P = Pintura.
R = Objetos rústicos.
T = Herramientas.
V = Antigüedades y viejos trastos.

visados de libros, estampas y cuadros viejos, que cubren el pequeño espacio del pavimento que dejan los puestos fijos, asisten diariamente en busca de alguna ganga o chiripa los aficionados veteranos, rebuscadores de antiguallas, arqueólogos y numismáticos de deshecho, bibliógrafos y coleccionista de viejo; a los corredores, en fin, ambulantes, que circulan o se deslizan difícil y misteriosamente entre todos aquellos grupos de marchantes y baratillos, es donde llama también con más o menos probable éxito todo aquel desdichado que en cualquier concurrencia se vió aliviado del peso de su bolsillo o de su reloj".

Puede decirse que ya a fines del XVIII y a lo largo de todo el XIX las referencias concretas e incluso las imágenes, no dejan duda alguna respecto a que el Rastro era lugar de venta de trastos y de cosas usadas, pero útiles, en la que la figura central era el "ropavejero" personaje que llevaba al hombro un saco con cacharros viejos, los extendía en el suelo y, sin más, comenzaba a venderlos.

A fines del XIX, tímidamente, los cierres en los que guardaban las mercancías los ropavejeros más aventajados, comienzan a abrirse como modestísimas tiendas que darían paso a los chamarileros (esta imagen perdura aún en El Corralón de la calle Carlos Arniches). Andando el tiempo algunos de estos locales fueron seleccionando los objetos, atendiendo a la demanda de un público más exigente, y fueron convirtiéndose en lo que hoy conocemos como almonedas y tiendas de antigüedades, la expresión más refinada y el nivel de mayor consideración del Rastro.

Los locales más antiguos del Rastro que aún mantienen la tradición del apellido corresponden a las décadas inmediatamente anteriores a la guerra civil: Usallán, Tiedra, Mengíbar, Cuenca, Benavente, y algunos otros, todos ellos en la Ribera de Curtidores. Tras la guerra el comercio callejero, sobre todo el de artículos imprescindibles otorga gran protagonismo al Rastro que se convierte ya en un hervidero de gentes.

En los años cuarenta se pavimenta la Ribera, se fijan sus aceras, se remodela la plaza del Campillo del Mundo Nuevo y comienzan a crearse las galerías que asientan a muchos de los comerciantes callejeros. En este momento el ámbito del Rastro se ajusta a los límites actuales, bajando por la Ribera hasta la Ronda y ocupando las plaza y calles colindantes del margen derecho hasta el límite de las calles Toledo y Arganzuela.

Bazares y galerías

Como precedentes de las galerías puede hablase de los Bazares. **El Bazar del Médico** ocupaba un estrecho espacio sin asfaltar (en la confluencia de la Ribera con la calle Mira el Sol), cubierto muy rudimentariamente, donde iban todos los desechos de las casas de Madrid. De aquí salen algunas de las dinastías tradicionales del Rastro: Castro, Fresno, Benavente. Algo posterior, de los años treinta, es el **Bazar de la Casiana,** con fachadas a las calles Mira el Sol, Peña de Francia y Travesía de las Américas, también de instalaciones precarias en las que convivían comercios de antigüedades, almacenes, talleres y traperías. Aquí estuvieron comerciantes de prestigio como Sampedro o Parra, hasta que en el año 43 un incendio marca el fin del bazar y el triunfo de las galerías.

Las Galerías Bayón situadas en el 35 de la Ribera, y ya desaparecidas como tales, fueron las primeras en aparecer. Desempeñaron un papel clave en la colocación de los "rescates" de la guerra civil hechos por el ejército nacional después de entrar en Madrid. En 1950 se abren las **Galerías Piquer** en el número 29 ocupando los terrenos del "corralón del francés", lugar donde iban los traperos y chamarileros a descargar y comerciar con mercancías. Muy significativa fue la frase que entonces se dijo a propósito de la inauguración "el Rastro se había puesto sombrero de copa", pues nada más alejado de la miseria callejera o de las precariedades de los bazares, que aquellas instalaciones soberbias y de aire clásico en las que se daban cita los comerciantes de más prestigio del gremio.

De los primeros ocupantes, que aún siguen activos se encuentran apellidos como Sampedro, Hidalgo, Caballero, Zazo, Parra; poco más tarde llegan los Monasterio, Pinto, Fresno.

Dos años después que las Piquer se inauguran las **Nuevas Galerías**. Aquí llegan de las Bayón (los Lage), de la Piquer (Cárabe, del Rey, Ojeda) y otras nuevos en el empeño. Las más recientes de todas son las **Galerías Ribera** que ocupan el sótano y bajo de un bloque de viviendas construido en 1968.

Las galerías no han sustituido a las tiendas aisladas que se mantienen independientes aunque lo cierto es que, en galerías o sin ellas, el comercio de antigüedades trata siempre de agruparse y así si no como galerías, podemos observar el fenómeno del adosamiento de locales como puede verse en la plaza del General Vara del Rey en cuyo lateral delimitado por las fincas 2 a 5 se pueden censar diez locales de antigüedades, fenómeno que se repite en la calle del Carnero.

El Rastro actual

Al margen de los comercios de antigüedades y almonedas, la parte más selecta y estable cuyo detalle se ofrece en el capítulo de "El mundo de los anticuarios", el mercadillo del Rastro tiene hoy una configuración callejera relativamente precisa.

En primer lugar la plaza de Cascorro y sus prolongaciones naturales, es decir el comienzo de la calle Embajadores, la breve calle de las Maldonadas y el principio de la Ribera, están dominados por los tenderetes dedicados a desenfadada moda actual (trajes, blusas, faldas), bisutería (anillos, colgantes, broches) y complementos (cinturones y bolsos de piel y cuero, gafas), todo ello muy actual.

En el primer tramo de la Ribera abunda la oferta de muebles (desde los modelos más simples sin barnizar hasta las antigüedades, pasando por los de mimbre y caña, los usados y los funcionales).

También en este primer tramo puede verse una cierta oferta de ropa barata sin más pretensiones que el uso diario y cuyo único atractivo es el precio, si bien este mercadillo, que se desarrolla a las puertas del edificio de la Tenencia, corresponde más a los sábados que a los domingos.

A lo largo de la Ribera se colocan los tenderetes de los más variados artículos que, en general no responden a la calificación de antigüedades sino que son más bien artículos de ocasión, cachivaches decorativos, piezas artesanas, artículos de vestir y complementos, discos, casetes, relojes, etc.

La plaza del General Vara del Rey es una de las más interesantes del Rastro pues además de los comercios selectos encontramos rincones en los que pueden encontrarse artículos rústicos (en el rincón formado por la Casa de Socorro y la plaza), piezas de antigüedades (frente a la Casa de Socorro y ante las tiendas de anticuarios), un grupo de tenderetes de minerales, fósiles y conchas (en la esquina de la plaza al llegar desde la Ribera), tenderetes de coleccionistas de los viejos libritos de papel de fumar (en la confluencia con la calle Amazonas) y ofertas de retales, ropa y calzado de ocasión (en el centro y final de la plaza).

A partir de la plaza podemos adentrarnos en las callejas que componen el Rastro más auténtico, es decir el de los objetos de almonedas y viejos cachivaches susceptibles del interés ajeno: Mira el Río Alta y Baja, Carlos Arniches, Carnero, Bastero y callejón del Mellizo. También en la esquina de la plaza del Mundo Nuevo comprendida entre las calles Arganzuela y Mira el Río Baja pueden verse tenderetes de antigüedades, aunque esta plaza tiene otras vocaciones: los libros, revistas y fascículos, los discos y casetes y las herramientas. La presencia de estas últimas se prolonga por la calle Mira el Sol, para llegar de nuevo a la Ribera a la altura del tramo conocido por las Américas, pleno de ofertas de los más variados objetos de hierro, aunque los domingos esta oferta está en un segundo plano ante el acoso de los tenderetes de objetos más ligeros.

Actualmente el Rastro se prolonga por la acera contigua de la Ronda de Toledo llegando por un lado a la Puerta de Toledo y por otro a la glorieta de Embajadores con las más variadas ofertas de plantas, semillas, objetos utilitarios, camisas y calzado de ocasión, casetes y programas de ordenador, y toda clase de las supuestas necesidades de los visitantes.

Otros mercadillos

Muy antiguo es el mercado **filatélico y numismático** de la plaza Mayor que se celebra todas las mañanas de domingos y festivos. Bajo los soportales de la plaza se sitúan los mostradores portátiles de los vendedores y ante ellos discurren los coleccionistas a la búsqueda de los ejemplares que les faltan; también son numerosos los buscadores de gangas, rarezas litográficas, matasellos infrecuentes, falsos de época, sobres de primer día de franqueo, etc. La oferta no se limita a los sellos sino que puede encontrarse todo el material auxiliar imprescindible para el coleccionista: albumes, hojas, catálogos, pinzas, lupas, etc. Junto a los filatélicos se encuentran, de siempre, los coleccionistas de monedas, antiguas y modernas, los numismáticos, y más recientemente se han incorporado otros coleccionismos como el de vitolas de puros, billetes de lotería, billetes de banco, etc.

Dos mercados de gran interés artístico son los formados por los **pintores y ceramistas** de la villa' que se dan cita los domingos y festivos en la plaza del Conde de Barajas. El marco es inmejorable por dimensiones de la plaza, estética del lugar y situación. Los pintores exhiben sus obras protegidas por pequeños tenderetes de lona blanca y pueden verse los más variados estilos y técnicas, todas ellas con la impronta personal propia de cada artista. También los ceramistas exhiben sus obras en un lateral de la plaza, a la espera de que se terminen las obras de la vecina plaza del Conde de Miranda donde pasarán a exhibir sus obras de diseño vanguardista.

Otro mercado semanal muy concurrido es el de los **artesanos** que se reunen todas las tardes de los sábados en la plaza de Santa Ana. Abunda la oferta de juegos, cerámica decorativa, bisutería artesana,, perfumes naturales, muñecas, máscaras, objetos utilitarios y decorativvos en piel, orfebrería, anudados,, etc.

Finalmente, también hay que referirse al mercadillo de **ropa y bisutería** que suele montarse los jueves, viernes y sábados en un tramo del postigo y plaza de San Martín. Se ofrecen blusas y ropa, en general de marcado acento moderno, cinturones, bolsos de cuero, bisutería, colgantes, pequeños objetos artesanos, etc.

Como mercado temporal cabe citar también el montado en los días de Navidad en la plaza Mayor con artículos para nacimientos (belenes, figuras, musgos, etc), árboles de Navidad y sus complementos y artículos propios para cotillones y bromas de fiestas de Año Nuevo.

DATOS PRACTICOS

El Rastro

Amazonas (Calle). Cortísima calle del corazón del Rastro que enlaza la Ribera de Curtidores y la plaza del General Vara del Rey. Los domingos está ocupada por tenderetes de ropa moderna y suele haber también telas exóticas y reproducciones de grabados antiguos. Dos tiendas completan su oferta: Barros y Cañas, y Aguado, ambas dedicadas al mueble de caña y mimbre.

Arganzuela (Calle). Esta calle, que ya figura en los planos del XVII con este mismo nombre, no aloja tenderetes del Rastro actual. Cuenta con establecimientos tradicionales entre los que destacan la tienda de "Ultramarinos finos" del número 13 esquina a calle del Carnero. Hay una tienda de material para la artesanía: Chaira (artículos para macramé), un establecimiento de antigüedades recientemente abierto especializado en mueble rústico (Almoneda Arganzuela en el número 5 esquina a Mira el Río Alta). Entre los bares destaca un ambientado tascón: Casa Antonio (bacalao, callos y buen vino de Valdepeñas) aunque también hay un lugar adecuado para comer en plan supereconómico: El Rey del Bocata que dispone de menús completos para capitalistas que dispongan de 300 ó 350 pesetas.

Bastero (Calle). Arteria de penetración al Rastro, cuyas aceras, los domingos, se pueblan de ofertas económicas. En el primer tramo (entre Toledo y Mira el Río Alta) abunda la ropa y objetos viejos; en el segundo (entre Mira el Río y Carnero) la oferta está salpicada de objetos más selectos: muebles de calidad (en la puerta del 10) y objetos de anticuario (ante el número 17). La calle cuenta además con un anticuario especializado en temas militares: Militaria Pavía en el 19 (no suele abrir los días festivos), establecimientos tradicionales (la hojalatería del 11 y la tienda de carbones del 2), una corrala (en el 7), algunas tascas (entre ellas la bodega asturiana del 5), un restaurante económico (El Trío en el 10 con especialidades morunas como el cous cous, los pinchos con 9 clases de especias y el té con hierbabuena) y una simpática churrería muy concurrida los domingos.

Campillo del Mundo Nuevo (Plaza). Esta destartalada plaza solitaria entre semana, se llena a rebosar los domingos agrupándose las ofertas con cierto orden sobre todo en lo relativo a las filas de tenderetes de libros, revistas y fascículos (todo ello en las tres versiones de viejo, nuevo y de ocasión) y en lo relativo a los discos, casetes y programas para ordenadores personales. Completando el perímetro encontramos un sector de antigüedades, un grupo de objetos utilitarios de ocasión, curtidos y pieles, herramientas, piezas para aparatos de alta fidelidad, accesorios de automóviles, etc. En el centro, sobre el suelo, lo que más abunda son los montones de ropas de ocasión aunque también están presentes coleccionismos especializados (cromos, postales, cine, fotos, etc). De las tiendas de la plaza, las más numerosas son las de motores y accesorios de automóviles (en el 2, 4 y 8); muy especializada y surtida es la situada en el 1 dedicada a los aperos y herramientas. Tradicionales resultan los establecimientos de coloniales (La Invencible en el 1) y

141

el bar Boni que muestra una bonita fachada de azulejos e interior castizo (buenos bocadillos o montados de chorizo y morcilla).

Carlos Arniches (Calle). Una de las calles más típicas del Rastro con espacios singulares como El Corralón que constituye una de las últimas reliquias del Rastro del pasado siglo: se trata de un patio con estructura de gruesa madera que aloja cierres dedicados a muebles y objetos viejos; sobre los cierres, viviendas y buhardillas, todo ello resuelto con entramados de madera vistos y cerrado por un enorme portalón. La calle aloja a numerosos locales de antigüedades (ver "El mundo de los anticuarios") y chamarilerías. También hay un establecimiento muy característico de artesanía árabe, una tienda de ropa de cuero y ante, otra de ropa militar, otra dedicada a las máquinas de coser y escribir (compra/venta y reparación). También las hay especializadas en lámparas (con lágrimas de cristal de todas las formas y tamaños), camas (bronce, latón, hierro), espejos y libros de lance. Muy interesante es una tienda, también especializada que cuenta con numerosas piezas antiguas de cámaras fotográficas y radios. Igualmente interesante, aunque aquí además de la evocación domina la estética, es la fachada de la "gran lechería" con preciosos azulejos animados contemas bucólicos y mensajes tonificantes (a veces éstos están ocultos por cartelones que anuncian la venta de bocadillos y litronas). Esta calle es una de las características del Rastro. Trastos viejos, junto a piezas de almoneda se amontonan en las aceras de toda la calle.

Carnero (Calle). Se trata de una calle en la que se agrupan numerosas almonedas y locales de antigüedades (ver detalle en "El mundo de los anticuarios"). Si entramos por la Ribera encontraremos dos tipos de locales, unos especializados en ropa y material de montaña, sky y camping, y otros en muebles antiguos y de ocasión. A continuación muchas tiendas de objetos antiguos (unos 20 establecimientos para un número parecido de fincas) entre las que queda algún resquicio para alguna taberna castiza (La Copa de Herrera, en el 11), una curiosa finca que recuerda las casas "a la malicia" (en el 15 con dos pisos en fachada y cinco en el interior) y establecimientos de ultramarinos antiguos y populares (en el 12 y 15 con atractivos rótulos de cristal). Los domingos pueden verse sobre las aceras gran cantidad de objetos antiguos y viejos, junto a ofertas de objetos utilitarios de ocasión.

Cascorro (Plaza). Espacio concurrido aunque los domingos por las mañanas llega a su límite y no hay quien de un paso entre el escaso terreno libre dejado por los numerosísimos tenderetes que concentran una variadísima oferta de ropa joven, moderna y desenfadada. También hay tiendas de moda; la más llamativa es Marihuana que atiende a los gustos heavy, punk, rocker, mods y otros vanguardismos. La plaza tiene una numerosa oferta de bares entre los que destaca Casa Amadeo, famosa por sus caracoles, tapas y raciones. También hay casas de comidas y establecimientos tradicionales como la lechería del número 17 y fincas rehabilitadas atractivas (la propia finca número 17 es un buen ejemplo).

Duque de Alba (Calle). Vía de intenso tráfico que poco tendría que ver con el Rastro, si bien sirve de acceso a la plaza de Cascorro y, además, ciertos domingos en que los "municipales" bajan la guardia, se llena también de ofertas y tenderetes. En cualquier caso es un ejemplo curioso en el que conviven viejos negocios tradicionales, decanos en sus especialidades como la Viuda de Patricio Morando y Ballesteros (herbolario y artesanía del corcho), una tienda con un asombroso surtido de antiguos mantones de Manila (la joyería Viejo), con novísimas tiendas de modas que forman parte de lo que se ha venido en denominar "el triangulo de la moda".

Embajadores (Calle). El principio de esta calle forma parte del primer tramo del Rastro con tenderetes de variada oferta. El espacio es plenamente castizo con comercios tradicionales (ver los dos locales contiguos, además de conjuntados, del número 5), bonitas casas rehabilitadas (preciosa la número 6 y algo menos la 8), además de la placa que recuerda el lugar donde nació el torero Vicente Pastor en 1879 (finca número 7).

Fray Ceferino González (Calle). Esta es la calle conocida hoy como de "los pájaros" pues en ella se instala los domingos el apartado del Rastro dedicado a los animales. También encontramos un local de guarnicionería que, naturalmente, está especializado en collares y artículos para animales y caza. Otros dos locales se dedican uno a ropas (oportunidades) y otro a lámparas.

General Vara del Rey (plaza). Uno de los rincones más interesantes del Rastro es el que confluyen los tipos de ofertas más característicos del Rastro: las tiendas de antigüedades, las almonedas, las ofertas callejeras de objetos antiguos, los tenderetes de especialidades para coleccionistas (fósiles, minerales, objetos rústicos, antiguas cajetillas de papel de fumar, etc) y las más extraordinarias gangas de objetos de vestir voceados con fuerza por vendedores con gran capacidad de convicción. Entre las tiendas destacan la antigüedad y el prestigio de Patricio, los objetos rústicos de Usallán, la almoneda de Sancho. Entre antigüedades, almonedas y chamarilerías pueden contarse cerca de la veintena de establecimientos a los que hay que añadir los tenderetes domingueros. Más atípicos, aunque también son antiguos en la plaza, son Hobby Antonio, pañería La Revoltosa (retales) o Pasiego (generadores). En la propia plaza y, con más profusión, en sus extremos, hay abundantes bares donde reponer fuerzas con vinos y tapas tan castizas como los caracoles y las sardinas.

López Silva (calle). Esta calle llamada antiguamente "de las velas" por las instalaciones fabriles que aquí había ligadas al matadero del Cerrillo del Rastro (la inmediata plaza del General Vara del Rey). Es calle de bares y mesones, sin tenderetes ni venta callejera, con una almoneda, cerca ya de la calle Toledo.

Mellizo (callejón). Corto tramo urbano en el que los domingos se acumulan las ofertas callejeras de objetos viejos, junto a la enorme variedad de toda clase de chismes del local de Bravo y los refinados objetos antiguos seleccionados para decoración de Tibor y Antica.

Mira el Río Alta (calle). Quizá los locales más interesantes de esta calle son Agueda, especializado en relojes (artísticos, curiosos, de ocasión, viejos) y la almoneda Arganzuela (muebles rústicos de calidad); también hay dos negocios de antigüedades, un local de muebles de saldo y, los domingos, objetos antiguos u viejos sobre las aceras y un curioso mercado "boca a boca" en el cruce con Mira el Río Baja en el que la oferta principal son los relojes, auténticas gangas en opinión de los vendedores.

Mira el Río Baja (calle). Desde la calle anterior se desciende pronunciadamente en busca del recatado Manzanares, que en otros tiempos se dominaría visualmente desde estas calles, encontrándonos (los domingos) en ambas aceras una abundante oferta de toda clase de objetos: ropas, muebles, utensilios, objetos artísticos y decorativos, y todo lo imaginable, en diferentes estados que junto a lo nuevo, antiguo y viejo, incluyen también lo nuevo pero envejecido para aparentar antigüedad y lo viejo restaurado para simular lozanía. En cuanto a tiendas, hay un primer tramo de la calle dominado por los locales dedicados a la compra venta de muebles, electrodomésticos y cacharrería utilitaria vieja. También en el primer tramo hay una librería con abundantes fondos de ocasión. Tras el cruce con Carnero encontramos dos interesantes locales: Bravo (camas, muebles, apliques, lámparas) y Robert (mueble rústico, cueros, maletas, baules). En mitad de la calle está Cupeiro dedicado a objetos de hobby y para coleccionistas (juguetes, trenes, etc). Al final de la calle hay tres interesantes locales de antigüedades: Gárgola, Palacios y Verona.

Mira el Sol (calle). Sólo el último tramo de esta calle, el comprendido entre la plaza del Campillo y la Ribera, está plenamente integrado en el Rastro, con locales dedicados a la venta de herramientas y a los accesorios de automóviles. Los domingos atravesar su breve trazado es una labor titánica pues comunica las dos zonas más concurridas del Rastro. La oferta de tenderetes insiste en las herramientas, los repuestos y accesorios eléctricos y del automóvil y objetos diversos como semillas, jaulas, objetos de paja y mimbre, etc. El segundo tramo de la calle, el comprendido entre la Ribera y Embajadores no forma parte del Rastro aunque parece apropiado que aquí señalemos que en el núm. 14 hay una tiendecita, Los Siete Soles, dedicada a elaborar en forma artesana máscaras sobre figuras de la mitología egipcia, celta, germana, griega y andina.

Ribera de Curtidores (calle). Constituye la calle principal del Rastro antiguo y moderno; en ella se asientan todas las galerías y el mayor número de tenderetes. De lunes a viernes su actividad se centra en las galerías y el comercio de los locales con fachada a la Ribera. Los sábados se organiza ante la Tenencia de Alcaldía un activo comercio de tenderete dedicado a la ropa y el calzado utilitario de ocasión. Los domingos y festivos la avalancha de tenderetes y público es impresionante. Puede encontrarse de todo: ropa moderna y utilitaria, gafas, casetes, muñecas, abanicos, cerámica, relojes, collares, cinturones, ropa militar, bronces, bisutería, etc. Puede apreciarse que en el primer tramo de la Ribera dominan los tenderetes de ropa y complementos de moda y vanguardia, y a medida que se baja dominan los tenderetes de objetos utilitarios. Como en todo el Rastro, los puestos tienen una cierta continuidad y algunos de ellos tienen una larga tradición a sus espaldas como el dedicado a la confección de llaves antiguas y modernas que se sitúa frente al número 6 de la Ribera. En las tres galerías se encuentran en torno a un centenar de locales dedicados al comercio de las antigüedades, desde los más selectos que custodian auténticas obras de arte centenarias (del Rey, Monasterio, Romero, Ubach, Barranco, Zazo, etc) a las almonedas y locales de comercio especializados (muebles, hierros, armas, muñecas, etc). El detalle de todos ellos figura en el capítulo "el mundo de los anticuarios". En cuanto a tiendas, la Ribera alberga en su primer tramo a negocios del mueble (en basto, rústico, antiguo, de ocasión), de ropa y material deportivo y de antigüedades (Torres, Sánchez). En el segundo tramo (entre las calles Carnero y Miral el Sol) abundan también las tiendas de muebles, las de objetos utilitarios metálicos, las de antigüedades, decoración y regalos; destaca un establecimiento tradicional: El Valenciano (ver detalle en "los comercios tradicionales" y "la artesanía") y locales con especializaciones singulares como la venta de estufas, escaleras, jaulas,... El último tramo da la imagen de lo que sería el viejo Rastro, pues no se trata propiamente de edificios sino de una especie de bazares o encierros en los que se agolpa toda clase de objetos de hierro: cerrajería, estufas, cocinas, radiadores, objetos utilitarios y decorativos para jardines (bancos, sillas, esculturas, jardineras).

Rodrigo Guevara (calle). Esta pequeña calle se anima los domingos con la invasión de los ropavejeros y su público; se trata de ropa vieja y de ocasión: lutos, sombreros, zapatos viejos, ropa usada, retales y ropa de ocasión. También los domingos se abre el único comercio de antigüedades de esta calle, el de Mariano Villén, comerciante y artista.

San Cayetano (calle). Aquí se concentra una numerosa oferta de cuadros; abunda la producción en serie sin pretensiones artísticas, aunque a veces se encuentran piezas de algún interés. A diario abren dos galerías situadas en la planta baja y primera del número 15 de la Ribera, esquina a San Cayetano. También abre a diario Arte Color, tienda muy surtida con exposición de cuadros, láminas, marcos, posters, grabados, serigrafías y, en general, todo lo relativo a la pintura y el enmarcado.

San Millán (calle). No forma parte del Rastro aunque su vecindad hace que por ella acudan muchos de los visitantes; los que no dejan de pasar de todo salvo de la tradicional cervecería La

Bobia son los punkies, heavys, mods, roqueros y demás colegas. Otros parroquianos más castizos acuden a la vieja taberna Oliveros situada frente a La Bobia, a tomar vino de Valdepeñas y, si se tercia, unos callos o un cocido madrileño.

Santa Ana (calle). Tampoco forma parte del Rastro, aunque a ella y a sus tabernas llegan muchos de sus visitantes. La finca número 12 es un bonito edificio restaurado cuyos bajos ocupa una guitarrería y una vieja taberna (actualmente cerrada) de atractiva fachada. En el 8 tiene su estudio el pintor Fernando Alfonso.

Américas (callejón). Pasaje desierto a diario que los domingos se anima con la instalación de numerosos tenderetes que ofrecen herramientas (nuevas y viejas), camisas, zapatos de ocasión, libros y la diversisdad de objetos propia del Rastro.

Toledo (ronda). Su acera colindante con el Campillo y la Ribera constituye una prolongación del Rastro actual; sus límites son la Puerta de Toledo y la glorieta de Embajadores. En los tenderetes que jalonan la ronda no se ofrecen objetos antiguos ni viejos sino un conjunto heterogeneo propio de cualquier mercadillo: casetes, camisas de ocasión, bisutería, muñecas, cinturones, navajas, chapas, etc.

Otros mercadillos

Sellos, monedas y otros coleccionismos.
Plaza Mayor. Domingos y festivos por la mañana.

Pintores. Plaza del Conde de Barajas. Domingos y festivos por la mañana.

Ceramistas. Plaza del Conde de Miranda (provisionalmente en la plaza del Conde de Barajas). Domingos y festivos por la mañana.

Artesanos. Plaza de Santa Ana. Sábados por la tarde.

Ropa y bisutería. Postigo y plaza de San Martín. Jueves, viernes y sábados, todo el día.

13. Fiestas y tradiciones populares

Semana Santa

Aunque hay versiones que remontan las tradicionales representaciones del drama de la Pasión a los lejanos tiempos de la conquista cristiana del Madrid musulmán, las referencias documentadas más antiguas se refieren a las procesiones de fines del XVI creadas y mantenidas, como en otras latitudes, por el apoyo de las instituciones gremiales.

El derribo de algunos templos principales, el ocaso de los gremios, las alteraciones políticas y sociales y el crecimiento de la villa, hicieron casi desaparecer estas tradiciones que hoy parecen resurgir.

Quizá la cofradía de raíces más profundas sea la del Santísimo Cristo de la Vida Eterna titular de la Cofradía de Maestros Carpinteros y Ebanistas, fundada en 1580, y que hace estación de penitencia el Sábado Santo en la procesión del Santo Entierro para encontrarse en la plaza Mayor, al modo tradicional de los pueblos castellanos, con la Virgen de la Soledad procedente de la iglesia de San Ginés.

Otras modestas procesiones tradicionales que recorren las calles de los núcleos antiguos de la villa son la de la Virgen de los Siete Dolores y la del Silencio, con pasos representando los misterios de la Oración en el Huerto, la Flagelación, la Virgen y San Juan y el Santísimo Cristo de la Fe.

Congregan a un numeroso público devoto las cofradías de los dos Nazarenos de la villa: Jesús de Medinaceli que devuelve visita a sus miles de perseverantes visitantes de los primeros viernes para lo que es obligado que su itinerario discurra por amplias avenidas, y Jesús el Pobre que desfila por las entrañables calles de su barrio en el corazón del Madrid de los Austrias. Ambas imágenes tienen notable antigüedad y se veneran desde los siglos XVII y XVIII respectivamente, siendo tradicionales sus desfiles piadosos por las calles de la villa en los días de Semana Santa.

Procesión de extremada belleza es la que reproduce con gran fidelidad las imágenes y procesiones sevillanas del Cristo del Gran Poder y la Virgen de la Macarena. Imágenes, pasos, insignias, túnicas, costaleros, música, saetas, y hasta el silencio ante el Cristo y los inevitables voceadores que dan vivas a la Virgem, todo hace recordar la madrugada del Viernes Santo sevillana. Desfila por las calles y plazuelas más castizas y típicas de la villa, logrando momentos muy emotivos (la entrada a la apagada plaza de la Villa subiendo una empinada rampa que comunica la plaza con la estrecha calle del Cordón, la visita al convento de las Carboneras o el paso por la arbolada plazuela del Conde de Barajas).

Por último hay que relatar una procesión singular en muchos aspectos, que los madrileños deben conocer para relativizar ese complejo de inferioridad que pesa sobre las procesiones madrileñas. Se trata de la impresionante procesión del Santo Entierro que discurre entre los muros del convento de las Descalzas Reales portándose entre encajes y a varas (sin urna) el conmovedor Cristo yacente de Gaspar Becerra que lleva en su costado, por privilegio especialísimo y único, un viril con el Santísimo Sacramento. El Cristo está situado sobre parihuelas en el altar mayor bajo la mirada de una soberbia talla de la Dolorosa de Juan de Mena. En ese punto se inicia la procesión que sale del templo, recorre el claustro público y vuelve al templo con los sonidos enfrentados de la matraca que precede a la comitiva y los cantos de las monjas y el órgano que interpretan la música compuesta aquí y para este momento por el maestro Tomás Luis de Victoria hace cuatro siglos. También los seis tapices flamencos que adornan el claustro nos sitúan en el siglo XVI pues en esa época fueron realizados para este fin por encargo de la infanta Isabel Clara Eugenia.

Romerías y verbenas

De las romerías del viejo Madrid no queda más que el recuerdo. Primitivamente, se celebraban las de **San Isidro** que inicialmente tenía sólo un carácter marcadamente religioso, sin ostentaciones festivas, con una sencilla procesión que iba desde la iglesia de San Andrés hasta la ermita del Santo, y la de **Santiago el Verde,** que era el gran festejo madrileño en tiempos de los Austrias coincidente con el estallido de la primavera. Se celebraba en el Sotillo (frecuentemente citado en nuestra literatura del Siglo de Oro), alameda situada en el margen derecho del Manzanares, en la confluencia de la primitiva Puerta de Toledo con el Portillo de Embajadores. En el siglo XVIII decae esta romería (hoy solo la recuerda el nombre de una calle de la zona del Rastro) y toma protagonismo la de **San Isidro** (en 1622 se declara fiesta laboral el 15 de mayo) que alcanza su apogeo en los siglos XVIII y XIX. Al crecer Madrid y dejar de estar la ermita en las afueras, la romería se transforma en verbena, que mantiene las tradiciones de la fuente milagrosa, la visita a la ermita del Santo, las rosquillas (tontas y listas) y la merienda y festejos en la alfombra verde de la Pradera de San Isidro.

Hoy las fiestas de **San Isidro** tienen un carácter bien distinto; el viejo Madrid apenas registra la procesión del Santo, el pregón en la plaza Mayor, las rosquillas que pueden encontrarse en las confiterías tradicionales, las limonadas y refrescos de cebada en algunas casas y establecimientos de la zona y la imagen exótica de algunos castizos ataviados al modo tradicional.

La verbena más castiza que protagoniza actualmente el viejo Madrid es la de **San Cayetano, San Lorenzo** y **La Paloma** que ocupa la segunda semana de agosto. Suele tener como prólogo la elección de la Maja de Lavapiés, la Casta y la Susana y el Don Hilarión en el transcurso de una verbena que se celebra en la corrala de Mesón de Paredes. El inicio oficial suele contener el pregón con verbena en la plaza de Cascorro, festejos que se reproducen en los días siguientes en torno a San Lorenzo (calles Argumosa y Santa Isabel) para terminar en Las Vistillas (plaza de Gabriel Miró, junto al Viaducto). Los espectáculos tradicionales (zarzuelas y obras castizas) suelen celebrarse en el Parque de Cabestreros, Las Vistillas y corralas de Mesón de Paredes. Son también típicos los patios engalanados con altarcitos dedicados a la Virgen de la Paloma y la procesión de San Cayetano por el Rastro.

Los Carnavales

La Plaza Mayor es el lugar de cita obligada para el comienzo (pregón y mensaje) y fin (entrega de premios) de los Carnavales de Madrid, celebrándose en ella, además, las representaciones teatrales del Carnaval ("la corrida de gallos", "el manteo de los peleles" y "el combate de Don Carnal y Doña Cuaresma") y los fuegos artificiales (primer y último día). También las calles del viejo Madrid se animan con el desfile de bandas y comparsas de música de dulzainas y el entierro de la sardina (el último día), animación que tiene su continuidad nocturna en locales concertados en los que se organizan los bailes de disfraces propios de estas fiestas.

Corpus Christi

Esta procesión tenía antaño una gran trascendencia para el pueblo de Madrid. Ya en 1482 se celebraba la procesión y, según cuentan viejas crónicas, fue presidida en alguna ocasión por la reina Isabel la Católica portando una antorcha. Se entoldaban las calles y se cubría el suelo de juncia y mastranzo para solemnizar la procesión de la Custodia que tenía su lado jocoso con la presencia de la "tarasca", el "mojigón" y el "tarascón", figuras grotescas representantes del Mal y el Pecado sustituidas modernamente por Gigantes y Cabezudos.

Actualmente, aunque la procesión carece de la solemnidad extraordinaria que tuvo en la vida de la villa en los siglos XVII y XVIII, sigue recorriendo las calles y plazas del viejo Madrid (concluye en la plaza Mayor). Hay que destacar el valor de la Custodia, obra del platero real Francisco Alvarez, realizada en 1537. Está formada por dos cuerpos con un rico basamento. Se emplearon 212 marcos de plata; pesa 48.860 kilos y es de plata de ley. El Concejo pagó al platero 1.800 ducados, estrenándose en la procesión de 1547. Se conserva en el Museo Municipal, pero sigue acudiendo cada año a su cita del Corpus Christi.

DATOS PRACTICOS

Carnavales. Mes de febrero.

Semana Santa

Jueves Santo: Jesús Nazareno El Pobre. Sale a media tarde de su templo de San Pedro el Viejo situado en la Costanilla de San Pedro y recorre las calles del barrio. La tarde-noche sale la procesión del **Gran Poder y la Macarena** de la catedral de San Isidro recorriendo un itinerario de gran valor plástico (Tintoreros, Puerta Cerrada, San Justo, Sacramento, Cordón, plaza de la Villa, Mayor, plazas de San Miguel, Conde de Miranda y Conde de Barajas, calles del Maestro Villa y Cuchilleros, Puerta Cerrada, Cava Baja, plaza de la Cebada y calle Toledo) entrando de madrugada en su templo.

Viernes Santo: Tras los Oficios de la tarde se realiza la procesión del **Cristo yacente** por la iglesia y el claustro público del convento de las Descalzas Reales. A media tarde salen las procesiones de **Jesús de Medinaceli** (de su capilla de la calle Jesús) y de la Virgen de **Los Siete Dolores** (de la iglesia de Santa Cruz, al inicio de la calle Atocha). A media noche se inicia en la Puerta del Sol la procesión del **Silencio** de los Cruzados de la Fe.

Sábado Santo: Procesión oficial del **Santo Entierro.** Concurren en la plaza Mayor las cofradías del Santísimo Cristo del Sepulcro (procedente de la iglesia de Santa Cruz) y la Virgen de la Soledad (procedente de la iglesia de San Ginés). Al regreso de la procesión del Cristo, en la iglesia de Santa Cruz se canta un solemne Miserere.

Fiestas de San Isidro. En torno al 15 de mayo.

Verbena de San Cayetano, San Lorenzo y la Paloma: Segunda semana de agosto.

149

14. Tabernas y tascas tradicionales

Ya el *Pregón General para la Governación desta Corte* promulgado en 1585 para regular la vida mercantil de la villa, establecía los límites de la profesión con trabas muy llevaderas: *que ninguna mujer pueda ser tabernera que las provisiones se compren a más de cinco leguas de la villa*, que no se venda vino remostado, ni aguado ni se permita *jugar en la taberna*.

No es de extrañar pues que un fidedigno cronista nos cuente que en 1600 existían en Madrid 391 tabernas, aunque sólo ocho podían por Orden del Concejo, vender de lo caro (las llamadas *botillerías*).

En el siglo XVII el vino continúa siendo artículo básico sobre el que recaen numerosas sisas que sirvieron para contribuir a propósitos tan distintos como la construcción de la plaza Mayor o la financiación de las guerras contra Francia y Portugal; ni que decir tiene que este papel de colaborador tributario se ha mantenido hasta nuestros días.

Otra característica de nuestras viejas tabernas que tiene continuidad en nuestros tiempos es la agradable costumbre de acompañar *el cuartillo de vino* con alguna *tapa* como empanadas, tajadas de hígado, torreznos fritos, lenguas, según se nos relata en las novelas de nuestro Siglo de Oro.

Pero el elemento básico de las tabernas es la tertulia, la charla,... la evasión, por lo que a pesar del acoso de otro tipo de establecimientos más modernos pero también más despersonalizados, la taberna tradicional mantiene su papel de lugar de encuentros y de convivencia, tanto de los parroquianos como de los saboreadores de lo castizo.

TABERNAS CENTENARIAS

La vieja taberna de Cara Ancha

Cuentan las crónicas que Simón Miguel Paredes construyó un espacioso mesón en terrenos que con el tiempo se urbanizarían y formarían la actual calle de Mesón de Paredes. En el siglo XIX, antes de que Antonio Sánchez la comprara en 1870 a un picador llamado Chanito, se la conocía como taberna de Cara Ancha, el célebre torero competidor del Gallo.

El segundo Antonio Sánchez de la dinastía, nacido a principios de siglo en el ambiente taurino de la taberna de su padre, es un personaje singular: tabernero por tradición, torero por afición y pintor de inspiración. Y todo ello puede palparse aún en la vieja taberna de la calle Mesón de Paredes.

Al exterior conserva los portones de madera vieja, ennegrecidos por el tiempo, que dan paso a un recinto pequeño pero cargado de historia: el viejo mostrador con las frascas de vino, las mesas de mármol con banco corrido de madera adosado a la pared, los retratos taurinos de época y las dos cabezas de toros: "Fogonero" lidiado en Linares en 1922 con el que Antonio Sánchez tomó la alternativa de manos de Sánchez Mejías y al que cortó dos orejas y rabo sufriendo una grave cornada en el muslo y "Aldeano" lidiado en la plaza de Madrid en 1902 y con el que Mazzantini dio la alternativa a Vicente Pastor.

En el interior de la taberna, continúan las viejas mesas, el primitivo artilugio para subir el vino de la bodega, el tonelillo de vino de consagrar, el gabinete del maestro Sánchez, el salón que fue lugar de tertulias y hoy sirve de comedor manteniendo colgados de las paredes los numerosos cuadros del Sánchez-pintor.

A veces el visitante puede encontrarse con la sorpresa de ver sustituidos los cuadros de Sánchez por otros de pintores de nuestros días pues la taberna conserva también la vieja tradición de servir de galería, siguiendo precedentes tan notables como el del maestro Zuloaga que aquí celebró su última exposición en vida.

Zuloaga era además buen amigo de Sánchez (véase el retrato y la cariñosa dedicatoria que le hizo) y asistente habitual a las tertulias de famosos (toreros, pintores, intelectuales) que animaron la taberna a lo largo de la primera mitad de este siglo.

La oferta actual no difiere mucho de la tradicional: buen vino tinto o blanco de Valdepeñas que se puede acompañar con canapés o ahumados, o vino dulce "consagrado" con las tradicionales torrijas de la casa que hizo famosas en Madrid la madre de Antonio Sánchez.

En cuanto al ambiente, perdidas las tertulias de famosos, queda para la evocación el propio local o el libro "Historia de una taberna" del entrañable Díaz Cañabate. Hoy es un lugar concurrido en el que se entremezclan gentes del barrio, curiosos, algún que otro turista avisado, intelectuales y otras progresías.

Las tabernas de El Anciano Rey de los Vinos

Madrid cuenta con dos viejas tabernas bajo esta denominación, tomadas del nombre del vino registrado por uno de sus primeros propietarios D. Luis Montón en la primera decena de este siglo. Cambios en la propiedad a lo largo del tiempo han independizado estos dos locales que sin embargo han conservado buena parte de su tipismo y su nombre (con el paréntesis de la época de la República en que dicen que hubieron de suprimir lo de "Rey").

El local de la calle Paz 4 se abre tras unas puertas de cristal decoradas con el escudo imperial. Encontramos en el interior, intacto, el ambiente que debía respirarse en estos establecimientos a principios de siglo: la barra con las frascas de vino, paredes con azulejos, banco de madera corrido en torno al salón, carteles esmaltados con el mensaje *Por razones de higiene se prohíbe escupir en el suelo*. Más positivo y grato es el mensaje, que también se repite, insistiendo en que los vinos de la casa son el mejor reconstituyente.

La oferta de este local, aparte de la imagen castiza, se basa en unas ricas torrijas (todos los días) que pueden tomarse con vino dulce, o el típico chateo a palo seco (sin tapas) o acompañado de algún pincho de la casa (bonito, bacalao, etc).

Más modernizado se encuentra el local de la calle Almudena, esquina a Bailén, que perdió su magnífico mostrador de nogal labrado (parte de él se conserva como pie del enorme espejo que adorna el local) aunque aún puede enorgullecerse de su atractiva fachada roja y de un local que evidencia detalles de su antigüedad: columnas de hierro labradas, azulejos en las paredes, carteles de cristal con la vieja imagen de marca y los vinos de la casa que se pueden tomar y también comprar embotellados.

Casa Labra: clandestinidad, vino y bacalao

Este viejo local, fundado en 1860, se nos aparece en una desviación de la tumultuosa calle Preciados. Tiene una fachada curva que se adapta a la forma del edificio, con grandes cuarterones de madera y rótulo de cristal pintado; a su lado una discreta placa conmemora que allí se fundó clandestinamente el PSOE el 2 de mayo de 1879.

El interior conserva la decoración original con techo ornamentado con cornisa de escayola pintada de color oscuro imitando madera, lo que cuadra perfectamente con el resto de la decoración. Bajo la cornisa, pinturas de tonos oscuros con escenas y refranes alusivos a la vocación del local. Como en todo el repertorio de tabernas castizas que estamos repasando, no falta el mostrador de cinc, las frascas de vino y las mesas de mármol.

La oferta fundamental de Casa Labra es el vino acompañado de las tradicionales tajadas de bacalao que se compran en mostrador separado y se consumen en la barra, en un saloncito trasero, o incluso —en horas punta— en la calle, donde se forman animados grupos de jóvenes adictos al tinto con bacalao, aunque hay heterodoxos que prefieren las banderillas en escabeche o las croquetas, que también son especialidades de la casa.

TABERNAS CASTIZAS

Dos reliquias vivas

Quizá la taberna centenaria que ha llegado a nuestros días con menos transformaciones es el modestísimo tascón de la calle Conde de Romanones cuyo rótulo no puede ser más expresivo *Vinos*. El interior, con azulejos, madera ennegrecida, bancos corridos, las viejas instalaciones de luz de gas, el obligado mostrador de madera y cinc, las frascas de vino y un acertado complemento gastronómico: caracoles de la olla en pequeñas raciones.

Muy cerca del anterior, en la plaza de Tirso de Molina 11, se encuentra *Vinos Paco*, local viejísimo con mostrador de madera y estaño, del que hay que destacar especialmente sus bellísimos azulejos en fachada e interior.

Dos tascones de mucho carácter

Calles tan significadas como las de Embajadores y la de Toledo cuentan con otro tipo de tabernas tradicionales en las que se suprime el salón y se concentra el espacio para los tertulianos frente a un mostrador corrido frente al que aparece un universo de botellas. El mostrador con placa de cinc, las frascas, los azulejos y la fachada de madera pintada con colores llamativos, son también elementos identificativos de este otro modelo de taberna castiza.

Casa García (Embajadores 13) con fachada verde, preciosos azulejos y curiosos rótulos publicitarios de época *(Jerez especial para enfermos),* ofrecen buen vino y pinchos para acompañar el chateo.

Casa Juan Bueno (Toledo 106) con fachada roja, soberbia grifería y variadas raciones entre las que hay que destacar unos excelentes caracoles.

En esta misma línea podríamos encuadrar otras tabernas primitivas como *Casa Donato* (Amparo 91), *Taberna Chinchonete* (Conde 1), *Casa Antonio* (Latoneros 10), *Taberna Jesús* (Marqués de Toca 7), *Bodega San Miguel* (Salitre 23).

Otras viejas tabernas

Dentro del grupo de locales antiguos caracterizados por su fachada de grandes portones de madera e interior de otros tiempos, pueden destacarse tres prototipos. En primer lugar la antiquísima taberna y casa de comidas de la *Viuda de Vacas,* adosada a la legendaria Posada de San Antonio de la Cava Alta. Aunque han desaparecido los arrieros y tratantes que constituirían su público habitual en el pasado, la taberna conserva su estructura primitiva: escalera de caracol a los pisos altos, puerta a la calle y al patio de la posada, viejo mostrador.

Otro buen ejemplo de este tipo es la taberna castiza a machamartillo cuya insistencia en el prototipo corre el peligro de derivar hacia la tipología del mesón turístico ensayado hasta la saciedad en el eje Cuchilleros — Cava de San Miguel. A este tipo podría pertenecer la *taberna de Don Pedro,* en la calle de igual nombre.

Un tercer prototipo más reciente en el tiempo es el de viejo tascón jerezano, muy bien representado por *La Venencia* en la calle Echegaray, uno de los escasos locales de Madrid en que pueden tomarse buenos vinos finos, manzanillas, olorosos y amontillados en su punto.

DATOS PRACTICOS

TABERNAS CENTENARIAS

Antonio Sánchez. Mesón de Paredes, 13. Teléf. 228 18 06. La decana y más bella de todas las tabernas de Madrid. Ambientación taurina auténtica. Pinturas de mérito. Vinos secos con canapés y dulces con torrijas. También restaurante y exposiciones ocasionales. Ver comentario en texto.

Casa Labra. Tetuán, 12. Teléf. 231 00 81. Fundada en 1860. Vinos. Raciones de: tajadas de bacalao, banderillas en escabeche y croquetas. Dan comidas. Especialidad: bacalao (tajadas, en salsa verde, vizcaina, con tomate). Ver comentario en texto.

Vinos Paco. Tirso de Molina, 10. Un siglo largo. Magníficos azulejos. Oferta corriente: vinos y bocadillos.

Vinos. Conde de Romanones, 16. Teléf. 227 50 95. Inalterada. Vinos y caracoles.

Casa Millán. San Millán, 4. Teléf. 265 30 05. Magnífica composición de azulejos en fachada. Vinos sin tapas. Comidas (espec.: callos y cocido madrileño).

El Anciano Rey de los Vinos. Paz, 4. Fundada en 1907. Muy bien conservada, sin transformaciones. Vinos, pinchos, torrijas (todos los días).
Viuda de Vacas. Cava Alta 23. Teléf. 266 58 47. Estructura primitiva. Portones. Vinos. Preferentemente orientada a dar comidas (económicas).
Vinos Casa Donato. Amparo, 91. Teléf. 227 04 33. De principios de siglo. Portones de madera roja. Mesas de marmol y bancos corridos. Vinos de Valdepeñas y caldos.
Casa Alberto. Huertas, 18. Teléf. 239 17 17. Fundada en 1827. Transformada. Conserva detalles y magnífica portada roja. Vinos y variedad de tapas y raciones. Comedor.
Casa Paco. Humilladero, 8. Teléf. 265 24 32. Fundada en 1903. Detalles primitivos. En el pequeño comedor, buenas chuletas de cordero, perdiz estofada o callos.
Casa Nicolás. Concepción Jerónima, 2. Teléf. 467 48 13. De principios de siglo. Bonitos azulejos en el interior, mesas de marmol. Muy concurrida.
El Anciano Rey de los Vinos. Almudena esquina a Bailén. Fundado en 1907. Algo transformada. Venta de vinos. Buenas raciones.
"El cadáver". Embajadores, 26. Teléf. 227 05 32. Bonita fachada e interior cargados de botellas. Vinos y tapas de conserva.

TABERNAS CASTIZAS

Casa García. Embajadores, 13. Teléf. 230 31 17. Fachada verde. Rótulos. Azulejos. Vinos y tapas.
Casa Juan Bueno. Toledo, 106. Teléf. 265 46 57. Fachada roja. Grifería. Tapas y raciones. Caracoles de la olla.
La Venencia. Echegaray, 7. Teléf. 429 73 13. Local con portones e interior rústico, sin alteraciones. Ver apartado tabernas andaluzas.
Taberna Chinchonete. Conde, 1 esquina a Cordón 6. Teléf. 248 50 71. Fachada roja muy pintoresca. Vinos y comidas económicas.
Casa Antonio (antigua de Matías). Latoneros, 10. Teléf. 266 63 36. Fachada interesante con el rojo como color dominante. alteraciones.

Revuelta. Latoneros, 5. Taberna tradicional reformada. Vinos y tajadas de bacalao. De las mejores del barrio.
Taberna de Jesús. Marqués de Toca, 7. Bonita fachada verde. Azulejos y mesas de marmol en el interior. Vinos y tapas.
Taberna Don Pedro. Don Pedro, 6. Teléf. 265 30 38. Portones de madera ennegrecidos. Tipismo.
Casa Constante. Cuesta de Santo Domingo, 14. Taberna tradicional algo destartalada. Vinos y caldos. Lacón.
Bodegas Moreno (La taberna de los Austrias). Calatrava, 34. Decoración taurina. Tapas picantes. Gran variedad de raciones. Comidas. Ver apartado tabernas del barrio de la Paloma.
El Clavel. Veneras, 3. Vieja taberna con azulejería y columnas de hierro. Clientela habitual.
Taberna de Angel Suárez. Vergara, 1 (frente a Teatro Real). Pintoresca. Son famosas sus sardinas, dentro de una variada oferta de preparaciones a la vista del cliente.
La Dolores. Plaza de Jesús, 4. Muy antigua, algo retocada, manteniendo básicamente intacta su tradicional fachada de azulejos blancos con inscripciones. Hoy en su oferta compiten la buena cerveza y el tinto de marca. Muy buenas tapas y raciones. Ambientada.
Taberna Aguirre. Cervantes, 10. Viejísima, mucho carácter.
Casa Paco. Puerta Cerrada, 11. Teléf. 266 31 66. Aunque el gancho de la Casa es el solomillo que se sirve en los comedores, en la barra se puede tomar un magnífico Valdepeñas con sabrosas tapas.
Casa Fabas. Plaza Herradores, 7. Aunque la vieja taberna ha debido renovarse, conserva el buen vino de pellejo y sus tertulias tradicionales.
El 21. Toledo, 21. Viejo tascón cubierto de rancios carteles. Sirven, desde hace muchas décadas, vermú de Reus.
Aguirre. Cervantes, 10. Taberna tradicional.

TABERNAS DE LA ZONA DE LA VICTORIA

La Casa de las Mojamas. Cruz, 12, esquina a Victoria, 9. Ambiente taurino (cabeza de toro, fotos, parroquia). Espec.: mojama y bonito.

Taberna Sol y Sombra. Victoria, 1. Antigua taberna de acreditado ambiente taurino. Amplia. Muy surtida en raciones.

La Casa del Abuelo (La Alicantina). Victoria, 12. Especialidad en gambas.

La Casa Vasca. Victoria, 2. Chacolí, tapas de cocina, bacalao, chipirones y cocina típica vasca.

La Eritaña. Victoria, 7. Bar con tapas, calamares y zarajos.

Urogallo. Victoria, 9. Bar con tapas de cocina y comidas.

El Generalife. Victoria, 9. Interesante decoración interior (ver "Los comercios tradicionales"). Especialidad en mollejas de ternera, pinchos morunos y tapas de cocina.

La Oreja de Oro. Victoria, 9. Especialidad oreja plancha, champiñones y zarajos.

Casa Higinio (antiguo Tan Tan). Cruz, 15. Calamares, champiñones, gambas.

Taberna Picardías. Cruz, 13. Muy surtida. Tipo mesón. Arriba restaurante.

El Portugués. Cruz, 3. Lo mejor, los bellísimos azulejos del interior. Bar y comidas económicas en saloncito.

El Club. Victoria, 4. Jamón, chuletas. Comidas.

Mesón O'Castiñeiro. Victoria, 8. Especialidades gallegas.

Toni. Cruz, 14. Especialidades a la plancha: calamares, oreja, todo a la vista.

Toni-2. Victoria, 10. Especialidad mejillones.

Barahona. Cruz, 21. Bar, cervecería, restaurante.

Diboney. Matheu, 7. Bar con tapas de cocina y raciones.

El Pasaje. Matheu, 5. Mejillonería (productos de la ría de Vigo).

Las Bravas. Matheu, 3, Espoz y Mina, 15 y Alvarez Gato, 3. Especialidad: patatas con salsa brava. Tortilla, oreja, pulpo.

Maso's. Cruz, 23. Champiñones, riñones, níscalos, cecinas, oreja, pimientos de Padrón.

Mesón Asturias. Alvarez Gato, 5. Chorizo a la sidra, mollejas, cecina, picadillo.

O'Potiño. Alvarez Gato, 7. Caldo y otras especialidades gallegas.

La Casa de las gambas. Alvarez Gato, 9. Todas las formas de preparación para un sólo producto.

La Casa del pulpo. Barcelona, 6.

La Gaditana. Cádiz, 10. Ostras de Arcade y mariscos en general a precios razonables.

Nueva Castilla. Cadiz, 9. Bar con tapas.

El Pueblo Español. Cádiz, 7. Local de imagen tradicional. Vinos, caldos, gazpacho.

Anva. Cádiz, 4. Bar con tapas y raciones.

TABERNAS DEL BARRIO DE LAS PALOMAS

Tomás. Tabernillas, 23. La mejor del barrio. Vinos, tapas, raciones. No se ajusta a horarios. Suele estar abierta los domingos a mediodía. En cuanto abre se llena de inmediato.

La copita asturiana. Tabernillas, 13. Precioso rótulo. Interior desordenado, con algunas mesitas. Dan comidas caseras asturianas.

La taberna de Don Nacho. Tabernillas, 23. La atractiva fachada corresponde a una antigua carnicería. Interior nuevo. Variedad de tapas y raciones. Dan comidas.

Casa Mateos. Angel, 7. Antigua taberna con cubas rojas. Vinos y caldos con tapa (muy buena la empanadilla de bacalao). Buena parroquia. Barato.

Bodegas del Aguila. Aguila, 14. Fachada de azulejos. Vinos y pinchos. Ambientada.

Casa Mariano. Mediodía Grande, 8. Vinos, tapas del día (berengenas rebozadas, sangre encebollada,...) y raciones (cangrejos, montados....), todo a buen precio y ambientado.

La Braña. Mediodía Grande, 6. Sidrina, lacón.

El Ribero. Mediodía Grande, 11. Caldos y vinos. Callos, mejillones.

Casa Dani. Calatrava, 11. Buen vino, tapas y raciones (lomo, jamón, bonito). Ambientada.

Zapata. Calatrava, 12. Bar con tapas.

La Paloma. Calatrava, 17. Mesón con comidas.

Bodegas Moreno (La taberna de los

Austrias). Calatrava, 34 (prolongación de la Gran Vía de San Francisco). Decoración taurina, tapas picantes (banderillas, patatas bravas,...) y muchas raciones (callos, orejas vinagreta o brava, callos).

Barranco. San Isidro Labrador, 14. Vinos, mariscos baratos.

Barahona. Toledo, 85. Bar modesto con buen marisco a precios razonables.

TABERNAS ANDALUZAS

La Venencia. Echegaray, 7. Teléf. 429 73 13. Vinos de Jerez (fino, oloroso, amontillado) y Sanlúcar (manzanilla) en su punto. Tapas: huevas, mojama, anchoas y roquefort. Raciones: queso y lomo. Venden vinagre de Jerez.

Don Paco. Caballero de Gracia, 36. Teléf. 232 63 72. Buen vino fino, tapas y comidas. Ver apartado de restaurantes.

La Trucha. Manuel Fernández y González 12. Teléf. 429 58 33 Vinos finos (medias botellas). Gran variedad de raciones y canapés (salmón, emperador,...). Muchos pescados fritos a la andaluza: salmonetitos, chopitos, pescados adobados, acedías de Sanlúcar.

El Burladero. Ave María, 6. Bonita fachada, muy andaluza, con un precioso azulejo de tema taurino. Interior igualmente ambientado con cabeza de toro, fotos taurinas, divisas. Oferta tipo mesón.

Los Cañeros. Segovia, 7. Taberna andaluza algo sobrecargada de tipismo. Vinos finos y frituras de pescado malagueño.

Los Gabrieles. Echegaray, 17. Viejo colmado andaluz con extraordinaria decoración interior de azulejos. Parcelada hoy en tres establecimientos, uno en plan pub, una cervecería y una taberna. Poco interés como taberna.

La Dehesa. Jesús, 4. Decoración taurina y ambiente bético. Vinos finos con pocas concesiones a los complementos.

La Torre del Oro. Plaza Mayor, 26. Lo único auténtico, las viejas fotografías taurinas. Todo lo demás exagerado y sin calidad.

Sol de Andalucía. Echegaray, 19. Un cartelito a la entrada define la vocación turística del local: "Rinconcito familiar andaluz" (en español e inglés).

TABERNAS DEL RASTRO

Los Caracoles (Casa Amadeo). Plaza de Cascorro, 18. Taberna de los años 40. Vinos y caracoles (ración individual amplia con salsa y choricito o familiar. También otras raciones como callos, bacalao frito, morcilla.

El 15 de Cascorro. Cascorro, 15. Bar con especialidades en caracoles y oreja.

La Esquinita. Plaza de Cascorro, 16. Tapas y comidas (cocido a diario).

Vinos Antonio. Santa Ana, 12. Precioso rótulo tradicional. Cerrada hace años.

Alquezar. Santa Ana, 21. Copas, raciones. Muy concurrida.

La Gloria del Acebo. Santa Ana, 25. Especialidad lacón, queso de Cabrales, tortilla y sidra.

El Cerrillo. López Silva, 12. Bar-marisquería. Raciones.

El Trío. Bastero, 10. Tasca con pinchos morunos de nueve clases, cous cous y té moruno.

La Copa de Herrera. Carnero, 11. Vieja taberna con mostrador de azulejos y mesas de marmol.

La Plaza. General Vara del Rey, 5. Caracoles, sardinas.

Santurce. General Vara del Rey, 4. Sardinas asadas.

Alvi. Arganzuela, 15. Muchas raciones.

Casa Antonio. Arganzuela, 21. Bar ambientado con mesas de marmol, vino de Valdepeñas y buenas raciones de bacalao y callos.

El Rey del Bocata. Arganzuela, 20. A pesar del nombre es un modesto pero interesante local castizo (mesas con hule, sillas años 40) con tapas, raciones, bocadillos y comidas atractivas y muy baratas.

Casa Boni. Plaza Campillo esquina a Mira el Sol, 30. Taberna tradicional que, en general, conserva su aspecto primitivo. Tintos, blancos y finos. Especialidades: chorizo y morcilla.

Casa Zoilo. Huerta del Bayo, 4. Precioso rótulo tradicional. Taberna. Vinos de las frascas y un buen chorizo de la olla.

Los Hermanos. Rodas, 26. Bar tipo mesón muy surtido.

Casa d'Mar. Encomienda, 23. Rabo de cerdo, pulpo a moda d'a Feira, sepia, ali oli, gambas plancha.

Bar Cayetano. Encomienda, 23. La casa de las gambas a la plancha. Cerveza y gambas.

TABERNAS DE LA ZONA DE ECHEGARAY

El Garabato. Echegaray, 5. Vinos, raciones y platos de especialidades asturianas.

La Venencia. Echegaray, 7. Ver apartado tabernas castizas.

Los Gabrieles. Echegaray, 17. Ver apartado tabernas andaluzas.

Sol de Andalucía. Echegaray, 19. Ver apartado tabernas andaluzas.

La Chuleta. Echegaray, 20. Bar tipo mesón con gran variedad de tapas y raciones. Especialidad: jamón de Jabugo y chuletas de cordero y ternera.

La Trucha. Manuel Fernández y González, 3. Vinos finos. Cocina a tope para platos, raciones, pescados fritos y canapés. Ver apartado tabernas andaluzas.

Viva Madrid. Manuel Fernández y González, 7. Preciosa fachada de azulejos decorados con temas castizos. Hoy su dedicación se inclina más hacia el café pub.

El Lacón. Manuel Fernández y González, 10. Especialidades gallegas. Parrilla.

Taberna Toscana. Manuel Fernández y González, 12. Buenas tapas y raciones. Especializados en carnes.

TABERNAS DE TAPAS Y TENTEMPIES

Lhardy. Carrera de San Jerónimo, 8. Aperitivo tradicional al mediodía: Taza de caldo con aperitivos de cocina.

La Trucha. Ver "Tabernas andaluzas".

La taberna del Prado. Marqués de Cubas, 23. Tapas, tentempiés y aperitivos de buena cocina.

El Pastor. Fomento, 36. Buenas tapas en plan mesón castellano.

TABERNAS CENTENARIAS TRANSFORMADAS O CERRADAS

La Bola. Bola, 5. Local clásico cuyo origen se remonta a 1802 año en que se le autoriza a funcionar como botillería (taberna con vinos embotellados de marca). Sigue activa aunque el peregrinaje a este viejo templo del casticismo madrileño busca los salones en que se sirve uno de los mejores cocidos de Madrid.

Taberna de Colmenar. San Agustín, 17. Una de las tabernas más auténticas y antiguas de Madrid. Cerrada hace unos años (no desmantelada, que sepamos).

Malacatín. Ruda, 5. Fachada modernizada. Interior con ambientación taurina. Afectada por un atentado en 1981. Como ocurre en la Bola, el local se ha decantado más hacia sus comedores en los que también sirven un afamado cocido madrileño no apto para inapetentes.

La Cruzada. Amnistía, 8. Fundada en 1827 en otro local del barrio (en la calle Cruzada). Conserva de la antigua instalación su viejo mostrador y alguna que otra mesa. Está orientada más como restaurante que como taberna.

Villa Rosa. Núñez de Arce, 17. Viejo colmado andaluz, transformado en tablao y hoy cerrado. La fachada, de bellísimos azulejos, se encuentra en perfecto estado.

El mejor caldo manchego. Coloreros 3. Típica taberna madrileña, cuyo origen se remonta a 1903. Actualmente permanece cerrada.

157

15. Restaurantes y casas de comidas

Señala Néstor Luján que Madrid carece de una cocina totalmente propia. También se suele destacar el parentesco de la cocina madrileña con las cocinas manchega y castellano-leonesa.

Lo cierto es que Madrid siempre ha tenido caza mayor —oso y jabalí en siglos pasados— y corzo y otras piezas en los montes del Pardo, que sus ríos serranos siempre han sido generosos en truchas, que las huertas del campo madrileño no se han limitado a los afamados espárragos o ajos y que carnes o requesones siempre han sido excelentes en las tierras altas próximas a la capital.

Con estas materias primas excelentes y las lógicas influencias vecinales, la cocina de origen popular madrileña ha logrado platos de una perfección milagrosa dentro de su sencillez. El cocido, alimento completísimo que reune todos los elementos esenciales para la nutrición, la sopa de ajos —con pimentón y sin huevos—, los callos y otros platos que procediendo de otros lugares han tomado aquí carta de naturaleza, forman parte de la oferta autóctona que Madrid puede ofrecer dentro de lo que podríamos denominar cocina castiza.

Sin embargo, la capital de España, y como no nuestro casco antiguo, tiene grandes restaurantes clásicos y restaurantes de todas las intenciones: cocina regional (castellana, vasca, gallega, asturiana, catalana, levantina, manchega, andaluza, canaria), cocina foránea (europea, americana, oriental, árabe), cocina comprometida (imaginativa, creativa o de mercado), grandes marisquerías y casas de comida económica, así como recintos pensados para políticos y ejecutivos, noctámbulos, vegetarianos, y toda la variadísima diversidad de gustos, necesidades e intenciones que se dan cita en nuestra ciudad.

Pero este capítulo aspira sólo a ser un repertorio de los fogones del viejo Madrid aportando noticias, datos y pistas a fin de que el lector acuda avisado pero dispuesto a formarse su valoración final, personal e inapelable.

DATOS PRACTICOS

RESTAURANTES CENTENARIOS

Lhardy. Carrera de San Jerónimo, 8. Teléf. 222 22 07. Establecimiento histórico que Galdós situaba "el primero en las artes del comer fino". Fundado en 1839, hoy mantiene la tradición de lugar selecto con una buena cocina que sigue elaborando un excelente cocido. Otras especialidades (franco-españolas): lenguado al champán, chateaubriand, salmón grillé, tournedó, chuleta de ternera y soufflé sorpresa. Cerrado domingos y festivos noche y agosto.

Botín. Cuchilleros, 17. Teléf. 266 42 17. A pesar de sus cinco comedores repartidos entre tres plantas, suele estar lleno. Horno de asar de más de dos siglos. Excelentes corderos y cochinillos asados con jarra de Valdepeñas. Otras especialidades: sopa de ajo castellana, cazuela de pescados marinera, merluza al horno, bizcochos rellenos de crema.

La Bola. Bola, 5. Teléf. 247 66 30. Sus viejos salones ya fueron testigos de las conspiraciones políticas del siglo XIX. Cocina sencilla y casera en la que el protagonista induscutible es el cocido madrileño servido en ollas individuales de barro. Otras buenas preparaciones: revuelto de pisto, lengua estofada, paletilla de cordero lechal, lomo de cebón y buñuelos de manzana con nata. Cierra domingos.

Valentín. San Alberto, 3. Teléf. 221 16 38. Un clásico en la restauración madrileña. Bonito local con ambientación taurina. De la cocina lo mejor un excelente cocido. También platos regionales, carnes y pescados. Muy buena bodega. Precios de respeto.

Antonio Sánchez. Mesón de Paredes, 13. Teléf. 228 18 06. En el salón que fue lugar de tertulias ilustradas, aún decorado con las pinturas del tabernero-torero, funciona un comedor que presenta ofertas de la cocina española tradicional: callos, cazón, chipirones, acelgas con almeja en salsa verde, crema de centollo, blanqueta de ternera, ensaladas y guisos caseros.

Otros locales centenarios. Casa Alberto, fundada en 1827, transformada pero conservando detalles primitivos (Huertas, 18, 239 17 17), Vacas, antigua como la posada de la que formaba parte, poco alterada, pero con escasa actividad actualmente (Cava Alta, 23, 266 58 47).

RESTAURANTES DE COCINA IMAGINATIVA

El Cenador del Prado. Prado, 4. Teléf. 429 15 61. Bello local con excelente cocina espléndida de variedad, ligereza, sabores y presentación. Especialidades: Ensalada de salón y espárragos, cous cous de pollo y gambas, salmón marinado, crema de melón a la hierbabuena.

Café de Oriente. Plaza de Oriente, 2. Teléf. 241 39 74. El restaurante de lujo ocupa las habitaciones del piso superior en un decorado de acomodo burgués muy confortable; en las bóvedas del siglo XVII del extinguido convento franciscano de San Gil funciona un horno para asados que también prepara especialidades de la caza (y económicas pizzas en la cafetería). Cocina de inspiración vasca con aportaciones de la alta cocina española y francesa. Especialidades: Sopa de mejillones a los pistilos de azafrán, trenzas de rodaballo en dos salsas, solomillo de buey en càmisa con galleta de patatas, orquidea de cigalas al caviar, costillas de cordero al vinagre de frambuesas, sopa de frutas a la menta, deseos del Rey con salsa de chocolate, flor de brevas con frambuesas. Cierra sábados mediodía, domingos y agosto.

Viura. San Nicolás, 8. Teléf. 242 49 49. Ambiente posmoderno. Cocina española de temporada que parte de recetas tradicionales, modernizándolas y aligerándolas. Escabeches (desde el clásico conejo al tomillo hasta otros de jabalí o pato), ensaladas de alubias de Tolosa con ventresca con salmorejo,

159

pimientos de piquillo rellenos de chipirones o en salsa verde con almejas, sencillas carnes rojas, pescados (pez espada a la plancha con un especiado mojo palmero o rape con azafrán). Muy buenos postres: frambuesas a la crema de limón, sorbete de moras, crema catalana helada. Cierra domingos y segunda quincena de agosto.

Platerías. Plaza de Santa Ana, 11. Teléf. 429 70 48. Cocina de mercado con atención a los productos de temporada. Decoración deslumbrante, buen servicio y cocina inspirada. Algunas especialidades: alcachofas rellenas de gambas, pudding de verduras, rape a la hortelana, pintada en hojaldre a las uvas, mousse de higos. Cierra domingos y agosto.

El Estragón. Plaza de la Paja, 10. Teléf. 266 06 34. Bonito local. Especialidades: crepés de marisco, alcachofas gratinadas, berenjenas rellenas, quiche loraine, poularda al oporto, solomillo al estragón, caza, arroces, repostería propia y licores caseros.

Fuente Real. Fuentes, 1. Teléf. 248 66 13. Local de delicada ambientación. Cocina de inspiración francesa. Especialidades: crepés de puerros, mousse de berengenas, salmón al horno con pimientos rojos, merluza con salsa de gambas, pechuga de pato con jalea de melocotón, pastel de espinacas, pastel de requesón. Cerrado domingos noche y lunes.

Garyzal. Plaza de la Paja, 3. Teléf. 266 98 40. Cocina de mercado. Especialidades: pudín de merluza, tartar de lubina con costras, crema de manzana con pasas. Cierra miércoles.

Gargantúa. Costanilla de los Angeles, 12. Teléf. 247 66 33. Especialidades: cazuela a la caleta, suquet de rape y mariscos, cazuela del rompeolas, solomillo al enebro con queso de cabra, higos Villamiel.

La Opera de Madrid. Amnistía, 5. Teléf. 248 50 92. Comedor de aire romántico. Especialidades: aguacates, puerros al gratén, salmón grillé, cordero asado, chateaubrind, blanqueta de ternera, profiteroles con salsa chocolate. Cierra domingos.

La Gamella. Unión, 8. Teléf. 242 13 31. Cocina internacional de temporada. Ambientación agradable. Especialidades: crema fría de pepinos al vinagre de lavanda, ensalada andaluza de naranja y rabanitos, huevo en cocotte a la oca ahumada, pastel de chorizo fresco y pimientos rojos, jamón de oca con endivias, tartar de vieiras al queso blanco, pescados al vapor dos salsas, magret de pato al vinagre de frambuesas, steack de pato a la pimienta rosada. Cierra domingos noche y lunes.

La Mesa Redonda. Nuncio, 17. Teléf. 265 02 89. En el corazón del Madrid de los Austrias. Una receta de carne y otra de pescado según mercado con las ensaladas, mousses y patés de la casa. Bourguignon. También guisos de la cocina tradicional española. Sólo cenas. Cierra domingos.

Francisca. Bailén, 14. Teléf. 265 11 32. Especialidad en bacalao y gratinados. Verduras de calidad, trigueros, gratinados, menestra al viejo estilo vasco con todas las verduras de temporada (encargo previo), bacalaos en todas sus variantes, ijadas de bonito, cogotes de merluza, solomillo a las uvas, tarta de mazapán. Cierra lunes.

RESTAURANTES CASTIZOS

Casa Lucio. Cava Baja, 35. Teléf. 265 32 52. Establecimiento tradicional muy concurrido y ambientado. Escaparate de famosos. Cocina basada en productos de calidad. Carnes, pescados y mariscos. Especialidades: cocochas, angulas, merluza de la casa, entrecôte, chuletitas de cordero lechal. Riojas y frascas de Valdepeñas. Locales en la misma linea: El Landó (ver detalle) y Viejo Madrid (Cava Baja, 32, 266 38 38). Cierra sábados mediodía y agosto.

El Landó. Plaza Gabriel Miró, 8. Teléf. 266 76 81. Otro buen local de Lucio, más íntimo y reposado. La cocina es similar, quizá algo más elaborada. Especialidades: lubina al horno, perdiz escabechada o churrasco, natillas caseras. A diario un guisote a buen precio. Cierra domingos y agosto.

Casa Ciriaco. Mayor, 84. Teléf. 248 06 20. Restaurante popular de cocina sencilla, eminentemente casera. Lugar de tertulia tradicional de pintores, literatos y toreros. Especialidad: gallina en pepitoria; también potaje de garbanzos, patatas con carne, huevos fritos con chorizo, tortilla de escabeche, cocido madrileño, judías con liebre callos a la madrileña, perdiz con judiones de la Granja, magras con tomate, carne de ternera a la riojana, trucha escabechada. Excelente salmón (en temporada) al mejor precio de Madrid. Tocinos de cielo. Vino de la casa: Valdepeñas de pellejo servido en frascas. Cierra miércoles.

Aroca. Plaza de los Carros, 3. Teléf. 265 26 26. Como Ciriaco y algunos otros escogidos, forma parte de la historia gastronómica de Madrid. También cocina casera entre cuyas recetas más acreditadas figura el pollo frito Aroca, el lenguado frito y también las chuletas de cordero, la paella y los dulces del Buen Retiro. Cierra domingos y agosto.

Esteban. Cava Baja, 36. Teléf. 265 92 91. Buena cocina casera con especialidades madrileñas y algún que otro plato regional. Siempre hay un guiso, el pescado del mercado y las carnes asadas en plato refractario. Roscas de pan, frascas de Valdepeñas y tapa del día. Especialidades: crema de centollo, callos madrileña, pochas con almejas, merluza a la vasca, cordero asado, churrasco de solomillo y arroz con leche. Buena bodega. Tienen otro local en Humilladero, 4 (Valle, 266 90 25).

El Schotis. Cava Baja, 11. Teléf. 265 32 30. Establecimiento castizo con local algo desangelado. Cocina popular con escogida materia prima y sencillas elaboraciones. Cada día un plato sólido. Especialidades: verduras frescas, merluza, churrasco, cordero asado. Cierra domingos y agosto.

El Callejón. Ternera, 6. Teléf. 222 54 01. Rincón de Hemingway. Platos de la cocina típica española bien elaborados. Cada día un plato fuerte: cocido, judías,... Especialidades: lenguados, chuletas de ternera, callos madrileña, crepés. Cierra sábados (en verano).

Casa Paco. Puerta Cerrada, 11. Teléf. 266 31 66. Espléndidas carnes. Platos de la cocina española: Callos madrileña, fabada asturiana, pisto manchego, lenguado, cordero asado, cebón de buey, solomillo. También mariscos, buen jamón y cocido madrileño (de encargo). Cierra domingos y agosto.

Malacatín. Ruda, 5. Teléf. 265 52 41. Local tradicional y pintoresco. La especialidad es el gran cocido madrileño servido a diario, previo encargo. Raciones inmensas. También, conejo, revuelto de morcilla y queso de la Tierra de Campos. Cierra domingos. festivos y agosto.

La Posada de la Villa. Cava Baja, 9. Teléf. 266 18 80. Local antiguo bien ambientado. Horno de asar y recetas de la cocina española. Especialidades: sopa de ajos, callos, cocido (de encargo), judiones con oreja, ventresca de bonito, besugo a la espalda, cordero asado, lecha frita, bartolillos. Cierra domingos noche.

La Chata. Cava Baja, 24. Teléf. 266 14 58. Bonita fachada de azulejos. Horno de asar. Especialidades: judiones con almejas y cochinillo asado (también cordero). Bar con buen jamón de Jabugo, rebanadas de salmón y ahumados.

La Quinta del Sordo. Sacramento, 10. Teléf. 248 18 52. También cuenta con bonita fachada de azulejos. Cocina castellana: cochinillo y paletilla al horno. Cierra domingos noche.

Las Cuevas de Luis Candelas. Cuchilleros, 1. Teléf. 266 54 28. Local histórico, típico en la decoración y el servicio. Cocina castellana. Cochinillo y cordero asado al horno.

Los Pontejos. San Cristobal, 11. Teléf. 231 01 54. Especialidad en asados (cordero, cabrito, cochinillos): también merluza a la cazuela, callos, bacalao vizcaina. Jamón de Jabugo, cecina y jijas de León, lomo de Salamanca.

El Labriego. Veneras, 4. Teléf. 241 91 78. Horno de asados: cordero y cochinillo. También pimientos rellenos de bacalao y cocido casero. Abre todos los días.

Casa Tomi. Lavapiés, 3. Teléf. 239 43 75. Horno de asar. Cocina casera. Cochinillo estilo Segovia.

RESTAURANTES DE CARNES ROJAS

Casa Lucio y Casa Paco. Ver "Restaurantes castizos".

El Buey II. Plaza Marina Española, 1. Teléf. 241 30 41. Carnes rojas de buey traída de los pastos leoneses con vinos de la Ribera del Duero. Especialidades: ensalada de ahumados, guiso de buey, lomo de buey al carbón, lasaña con setas y ave, pastel de salmón, merluza a las uvas. Muy concurrido. Abre todos los días, incluso domingos mañana.

La Costanilla. Plaza de la Paja, 8. Teléf. 265 61 25. Especialidades: carnes rojas al carbón vegetal, chuletón de buey y pimientos de piquillo rellenos de bacalao.

Charly Michael's. Steak House. San Agustín, 6. Teléf. 429 90 59.

La Grillade. Jardines, 3. Teléf. 221 22 17. Especialidades: Sopa de rabo de buey, carnes a la brasa, rabo de buey, sorbete de limón. También pescados y mariscos.

Torre Narigües. Factor, 8. Teléf. 242 54 54. Mesón típico con comedores pequeños acotados por muros auténticos de la muralla de Madrid. Especialidades: gazpacho, salmorejo ajo blanco y carnes a la brasa (churrasco y chuletas).

Alfar. Santa María, 28. Teléf. 429 23 42. Bonito local tradicional. Especialidades: brochetas a la barbacoa, carnes, pescados a la parrilla de carbón.

Otros locales. Figón Cervantes (Cervantes, 38, 429 60 93), El Club (Victoria/Pasaje Matheu), etc.

RESTAURANTES DE LAS CORTES

Las Cortes. Jovellanos, 1. Teléf. 222 16 50. Cocina de mercado con especialidades derivadas de la caza. Cierra domingos noche.

La Pañoleta. Zorrila, 11. Teléf. 429 81 04. Salones privados. Especialidades: merluza con almejas, cordero, rabo de toro y carnes al carbón vegetal.

La Taberna del Prado. Marqués de Cubas, 23. Teléf. 429 60 41. Bonito local de aspecto rústico decorado con buen gusto. Cocina de mercado, con aportaciones de la gastronomía española y francesa. Carnes a la parrilla y buena selección de pescados.

RESTAURANTES DE COCINA CASERA

Mi Pueblo. Costanilla de Santiago, 2. Teléf. 248 20 73. Decorado con gusto, acogedor. Cocina casera natural. Especialidades: rellenos madrileños (una receta clásica de verduras rellenas de carne picada), pollo a la provincia, besugo. Cerrado domingos noche y lunes.

La Cacharrería. Morería, 9. Teléf. 265 39 30. Local que aprovecha las instalaciones de un viejo establecimiento tradicional. Ambiente informal. Cocina sencilla y de calidad con platos caseros y alguna elaboración foránea. Guisos, carnes y pescados. Cierra domingos y agosto.

Astrolabio. Yeseros, 2. Teléf. 266 39 62. Local decorado con gusto, acogedor. Cocina tradicional, especializado en carnes y pescados. Cierra domingos.

La Angelita. Cava Alta, 17. Teléf. 266 29 25. Casa de comidas de atractivo aspecto. Especialidad: mariscos, carnes, pescados y postres caseros. Cierra domingos tarde y lunes todo el día.

Le Chateaubriand. Peligros, 1. Teléf. 232 33 41. Especialidades: patés de la casas, carnes y las patatas fritas. Cierra domingos y festivos.

Jacinto's. Isabel La Católica, 9. Teléf. 248 62 90. Local decorado con gusto. Carnes y pescados de calidad. Algo caro.

La Taberna del Lobo. Costanilla de Santiago, 4. Especialidades: ensaladas, fabada, estofados y rabo de buey. Cierra tardes de lunes y domingos.

Carpanta. Bailén, 20. Teléf. 265 82 37. Cocina casera y de mercado. Cambio diario. Guisos, pescados, carnes. Cierra domingos noche.

Dómine Cabra. Huertas, 54. Teléf. 429 43 65. Cocina española de temporada. Especialidades: patatas con costillas, alcachofas con almejas, hojaldre cartujano y otros postres caseros. Buenos vinos de la casa. Cierra domingos noche.

La Plaza Mayor. Gerona, 4. Teléf. 265 21 58. Local atractivo. Terraza en verano con organillo. Carnes, pescados, mariscos.

Otros restaurantes. Chiky (fabada, cocido madrileño completo, paella —domingos— "Ver Restaurantes noctámbulos").

RESTAURANTES GALLEGOS

Pereira. Cervantes, 16. Teléf. 467 40 40. Restaurante popular de gran y merecido prestigio: calidad, raciones abundantes y buenos precios. Especialidades: caldo gallego con mucha berza, pulpo con patatas, lacón con chorizo y grelos, cocido gallego, chuletas de lechal, codillo de cerdo (plato estrella); como postres, queso con membrillo, tarta Santiago o pionono. Vino Ribeiro y aguardiente con hierbas. No reservan mesa, por lo que hay que acudir temprano. Cierra domingos y lunes noche.

Casa Gallega. Plaza de San Miguel, 8. Teléf. 247 30 55. Pescados, mariscos y carnes. Especialidades: merluza de pincho al horno y en otras elaboraciones; como postre el mirabel al rosal. Otra Casa Gallega en Bordadores, 11 (241 90 55).

Especializados en pulpo. Casa Carvallino (Escalinata, 17, 248 50 53), Casa Lalín (Escalinata, 19, 248 77 16).

Otros restaurantes gallegos. Rías Altas (Preciados, 37. Teléf. 241 90 98), Terra a Nosa (Cava de San Miguel, 3. Teléf. 247 11 75), Corgo de Lugo (Rollo, 8. Teléf. 247 10 05), El Cigarral (Plaza Celenque, 1. Teléf. 222 76 86), D'a Morriña (Leganitos, 33. Teléf. 247 10 62), O'Pazo de Lugo (Argumosa, 28), O'Faro de Finisterre (Plaza de Santo Domingo), O'Castiñeiro (Victoria, 8), Pleamar (San Bernardo, 7), O'Potino (Alvarez Gato, 7), D'a Queimada (Echegaray, 15), Amiña (Navas de Tolosa, 3).

Marisquerías

La Toja. 7 de Julio, 3. Teléf. 266 30 34. Gran selección de mariscos y pescados de calidad. Cocina y vinos gallegos. Cierra julio.

Korynto. Preciados, 36. Teléf. 221 59 65. Gran variedad de mariscos de calidad. Buen pescado, chuletas de cordero lechal y algunos platos de la cocina internacional.

Hogar Gallego. Plaza del Comandante de las Morenas, 3. Teléf. 248 64 04. Local acreditado. Cocina gallega. Mariscos, pescados, carnes. Terraza en verano. Cierra domingos noche y agosto.

Tres Encinas. Preciados, 33. Teléf. 221 22 07. Excelente marisquería. Especialidad: ostras de sus viveros de Cambados, También Bar-Restaurante.

Pazo de Monterrey. Alcalá, 4. Teléf. 222 30 10. Mariscos y pescados procedentes de Coruña. Cocina gallega. Vinos de Ribeiro propios. Abierto 12 mañana a 12 noche.

Otras marisquerías. Moaña (Hileras, 4. Teléf. 247 30 44), Pazo de Gondomar (San Martín, 2. Teléf. 232 31 68), Rincón de Roque (San Martín, 3. Teléf. 232 14 42), Mesón doña Juana (Postigo de San Martín, 5. Teléf. 221 59 00), Alejandro (Mesoneros Romanos, 11. Teléf. 231 53 71), La Ostrería (Cruz, 10. Teléf. 222 78 66), La Oficina (Núñez de Arce, 3), La Gaditana (Barcelona, 4. Teléf. 221 98 01), O'Muiño (Leganitos, 45), Parrillada (Leganitos, 41).

RESTAURANTES ASTURIANOS

El Luarqués. Ventura de la Vega, 16. Teléf. 429 61 74. Cocina asturiana casera de gran éxito por calidad y precios. También presenta otras buenas elaboraciones del recetario español. Instalación modesta. Raciones generosas. Especialidades: platos clásicos asturianos, revuelto de setas y ajos, codillo de cerdo, morcillo de ternera, salmonetes de roca, cogote de merluza, salmón ahumado casero, queso de Cabrales y cremoso arroz con leche. No reservan mesas. Cierra lunes, domingos noche y agosto.

Casa Portal. Olivar, 3. Teléf. 239 07 39. Restaurante popular que ofrece los platos de cocina asturiana tradicional. Fabada, pote asturiano, merluza a la sidra, tortilla de cebolla y bonito (fría), besugo a la espalda, pierna de cordero. En el menú o en la barra: chorizo a la sidra, morcilla casera, queso de Cabrales. Raciones inmensas. Cierra domingos y agosto.

El Garabatu. Echegaray, 5. Especialidades: fabes con almejas, fabada y pote asturiano, patatas rellenas, merluza a la sidra, besugo cazuela, sesos rebosados, cordero lechal, carne gobernada.

Otros restuarantes asturianos. Casa Hortensia (Olivar, 6. Teléf. 239 00 90), La Quintana (Bordadores, 7. Teléf. 242 04 88), El Neru (Bordadores, 5. Teléf. 241 11 40), Asturias (Alvarez Gato, 5. Teléf. 232 07 84), Tineo (Toledo, 14), El Cogollo (Lechuga, 3), El Naranco (Aduana, 7).

RESTAURANTES VASCOS

Asador Frontón. Plaza Tirso de Molina. Acceso por Jesús y María, 1. Teléf. 468 16 17. Excelente cocina. Especialidades: alubias rojas, pimientos del piquillo, cogollos de Tudela, chistorras y chorizos de Lecumberri, ventresca de bonito, cogote de merluza, chuletones de buey, cuajada de leche de oveja, tejas de Ezeiza, canutillos de Tolosa. Cierra domingos y agosto.

Gure-Etxea. Plaza de la Paja, 12. Teléf. 265 61 49. Muy acreditado. Especialidades: caldo de caserío, porrusalda, chipirones, bacalao al pil-pil con cocochas, cogote de merluza al horno, entrecôte Aizkolari, leche frita y queso Idiazábal. Sidra, chacolí o riojas (bodega en bóveda antigua de ladrillo).

Irizar Jatetxea. Jovellanos, 3. Teléf. 231 45 69. Defensor de la cocina vasca moderna sin abandonar platos tradicionales. Especialidades: tarrina de hongos y mollejas, cazuela de lomos de merluza con cocochas y almejas, pimientos rellenos de bacalao, lubina al chacolí, ballotine de pato con salsa de mandarinas, gratinado de vieiras y langostinos, biscuit de higos, flan de nueces con salsa de chocolate. Cierra sábados mediodía, domingos y festivos noche y agosto.

Guría. Huertas, 12. Teléf. 239 16 36. Un local vasco clásico en Madrid. Raciones abundantes, precios altos. Especialidades: mollejas, hojaldritos, alubias rojas con chorizo y tocino, cardo salteado, ijada de bonito, rodaballo a la parrilla, mollejas salteadas, bocaditos de café. Cierra domingos y todo el verano.

Zarauz. Fuentes, 13. Teléf. 247 72 70. Local algo desangelado. Cocina vasca tradicional. Especialidades: pimientos rellenos, revuelto donostierra, merluza Zarauz, rape a la americana, perdiz estofada, entrecôte Oria, cuajada de leche de oveja. Buen chacolí casero. Cierra lunes, domingos noche y agosto.

La Taberna del Alabardero. Felipe V, 6. Teléf. 247 25 77. Cocina vasca con platos de la cocina española. Especialidades: sinfonía de verduras del tiempo, muselina de espárragos, besugo a la espalda, merluza a la vasca, corazón de solomillo de toro, pudín de manzana con natillas. Cierra la segunda quincena de agosto.

Otros restaurantes vascos. La Cocina de Rosa (Santiago, 14, 266 70 12), La Casa Vasca (Victoria, 2, 222 56 86).

RESTAURANTES CATALANES

El Brasero. Plaza Cruz Verde, 3 (esquina a Segovia, 16). Teléf. 248 65 18. Restaurante-taberna de cocina catalana. Especialidades: carnes a la parrilla con carbón de encina, pescados Costa Brava, pan de payés con tomate o con ajo.

RESTAURANTES LEVANTINOS

El Caldero. Huertas, 15. Teléf. 429 50 44. Cocina murciana. El arroz en caldero propio de la cocina marinera. Cierra domingos y lunes noche.

Paellería Valenciana. Caballero de Gracia, 12. Teléf. 231 17 85. Paella valenciana, arroz a banda, fideuá. Sólo comidas (viernes, también cenas). Cierra sábados y domingos.

La Corrala. Mesón de Paredes, 32. Teléf. 227 16 00. Paella alicantina y conejo ajillo. Cierra lunes.

RESTAURANTES ANDALUCES

Don Paco. Caballero de Gracia, 36. Teléf. 232 63 72. Vinos de Jerez en su punto y buen jamón de la sierra de Huelva. Especialidades: Gazpacho, huevas aliñadas o fritas, langostinos de Sanlúcar, sopa de picadillo, rabo de toro, lentejas con chorizo, judías con costilla , guiso marinero, berza cartujana con "pringá" (guiso con cerdo y sin aceite que lleva además morcilla, tocino, chorizo, acelga, apio, tagarnina, garbanzos y judías). También "pescao" frito, solomillitos al Jerez, chopitos y estupendos tocinos de cielo.

La Trucha. Manuel Fernández y González, 3 (429 58 33) y Núñez de Arce, 6 (232 08 90). Especialidades de la cocina española (trucha a la truchana, pimientos a la navarra, setas de cardo, perdiz escabechada, mejillones gratinados) y andaluza ("pescaítos" fritos variados de Málaga y Cádiz, rabo de toro, jamón serrano de Cumbres Mayores). Cierra domingos.

Los Chanquetes. Moratín, 2. Teléf. 429 02 45. Establecimiento castizo muy atractivo. Especialidad: rabo de toro estofado. También pescados, carnes y "pescaítos" fritos.

RESTAURANTES MANCHEGOS

El Tormo. Travesía de las Vistillas, 11. Teléf. 265 53 35. Cocina castellano-manchega. Especialidades: sopa de boda, ajo mortero, zarajos, tiznao, morteruelo, gazpacho pastor, conejo estilo Cassimarro, caldereta, judías Sancho Panza, potaje serrano. Alajú, mostillo y arroz con miel.

MESONES CASTELLANOS

El Pastor. Fomento, 36. Teléf. 241 11 90. Bar con buenas tapas y cocina castellana: guiso diario (cocido, patatas a lo pobre, olla podrida,...), cabrito cuchifito, ternera de Avila, asados. Cierra domingos

Gregorio III. Bordadores, 5. Teléf. 242 59 56. Especialidades: picadillos de chorizo y de morcilla, sopa toledana, cabrito cuchifrito, carne de cebón y conejo al ajillo.

Otros mesones castellanos. Sixto (Cervantes, 28, 429 22 55), Las Descalzas (Postigo de San Martín, 3, 222 72 17), La Ternera (Ternera, 4, 222 93 18), Príncipe (Príncipe, 3, 429 65 82), Cascorro (Cascorro, 1, 227 89 23), Picardías (Cruz, 13, 232 26 63), Los Galayos (Botoneras, 5, 266 30 28), La Mi Venta (Marina Española, 7, 248 50 91), Aduana (Aduana, 25), Naranjeros (Plaza Cebada, 4, 265 51 02).

RESTAURANTES CANARIOS

La Bodeguita del Caco. Echegaray, 27. Teléf. 429 40 23. Cocina canario-caribeña. Especialidades: papas "arrugás" con mojo, aguacate con gambas, enchilada de langosta, pollo en cacerola con papas fritas, ternera con moros y cristianos. Bebida típica: malvasía Moraga de Lanzarote. Postre: la espumosa golosina de los huevos Moles.

RESTAURANTES VEGETARIANOS

El Granero de Lavapiés. Argumosa, 10. Teléf. 467 76 11. Productos naturales sin ningún tipo de productos químicos. Tempuras fritas de origen oriental, arroz y calabara Hokkaido, pastas de harina de trigo, verduras, frutas, zumos naturales, churros biológicos que mejorados en deliciosa compota dan un final satisfactorio. Barato. Sólo comidas.

La Biótika. Amor de Dios, 3. Teléf. 227 60 61. Cereales, legumbres, verduras, algas. Barato (disponen de plato combinado y menú). Cierra domingos y festivos tarde.

RESTAURANTES NOCTAMBULOS

Pasta y Basta. Santa Catalina, 3. Teléf. 429 42 06. Abierto hasta las 2 ó 3 de la madrugada excepto domingos. Cierra lunes. Sólo cenas. Informal y acogedor. Pastas italianas y alguna especialidad de la cocina francesa.

Chiky. Mayor, 24. Teléf. 266 24 57. Abierto hasta las 2,30 ó 3 de la madrugada. Ver "Restaurantes de cocina casera".

La Farfalla. Santa María, 17. Hasta las 4 de la madrugada. Sólo cenas. Pizzas y carnes argentinas.

El Ingenio. Leganitos, 10. Teléf. 241 91 33. Abierto de 8 a 24 horas. Viernes, sábados y vísperas cierra a las 2 de la madrugada. Cierra domingos y festivos. Cocina castellana con platos típicos (sopas de ajos, callos, chuletas) en linea con su decoración y vocación cervantina.

A Huevo. Jacometrezo, 8. Teléf. 248 51 02. Hasta la 1,30 horas. Viernes y sábados hasta las 5 de la madrugada. Oferta limitada a platos combinados en los que suele aparecer el huevo y poco más.

Lola. Music Hall. Costanilla de San Pedro, 11. Teléf. 265 88 01. Cenas de 21 a 23,45 con espectáculo. Cenas tardías y copas hasta las 4 de la madrugada ambientadas con piano y vocalista. Cocina imaginativa de calidad. También comidas a mediodía (buen cocido).

RESTAURANTES PORTUGUESES

Fado. Plaza de San Martín, 2. Teléf. 231 89 24. Comida regional del pais y selectos vinos portugueses. Especialidades: caldo verde, bacalao dorado, caldereta de pescados, frutas asadas con vinos de Oporto, tarta Fado. Vinos verdes portugueses.

RESTAURANTES FRANCESES

Le Bistroquet. Conde, 4. Teléf. 247 10 75. Ambiente y cocina francesa. Cierra lunes y domingos noche. Especialidades: Vichisoise, caracoles estilo francés, sopa de cebolla cargadita de queso, pescados en salsas, fondues gurguignon y postres (crepés, profiteroles). Domingos mediodía cous cous.

Clara's. Arrieta, 2. Teléf. 242 00 71. Lujosas instalaciones. Cocina francesa clásica, ceremoniosa y salsera, y recetas de cocina portuguesa. Especialidades: huevos escalfados con trufas y tuétano, confit de pato con guisantes, bacón y patatas, lubina al caldo corto, milhojas con mandarina, miel y salsa de frambuesas. Cierra domingos y festivos.

RESTAURANTES ITALIANOS

Tía Doly. Amparo, 54. Teléf. 227 33 26. Establecimiento modesto con cocina italiana casera de calidad. Especialidades: capelleti carbonara, ravioli al tuco, lasagnas-pizzas. Cierra miércoles.

La Trattoría. Plaza Alamillo, 8. Teléf. 266 44 95. Especialidades: berenjenas a la parmesana, mozzarella auténtica y buenos escalopines.

Hostería Piamontesa. Costanilla de los Angeles, 18. Teléf. 248 34 14. Un clásico italiano en Madrid. Predominio de pastas (especialidad spaghetti carbonara y lasagna verde), gratinados, escalopines. Raciones generosas, precios moderados.

Il buon amigo. Plaza Gabriel Miró, 7. Teléf. 265 12 69. Especialidad: nogqui a la Panna y espaguetis a la carbonara. Cierra miércoles.

Otros ristorantes/pizzerías. Il Sorriso (Núñez de Arce, 14, 221 53 35), La Escalinata (Escalinata, 21, 247 21 24), San Juan (Sombrerete, 8), Roma (Cabestreros, 1, 467 55 07).

RESTAURANTES ALEMANES

Edelweiss. Jovellanos, 7. Teléf. 221 03 26. Buena cocina alemana a precios razonables; raciones generosas. Especialidades: ensalada de morros, arenque en nata, ancas de rana al ajillo, salmón fresco a la parrilla, codillo con chucrut, ragout de ciervo, tarta Líuser. Buenas cervezas alemanas. Muy concurrido por lo que lo usual es tener que esperar. Cierra domingos noche y agosto.

Alt Berlín. Don Pedro, 11. Teléf. 265 10 77. Local ambientado y agradable. Cocina alemana al gusto berlinés (lo habitual en Madrid es la cocina alemana al gusto bávaro). Especialidades: ensaladas, codillo, asados, salsas. Sptzale de elaboración propia. Preparan la caza mayor que se le lleve.

RESTAURANTES NORDICOS

Bellman (Casa de Suecia). Los Madrazo, 19/Marqués Casa Riera, 4. Teléf. 231 69 00. Cocina sueca: varias especialidad de salmón, "koldolmar" (col rellena con carne picada con mermelada de arándanos), steak a la pimienta, lomo de cerdo con ciruelas. Los jueves y viernes "smrgasbord": gigantesco repertorio de entremeses suficientes para componer una copiosa comida. Platos fríos (arenques en varios adobos, anguila ahumada, huevos rellenos con crema de anchoa, charcutería especial y diversas clases de ensaladas y quesos) y calientes (albóndigas con cebollas glaseadas, gratinado de arenques, riñones salteados con salsa de crema,... Pan sueco de cebada. Los platos se sitúan en un buffet y se sirve el propio comensal. Precio cerrado.

RESTAURANTES RUSOS

El Cosaco. Plaza de la Paja, 2. Teléf. 265 35 48. Cocina clásica rusa: trucha Curnonsky, solomillo Woronoff, buey Stroganoff (con crema perfumada con hierbas), steak tartar, perdiz Polakoff (con crema de setas), anguilas, caviar golubsy (rollitos de col y carne), kulebiaka (empanada de hojaldre y salón), blinis Arkangel (tortitas rellenas de arenque), yogour con grosellas. Vodka. Sólo cenas, excepto sábados y domingos o festivos.

RESTAURANTES CHINOS

La Pagoda. Leganitos, 22. Teléf. 241 85 82. Cocina cantonesa de calidad. Su propietario, el Sr. Shiao, es un excelente conocedor y publicista de la cocina china. Además de la oferta habitual de los restaurantes chinos, pueden degustarse (previa petición con un día de antelación) especialidades tales como pato asado entero estilo cantonés, besugo con salsa de soja, lubina al vapor, cabezas de leones o la olla fogón (especie de fondue china con caldo en la que intervienen 6 salsas chinas). Lunch individual económico los días laborables. Cierra lunes.
Shangri-La. Leganitos, 26. Teléf. 241 11 73. Cocina cantonesa. Menús especiales para 3/4 personas.
Tien-Fu. Carrera de San Jerónimo, 32. Teléf. 429 67 83. Cocina de Sichuan, sur de China, algo más picante. Abre a diario.
Ta Chung (El gran triunfo). Echegaray, 13. Teléf. 429 63 40. Cocina china clásica.
Otros restaurantes chinos. Ta Tung (Plaza de las Provincias, 3, 266 54 38), El Chino (Torija, 6, 242 30 44), Cetro (Ventura de la Vega, 4, 429 50 92), Lai Fhuc (Cebada, 3, 265 31 01), Su Zhou (León, 16, 429 54 03), Shao Lin (Huertas, 64, 429 42 96), Río Grande (Mesón de Paredes, 19, 239 60 73), El Río de la Perla (Cava Baja, 15, 265 44 37), Riqueza (Isabel la Católica, 10), Macau (Bordadores, 2, 266 00 31), Kam-Choi (Jesús y María, 20, 239 41 39), Palacio de China (Atocha, 20), Lailai (Lavapiés, 42, 227 42 37), Long Fong (Salud 1/Chinchilla, 4), Tian Gong (Mira el Sol, 1, 228 74 08), Pe Kin Lau (Trujillos, 7).

RESTAURANTES JAPONESES

Donzoko. Echegaray, 3 y 9. Teléf. 429 57 20. Decano del exotismo japonés en Madrid. Cocina rica en pescados y vegetales, poco amiga de salsas y grasas. Especialidades: sashimi (pescados crudos), shake-shio (salmón a la parrilla), zaru-soba (tallarines con salsa fría), buta-no-syoga (cerdo con gengibre), oniguiri (arroz blanco con algas), sukiyaki (ternera con verduras cocidas), tempra (gambas y verduras rebozadas). Cierra domingos noche.
Kadoya. Duque de Medinaceli, 6. Teléf. 429 83 45. Cocina japonesa de calidad, ambiente acogedor. Pescados, carnes, verduras. Cierra domingos.
Otros restaurantes japoneses. Tokio Taro (Flor Baja, 5, 242 35 28), Fuji Yana (Flor Baja, 5), Tokio Hanten (Embajadores, 24, 467 83 69).

RESTAURANTES THAILANDESES

Bangkok. Cruz, 8. Teléf. 521 31 52.

RESTAURANTES ARABES

Vartan. Leganitos, 18. Teléf. 242 40 85. Cocina típica de Siria y Líbano. Especialidades: Cordero con arroz, rellenos, cremas, pastelería árabe. Cierra domingos.
El Trío. Bastero, 10. Tasca y casa de comidas con pinchos morunos (con 9 clases de especias), cous cous, te moruno con hierbabuena.

RESTAURANTES ARGENTINOS

La Pampa. I Amparo, 61 (Teléf. 228 04 49) y II Bola 8 (Teléf.

242 44 12). Cocina típica argentina. Especialidad: parrilladas. En I también empanadas chilenas, en II tangos en vivo.

El Locro. Trujillos, 2. Teléf. 222 43 82. Especialidades. locro (potaje del norte de Argentina emparentado con la fabada asturiana), churrascos y parrilladas. Folklore en vivo. Cierra miércoles.

La Querencia. Lope de Vega, 16. Teléf. 429 41 83. Local que aprovecha un local tradicional de bella fachada de portones de madera. Platos típicos argentinos.

RESTAURANTES MEJICANOS

El Cuchi (de Carlos'n Charlie's). Cuchilleros, 3. Teléf. 266 44 24. Platos sencillos que picotean en varias cocinas (mejicana, española) sin más ánimo que el de agradar. Especialidades: guacamole, charolitas, crema de frijoles, cochinito con arroz, huesos barbacoa, paella pobre. Tipismo, precios asequibles.

RESTAURANTES LATINO-AMERICANOS

Anahi. Morería, 11. Teléf. 265 12 14. Precioso local que aprovecha un establecimiento tradicional. Cocina latinoamericana casera y tradicional con reminiscencias latinas animadas con toques exóticos, tropicales. Especialidades: crema de aguacate, feijoada, carnes a la parrilla de encina, conejito escabechado, costillas Río Negro, redondo relleno, arroz cubana, silla de cordero.

RESTAURANTES ECONOMICOS

Entre 250 y 300 pesetas

Casa David. Ave María, 11. Platos de 50 y 60 pts. Cocido 200.
Los Ramos. Olivar, 28. Rte-taberna. Potaje y filete 268 pts.
Serranillo. Juanelo, 13. Casa de comidas. Menú 300 pts.
El Rey del Bocata. Fabada, callos, pulpo,... Menú 300 pts.

Entre 300 y 350 pesetas

Achuri. Argumosa, 21. Varios menús: 325, 450 y 550 pts.
La Zamoranita. Santa María, 15. Castizo. Menú 340 pts.
Los Hermanos. Rodas, 28. Dos platos entre cuatro: 350 pts.
El Pinar. Juanelo, 23. Judías, lentejas, cocido. Menú 350.
Martínez. Lope de Vega, 20. Menú 350 pts.
Soidermesol. Argumosa, 9. Castizo. Menú 350 pts.

Entre 350 y 400 pesetas

La Alameda. Tres Peces, 19. Menús de 360, 395 y 435 pts.
Madrid. Cruz, 35. Piso primero. Castizo. Menú 365.
La Rosa. Oriente, 4. Local acogedor. Menú 375 pts.
Rillón. Ave María, 29. Menú con dos platos a elegir: 375 pts.
Busmente. Mesón de Paredes, 67. Bien. Menú 375 con elección.
Arenas. Embajadores, 28. Menú 385. Variación diaria. Bien.
Lazarillo de Tormes. Lope de Vega, 14. Carnes. Menú 395.
Somera. Jardines, 21. Local acogedor. Menú 400 pts.
Er Setenta y Siete. Argumosa, 8. Tasca con comedor. 400 pts.
El Noventa. Toledo, 90. Casa de comidas. Menú 400 pts.
Mayte. Ave María, 41. Menú 400 pts.
Casa Salvio. Postigo de San Martín, 9. Descuidado. Menú 400.
Casa Rodríguez. Maldonadas, 5. Castizo. Bien. Menú 400 pts.
Sanabria. Barcelona, 12. Menú 400 pts.
Casa Gonzalo. Cava Alta, 13. Menú 400 pts.
Grano de Oro. Espada, 6. Menús 400 y 500 pts.

Entre 400 y 450 pesetas.

Tino. Mayor, 68. Lunes a viernes. Menú 425 pts.
Los Rivales. Jesús, 7. Bar-Rte. Fabada. Menú 425 pts.
El Sena. Isabel la Católica, 11. Menú 425 pts.

Casa Paco. Lope de Vega, 26. Menú 425 pts.
Casa Paco. Juanelo, 3. Taberna. Menús 425 y 600 pts.
Los Hermanos. Arganzuela, 3. Menú 450 pts.
Santa Marta. Santa Clara, 10. Castizo, bien. Menú 450 pts.
Pizarro. Bola, 12. Castizo. Cocina castellana. Menú 450 pts.
La Parra. Plaza del Carmen, 5. Menú 450. Gran codillo 800.
El Escudero. Jacometrezo, 13. Aparente. Menú 450 pts.
La Fuentecilla. Toledo, 78. Bar-mesón-rte. Horno. Menú 450.
La Sanabresa. Dr. Mata, 3. Callos, fabada, pote. Menú 450.
Antillas. Leganitos, 10. Menús a partir de 450 pts.
Puerta Bisagra. Moratín, 10. Bar-Rte. Menús 450 y 550 pts.
La Paloma. Calatrava, 17. Tipo mesón. Menú 450 (domingos 600).
Tobogán. Mayor, 1. Menú 450 pts.
Escudero. Alameda, 6. Café-Bar-Rte. Menú 450 pts.
El Huevo. Plaza San Miguel, 5. Castizo. Menú 450 pts.
Antonio. Cebada, 12. Tasquita. Menú 450 pts.
La Alegría. Cebada, 3. Menús de 450 a 600 pts.

Entre 450 y 500 pesetas

La Sanabresa. Amor de Dios, 10. Menú 475 pesetas.
El Ruedo. Tetuán, 24. Tipo mesón. Menú 475 pts.
Castilla. Lope de Vega, 17. Menú 475. Cocido 500. Codillo 800.
An Rosa. Amor de Dios, 9. Menú 475 pts.
Las Victorias. Santa Isabel, 38. Menú sobre 480 pts.
Casa Parras. Callejón de Preciados, 6. Menú 499 pts.
Niza. Tres Cruces, 4. Bien. Menú con elección 500 pts.
Fornos. Dr. Drumen, 3. Bien. Menú 500 pts.
Paris. Huertas, 66. Tristón. Menú 500 pts.
Continental. Olivar, 54. Menú 500 pts (salvo domingos).
El Dieciocho. Atocha, 117. Casero. Menú 500 pts.
Los Motivos. Ventura de la Vega, 10. Menú 500 pts.
Cantalejo. Toledo, 48. Bar-Rte. Menú 500 pts.
Arenal. Arenal, 10. Menú 500 pts.

16. Las compras gastronómicas

La atracción gatronómica no se reduce a las "tapas" y "tentempiés" de las tabernas, ni a los suculentos platos de los restaurantes y casas de comidas.

Muchos establecimientos del viejo Madrid nos presentan ofertas a las que es difícil resistirse: pastelerías, bombonerías, churrerías,... y otros locales especializados que constituyen auténticos hallazgos para exquisitos y saboreadores de lo auténtico, y, porqué no, de los productos infrecuentes por su rareza o exotismo gastronómico.

Pero en este terreno no hay por qué extenderse en el comentario, sino pasar rápidamente a la reseña de los establecimientos seleccionados.

DATOS PRACTICOS

BOMBONERIAS

La Violeta. Plaza de Canalejas, 6. Teléf. 222 55 22. Un clásico. El contenido y la caja son toda una muestra de buen hacer. Guindas al coñac, trufas con nata, frutas glaseadas o escarchadas, violetas escarchadas, leñas.

La Pajarita. Puerta del Sol, 6. Teléf. 221 49 14. Bombones y caramelos en preciosas cajas (incluso de música) y cestillos. Especialidades: marrón glacé, uvas al coñac. También muñecas con cestillos de bombones o caramelos.

Otras bombonerías. Castro (Alcalá, 20), Viena San Carlos (Atocha, 110), Villegas (Plaza Jesús, 7). También en las pastelerías citadas seguidamente.

PASTELERIAS

Horno del Pozo. Pozo, 8, Teléf. 222 38 94. Establecimiento tradicional fundado en 1830. Especialidad en hojaldres (dulces y salados), empanadas de salmón, pastas.

Casa Mira. Carrera de San Jerónimo, 30. Teléf. 429 67 96. Casa fundada en 1855. Turrones de todos los gustos: yema, chocolate, de Alicante, de coco, ... y nueces (la especialidad de la casa). También mazapanes, frutas glaseadas y productos de repostería de alta calidad. Servicio de entrega a cualquier lugar de España.

Lhardy. Carrera de San Jerónimo, 8. Teléf. 221 33 85. Pastelería, fiambres, restaurante. Decano en su gremio, pues el establecimiento fue fundado en 1839 y se ha mantenido activo hasta nuestros días. Al mediodía, caldos con pastas y bollería caliente.

El Riojano. Mayor, 10. Teléf. 266 44 82. Un clásico con precioso local lleno de detalles primitivos. Especialidades: pastas del Consejo, azucarillo de limón, rosquillas tontas, bartolillos, merengues. Sirven también tazas de caldo o café con pastas.

Pastelería Madroños. Caravaca, 11. Teléf. 227 68 43. Modestísimo local con un obrador de pastelería muy imaginativo: pasteles de frambuesa, madroño, cerezas, remolacha, espinaca, kiwi, frutas tradicionales, saudi, algas. También rosquillas, bombones, rocas. Sirven también varias bebidas de elaboración propia propia; la mejor y más característica es el licor de madroños.

Horno La Santiaguesa. Mayor, 73. Teléf. 248 62 14. Especialidades gallegas. Tarta de Santiago, soufflés, tarta capuchina, filloas, brazo de manzana y pasas, pio nonos, milhojas, ponches, empanadas, brazos y tartas variadas.

La Suiza. Plaza de Santa Ana, 2 y Cruz, 4. Teléfs. 222 26 44 y 232 38 86. Obradores propios con bollería muy acreditada. Muy concurridos a las horas del desayuno, merienda y tres la función de cine o teatro.

Rodilla. Preciados, 25. Teléf. 222 57 01. Repostería, fiambres y platos preparados.

La Mallorquina. Mayor, 2. Teléf. 221 12 01. Confitería, cafetería, fiambres.

URVI. Toledo, 59 esquina a San, Millán 6. Teléf. 265 24 35. Buena tienda muy surtida. Cafetería, pastelería, bollería, croisantería, heladería, pizzas.

Horno de San Honorato. Esgrima, 11. Pastelerías, fiambres, panes, cafetería, sandwiches y croisants rellenos.

Horno de San José. Plaza del Angel, 14. Teléf. 239 43 23. Fundado en 1840. Pastelería, lenguas de gato, caramelos.

La Flor y Nata. Plaza Celenque, 1. Teléf. 231 59 34. Especialidades: levantinas de crema, nata o trufas.

Confitería Laorden. Zaragoza, 9. Teléf. 266 52 41. Figuras de mazapán de elaboración propia.

Horno Prada. Toledo, 6. Teléf. 266 02 71. Especialidades: Huesos de San Expedito, cocas de chicharrones.

Repostería Lesa. Miguel Servet, 3. Repostería, fiambres y panadería. Inmensas milhojas.

Otras pastelerías. América (Atocha, 77), La Paloma (Calatrava, 13), La Plaza (Sánchez Bustillo, 9), Ciudad de Viena (Embajadores, 3), El Horno (Encomienda, 19), Murillo (Jesús, 2), La Casa de las Tartas (Magdalena, 31), Antón (Miguel Servet, 4), Paquita (Puerta de Moros, 2), Kayto (Santa Isabel, 15), Santa María (Sta. María, 13), La Oriental (Costanilla Santiago, 2), Izquierdo (Tirso de Molina, 14), Dulcelar (Toledo, 74).

Cafeterías con buena repostería (no citadas anteriormente): Hontanares (Sevilla, 6), Doñana (Pl. Jacinto Benavente), Mayor 45 (Mayor, 45).

Briocheries/Croissanteries. Le Croissant Doré (Arenal, 16), Croissanterie Express (Atocha, 100), Croisantería La Plaza (Sánchez Bustillo, 9), Horno San Honorato (Esgrima, 11), Croissanterie Soky (Mesoneros Romanos, 6), La Briocherie (Montera, 4), Croisantería Madrid (Postigo de San Martín, 8), Croissanterie As de Pik (Tetuán, 16), URVI (Toledo, 59).

CARAMELOS

La Flor de Lis. Puerta del Sol, 11. Teléf. 222 54 02. Tradicional. Dan formas diversas a los caramelos: bocadillos, muñecas, huevos fritos.

Caramelos Paco. Toledo, 55. Teléf. 265 42 58. Toneladas de caramelos. También bombones.

La Rosa Blanca. Magdalena, 3. Tradicional.

Otros establecimientos. La Violeta, La Pajarita y, en general, las bombonerías y pastelerías ya citados.

CHURRERIAS

San Ginés. Pasadizo de San Ginés, 5. Teléf. 266 58 75. Una de las chocolaterías más castizas y antiguas de Madrid recientemente renovada. Ocupa la planta baja de una antigua posada en la que dicen que se hospedó Luis Candelas.

Fábrica de buñuelos y churros (Herminia). Angel, 2. Establecimiento tradicional. Café y chocolate con churros. Abre poco antes de las 7 de la mañana todos los días salvo domingos (abre festivos).

Churrería. Calvario, 27. Establecimiento tradicional. Abre a diario, incluso domingos desde las 6 de la mañana.

Fábrica de churros. Bastero, 21 (Rastro). Abre domingos.

ES-MA. Plaza de Lavapiés, 5. Cafetería con buenos churros de elaboración propia.

Otras churrerías. Angel, 7, Cava Baja, 7, Cervantes, 9, Escalinata, 15, Fomento, 37, San Pedro, 22, Santa Ana, 5.

VINOS

Madrueño. Postigo de San Martín, 3. Teléf. 221 19 55. Establecimiento tradicional. Fábrica de licores, anisados y jarabes. Almacén de vinos y licores. Realmente tienen toda clase de bebidas: las más recónditas bodegas, las más extrañas pócimas, sin que falten todos los vinos españoles de calidad, todos los cavas. Buena conservación en bodega, buenos precios, buen asesoramiento.

Licorilandia. León, 30. Teléf. 239 01 97. Extenso surtido en toda clase de bebidas (más de 70 cavas, más de 400 vinos de mesa). También botellines y bebidas infrecuentes.

Pecastaing. Príncipe, 11. Teléf. 221 22 00. Establecimiento tradicional muy distinguido. Vinos franceses y españoles de calidad. Licores exóticos.

El Gourmet de Palacio. Pavía, 2 (esquina a la Plaza de Oriente). Teléf. 241 92 00. Selección de vinos del país y elaboraciones artesanales infrecuentes (garnatcha, licor de misa, malvasía, sagardoz, moscatel, kirsch).

El Gourmet de Cuchilleros. Maestro Villa, 1. Elaboraciones artesanas catalanas y madrileñas.

Madroños. Caravaca, 11. Teléf. 227 68 43. Modesto local castizo. Licor de madroño de elaboración propia. También licores de menta, mandarina y otras originales elaboraciones artesanales.

Aguado. Echegaray, 19. Teléf. 429 60 88. Aguardientes, licores, ginebras, whiskys, vinos. Muy surtido.

Destilerías Cascabel. Amparo, 32. Teléf. 467 46 83. Elaboran brandys y anisados. Venden por cajas de 12 botellas.

Ugarte. Embajadores, 26. Teléf. 227 05 32. Licores, aguardientes de orujo, vinos.

David Cabello. Cervantes, 6. Teléf. 429 52 30. Almacén de licores.

FIAMBRES Y EMBUTIDOS

La madrileña. Arenal, 18. Teléf. 222 34 36. Fábrica de fiambres y embutidos. Charcutería alemana. Especialidades: jamón (dulce y York), trufados (ave rellena, pavo, roulada de cerdo), morcón de lomo, cabeza de jabalí, galantinas (de perdiz, huevo, lengua, solomillo), mortadela alemana, morcilla francesa, sobrasada de Mallorca, lengua a la escarlata, butifarra de Lérida, especialidades alemanas (morcillo, salchichas, salchichón cocido, tocino ahumado, foie-gras). Sirven pedidos (472 00 69).

Fiambres Merino. Embajadores, 10. Teléf. 227 19 98. Productos típicos gallegos: lacón, unto, botillos, chorizos,... También otras especialidades regionales: morcilla serrana de Ronda, manteca "colorá", chorizo o lomo en manteca de elaboración andaluza, judías de Avila, tocino ibérico, chorizos asturianos.

Lhardy. Carrera de San Jerónimo, 8. Teléf. 221 33 85. Fiambres y embutidos de calidad.

Casa Burgos (El palacio de los quesos). Mayor, 53. Teléf. 248 16 23. El más antiguo establecimiento de Madrid especializado en quesos. Cuenta con variedad y precios muy ajustados.

La Suiza Española. Mayor, 12. Buenos embutidos (p.ej. muy buena morcilla de Aragón, quesos), mantequilla propia y otros productos selectos.

Ferpal. Arenal, 7. Teléf. 221 51 08. Gran surtido en jamones, fiambres y quesos (nacionales y de importación).

El Gourmet de Palacio. Pavía, 2 (esquina Plaza de Oriente). Teléf. 241 92 00. Selección de productos de artesanía gastronómica: embutidos, quesos, patés, productos precocinados.

Nieto. Mesón de Paredes, 3. Longaniza ibérica de matanza, cecina, chorizo ibérico, quesos (incluído el dietético).

Museo del Jamón. Carrera de San Jerónimo, 6. Teléf. 221 03 46 (también en Atocha, 52, 227 07 96). Jamones de Salamanca, Jabugo, granadino y extremeño. También barra para consumición.

El Jamonal. Jacometrezo, 7-9. Jamones (ibérico, Jabugo, Salamanca y Granada), lomo, patés, sobrasada, chicharrones, morcón ibérico, butifarra, cabeza de jabalí. Venta y consumición en barra y salón.

La Boutique del Jamón. San Alberto, 2. Jamones, quesos, cecinas, lomo adobado, morcón ibérico, patés. También restaurante y cervecería.

Rodilla. Preciados, 25. Teléf. 222 57 01. Fiambres, sandwiches.

Otras jamonerías y tiendas de embutidos. Jamones Quirós (Calatrava, 4), Jamonería Cascorro (Embajadores, 2), Rubiato (Lavapiés, 11), Jamonería (Lavapiés, 54), Linjosvi (León, 1), Queserías Moreno (Mesón de Paredes, 4), Florez (Miguel Servet, 7), Aranda (Ruda, 12), Jamonería Madrid (San Alberto, 5), Folgado (San Millán, 7), Martín (Tres Cruces, 2).

Horno de San Honorato. Esgrima, 11. Fiambre y quesos.

COLONIALES, FRUTOS SECOS, SALAZONES

Coloniales Calatrava (El As del Bacalao). Calatrava, 2. Teléf. 265 18 41. Gran variedad de coloniales de calidad: fabes, lentejas, judías del Barco, fríjoles y su gran especialidad tradicional: el bacalao.

Hermanos Bermejo. Zaragoza, 2. Coloniales. Especialidades: orejones de albaricoque y de melocotón, pasas de Málaga, higos turcos, ciruelas de California, pasas de Corinto, pasta de almendra, pan de higos, obleas caseras de Salamanca, nueces especiales, turrón de Jijona (en cualquier época del año).

La Pequeñita. Ciudad Rodrigo, 6. Aperitivos y salazones. Especialidades: arenques, congrio seco, cecina de León, chistorras de Arbian, mojamas, bonito seco, bacalaos de distintas procedencias, marrajos, capellanés, atún en salmuera, caballa seca y adobada, chicharros en escabeche, ahumados (salmón, trucha, anguila, anchos), huevas de merluza, huevas de Maruca, arencones ahumados de Noruega, así como los productos habituales como aceitunas, cebollas, alcaparras, ...

Bacalao El Galeón. Argumosa, 6. Bacalao, anchoas en salazón y otros productos de calidad: legumbres seleccionadas, pimientos navarros, vinos de Roa y Rueda,...

Otras tiendas tradicionales de ultramarinos. Rogu (Cádiz, 8), La Central (Atocha, 114), Solmina (Pasaje Matheu, 1), La Colonia de San Lorenzo (Fe, 19 esquina a Salitre), La Aduana de Lavapiés (Lavapiés, 50), El Río de Oro (Felipe III, 3), W. Díaz (Ruda, 11), Mantequerías Gallegas (Carrera de San Jerónimo, 9), Mantequerías Utrilla (Tres Cruces, 5), Alejandro (Tres Peces, 34), y los locales de Embajadores, 17 y 20 y Ventura de la Vega, 18.

Otras tiendas especializadas en bacalao. Además de las ya citadas de El As del Bacalao en la calle Calatrava, 2 y de El Galeón en Argumosa, 6, deben citarse Don Bacalao (Valencia, 24) y La Casa del Bacalao (Carmen, 20).

Otros locales de frutos secos y variantes. Almendro, 2 (Peña), Ruda, 2 (Ferruelo), Fe, 16, Mesón de Paredes, 40, Paloma, 13, San Pedro, 22 y Plaza de Puerta de Moros.

PANADERIAS

Museo del Pan Gallego. Plaza de Herradores, 9. Teléf. 242 51 22. Pan gallego, de centeno y de maíz y otras variedades; empanadas, tortas, bizcochos, roscones.

Merino. Embajadores, 10. Teléf. 227 19 98. Panes de elaboración gallega: del alto de Cumial (Orense): roscón de Orense, ceas, molletes, hogazas, pan de centeno.

Viena Santiago. Santiago, 5. Teléf. 248 01 19. Ejemplo de panadería tradicional.

La Tahona. Humilladero, 11. Ejemplo de "boutique" de la panadería, con gran aceptación popular.

Otras panaderías destacables: Horno Argumosa (Argumosa, 29), Horno de San Honorato (Esgrima, 11), Ensaimadas (Espejo, 2), La Casa de las Roscas (Magdalena, 38), Horno de Santa María (Santa María, 13) o los locales de Santiago, 9 y Toledo, 21.

FRUTERIAS

La Central. Atocha, 112. Teléf. 228 71 14. Frutas tradicionales, tropicales (aguacates, papayas, kiwis, lima), orientales (lichis, mangostán), oriundas (caquis, cidra). También verduras poco habituales como brócoli, perifollo, hinojo fresco.

Emilio León. Cádiz, 8. Teléf. 221 26 57. Gran variedad de frutas, plantas (berros, ajetes, grelos, cardillos, bróculis) y setas.

Sevillano. Echegaray, 23. Teléf. 222 60 45. Frutas y legumbres frescas de calidad. Níscalos.

Lanchares. Tres Cruces, 5. Teléf. 222 08 49. Frutas tradicionales y aguacates, mangos, ñames.

Otras fruterías. San Alberto, 5 (Lobo), Calatrava (varios locales), Lope de Vega, 14.

OTRAS COMPRAS GASTRONOMICAS

Pescaderías: La Astorgana (León, 22, 239 49 53), La Selecta (Mercado de la Cebada, 265 52 23), La Esencia del Mar (Plaza de San Miguel, 2), El Puerto (Toledo, 123), La Trucha (Valencia, 3).

Caracoles. Ferruelo (El Rey de los Caracoles). Ruda, 13. Magníficos caracoles de Gandía y Zaragoza.

Granjas. Granja Avícola Camar. Costanilla de los Desamparados, 12. Venta directa del productor al consumidor. Sólo abre los miércoles. Otras: Fe, 20, Bordadores, 3, Embajadores.

Cafés. Rocafort (Atocha, 112), Santa (Espoz y Mina, 14), Pozo (Plaza Jacinto Benavente, 2 y Mesoneros Romanos, 10), La Estrella (Montera, 32), Arteca (Santiago, 10), El Tostador (Valencia, 10), La Mexicana (Preciados, 24).

Productos orientales. Asia. San Bernardo, 5 (galería).

Comidas preparadas. Rodilla (Preciados, 35. Teléf. 222 57 01, sandwiches y platos precocinados), Oliveros (San Millán, 4. Teléf. 265 30 05, callos madrileña), URVI (Toledo, 59. Teléf. 265 24 35, pizzas), La Fuentecilla (Toledo, 78, cordero asado), Ta Tung (Plaza Provincias, 3. Teléf. 266 54 38, comida china).

HERBOLARIOS

Viuda de Patricio Morando. Duque de Alba, 15. Teléf. 227 57 37. Semillas, plantas y especias. Alimentos de régimen. Decano en el gremio.

La Bioteka. Amor de Dios, 3. Teléf. 227 60 61. Productos macrobióticos y vegetarianos. Hierbas y tés.

Casa Pajuelo. Atocha, 95. Teléf. 429 06 51. Miel de abejas, hierbas y semillas.

Santo Niño del Remedio. Donados, 2. Teléf. 241 12 47. Hierbas y plantas medicinales. También preparados industriales de perfumería y cosmética.

Otros herbolarios. La Fe (Buenavista, 46), Santiveri (Plaza Mayor, 24 y Escuadra, 2), Vida Sana (Jesús y María, 30) y otros locales en Jesús, 7, Santa Isabel, 47, Tres Cruces, 7.

TIENDAS DE SELECCION GASTRONOMICA

El Gourmet de Palacio. Pavia, esquina a la plaza de Oriente.

El Gourmet de Cuchilleros. Cuchilleros esquina a Maestro Villa.

17. Tertulias y copas

Los viejos cafés

En el apartado del Madrid literario, se habla de las tertulias bohemias de principios de siglo. Este capítulo que tiene un enfoque más actual se refiere a locales nuevos o herederos de aquéllos tiempos, que asumen un papel equivalente en la actualidad.

El **Café Barbieri** abre sus puertas en 1901 en el corazón del castizo barrio de Lavapiés. Reformado en 1925 llega a nuestros días como Nuevo Café Barbieri manteniendo su tradicional concepción basada en un salón sorteado de columnas de hierro con mesas de mármol, techo muy decorado, cristal tallado y cortinas en los ventanales. El mostrador ha sido "embellecido" con tallas para la grabación de la serie de televisión "Clase media". Hoy sigue siendo lugar de encuentros en el que se organizan tertulias y diversos actos culturales.

Poco después del Barbieri, en 1904, un grupo de alemanes vecinos de la villa deciden montar la **Cervecería Alemana**, un local para el exclusivo consumo de cerveza. El establecimiento, lujoso y bien montado, fue decorado prácticamente como está ahora, aunque se ha reformado algo la entrada y faltan la chimenea prusinana y la enorme cristalera bávara hecha añicos en la guerra civil. Siempre estuvo concurrida por relevantes escritores, pensadores, artistas y políticos: Benavente, Jardiel, Valle Inclán, Solana, Zuloaga, Besteiro, Prieto,...

A este tipo de locales, propicios tanto para ocupar sus veladores y pergeñar unas lineas, leer o charlar distendidamente durante el día, como para tener una animada tertulia o reunión hasta el cierre nocturno, se han unido otros locales en la misma linea: el **Salón del Prado,** el **Café Principal** y algunos otros locales en torno a la plaza de Isabel II.

Otros locales cambian algunas de las características de los cafés tradicionales, por ejemplo la vida diurna por una nocturnidad de la que suele ser cómplice, en muchos casos, un fondo o momento musical. Un local de estas características de cierta antigüedad, más de treinta años, es Las **Cuevas de Sésamo,** lugar de tertulias y premios literarios (creadores del Premio Sésamo de novela corta), hoy poco activo, más abierto a la evocación y a la música que al fragor dialéctico del cenáculo de intelectuales y artistas que antaño bajaban a las Cuevas.

Hay también locales que lo aprovechan todo; es el caso del **Café Central**, local abierto en 1908 como establecimiento dedicado a la confección de espejos y marcos; en 1982 se transforma en café manteniendo la fachada, vidrieras y espacios primitivos, adoptando la disposición y decoración propias de un café tradicional e incorporando la sesión musical nocturna al gusto de los tiempos (actualmente sesiones diarias de jazz).

Los nuevos cafés

La verdad es que resulta difícil de compartimentar la realidad de nuestros cafés. Para no perdernos, hay que recurrir a la característica básica de estos locales: lugar de encuentro y reunión en el que es primordial el diálogo ante un café o copa. A partir de tan sencilla regla empiezan las denominaciones (bar, café-bar, café pub, etc.) y las peculiaridades adicionales (exposiciones, audiciones, complementos gastronómicos, etc.).

Entre los locales **musicales,** cabe citar en primer lugar, y en forma muy destacada, **La Fídula** que desde hace años viene ofreciendo sesiones diarias de música de cámara en directo, de un buen nivel. Más modestas son las sesiones de música de cámara del **Salón del Prado** (que se limitan a un día por semana). Otros locales ofrecen sesiones de jazz en vivo: el ya citado **Café Central, el Café Berlín, el Café El Despertar, La Gruta**; en **Casa Pueblo** combinan el jazz y la música clásica. Otros locales ofrecen música moderna en vivo o recitales de cantautores como **Bóvedas, Costanilla 13, El Atril, Capacho, Avapiés,** etc., y la mayoría usan música ambiental con mayor o menor nivel de decibelios; una variante de la música enlatada es la de las bandas sonoras de películas que programan con antelación en **La Filmo.**

Otra variante la constituyen los locales que programan **exposiciones** en el propio local, entre ellos los más destacados son **El Ratón, La Torrecilla, La Galería, La Unión,** etc.

La variante **gastronómica,** es decir los locales a medio camino entre restaurantes y cafés, están representados por **Alfar, El Cinematógrafo, Cervantes** o **El León de Oro,** entre los elegantes y **Flowers o Gusa,** entre los modestos.

En las **bebidas,** la variedad es lógicamente mayor, pudiendo destacarse locales como **Gala** (champanería), **Ombú** (caipiriñas), **Eucalipto** (infusiones), **Huertas 41** (barracudas), **Elhecho** (combinados), **Cirros** (Agua de Valencia), **La Tía Clotilde** (licor de madroño), **Alhama** (tes morunos), etc.

Entre los locales que, en su conjunto, son más acogedores para la charla distendida en un ambiente refinado, se encuentran **Ombú, La Torrecilla, El Despertar, Café de Oriente, El León de Oro, Galdós,** etc. Si, por el contrario, se trata de ver y ser visto, lugares muy concurridos y siempre ambientados son **Gala, Viva Madrid, Casa Parra** y la mayoría de los locales de la calle Huertas y su entorno.

DATOS PRACTICOS

CAFES (barrio de las Musas)

Angel (plaza): 10. **Café Central.** Teléf. 468 08 44. Tradicional. Copas y música de jazz en directo todas las noches de 10 1 12.
Desamparados (costanilla): 11. **Las Musas.** Decoración rural. 13. **Costanilla 13.** Actuaciones en directo. Otros locales: **Chaflán, Spike-a, El Foro** (juegos), **Búcaro** (ambientación andaluza) y dos locales para reponer fuerzas (**La Garza y Gusa**).
Echegaray: 14. **Casa Parra.** Muy concurrido y ambientado. 17. **Los Gabrieles.** Preciosa decoración de azulejos. Otros locales: **Café Círculos.**
Fúcar: 6. **Reporter.** Rebuscada ambientación periodística. Otros locales: **Flowers** (comer barato y charlar), **Maypo** (sevillanas), **El Pájaro Zurdo.**
Huertas: 3 al 14: En estos primeros tramos de la calle hay locales pequeños y tranquilos: **Otoño, Poniente, Yesterday, Rainbow.** 27 al 51: Son los locales más concurridos; las vísperas de festivos la aglomeración es abrumadora: **Mebá, Berthelot, Capacho, Huertas 41.** 52. **Cirros.** Especialidad Agua de Valencia. 53. **Distrito C.** Amplio, bien montado. 55. **Trocha.** Jazz y exposiciones. 56. **Elhecho.** Gran variedad de combinados. 57. **La Fídula.** Café concierto. Programa mensual. Teléf. 4292947. Actuaciones a las 23,30 (fines de semana también a las 22,30). Te y gran variedad de infusiones y combinados. Otros locales: **Café Acuario, Albatros, Pijamas.**
Jesús: 12. **La Hidria.** Local agradable.
León: 3. **Casa Pueblo.** Actuaciones de piano y jazz en director y grabaciones. Decoración tradicional. Café irlandés y caipiriña. 8. **Cervantes.** Exterior modernista, interior tradicional. Café irlandés, combinados, pinchos y tartas saladas y dulces. 10. **El León de Oro.** Preciso local (primitivamente fue confitería). Cócteles, bocatines, canapés y cafés. Otros locales: **La Jarra, A tope.**

Los Madrazo: 10. **Galdós.** Antiguo local con altas columnas decorado con gusto. Actividades culturales.
Manuel Fernández y González: 7. **Viva Madrid.** Precioso local castizo (fachada e interior). Terraza y salones. Ajedrez, café irlandés con miel. Muy concurrido y ambientado.
Matute (plaza): 4. **La Filmo.** Decoración de cine. Combinados. Bandas sonoras de películas y proyecciones.
Moratín: 24. **Gala.** Champanería. Cavas catalanes artesanos y ahumados. Muy luminoso y ambientado. 27. **Begin the Beguine.** Pub ambientado. 35. **Jazz Bar.** Ambientado, música de jazz. 42. **Bóvedas.** Espectáculo en directo y copas.
Prado: 4. **Salón del Prado.** Teléf. 429 15 61. Café tradicional con música de cámara en directo los jueves a las 23 horas. 13. **La Galería.** Tertulias y exposiciones.
Príncipe: 7. **Cuevas de Sésamo.** Teléf. 232 91 91. Un clásico lleno de recuerdos. **Piano.** 20. **Café del Príncipe.** Actuaciones y sevillanas. 33. **Café Principal.** Recreación de un viejo café. Gran variedad de cafés y cócteles.
San Agustín: 20. **El Ventilador.** Tranquilo, acogedor.
San Pedro: 26. **Mediodía.** Establecimiento con fachada tradicional. Otros locales. **Florinda.**
Santa Ana (plaza): 6. **Cervecería Alemana.** Establecimiento histórico con casi un siglo de autenticidad. Tertulias. Café, cerveza, mariscos, fiambres. Cierra martes.
Santa María: 28. **Alfar.** Creperíe-Grill. Precioso local. 33. **Alfar.** Tortillería. Ambientado y animado. Muy noctámbulo. 36. **Ombú.** Local ambientado y decorado con originalidad y gusto. Capiririña y combinados. Exposiciones y actuaciones esporádicas. 39. **Café de las Letras.** Tertulia abierta. 42. **El Tranvía.** Ambiente acogedor. 42. **El Ratón.** Exposiciones y música. Otros locales: **Pirámide.**

Santa Polonia: 9. **El Teloncillo.** Música y concurrencia a tope. Otros locales: **Miel.**

CAFES (zona centro y de palacio)
Amnistía: 5. **Solesmes.** Decoración barroca. Fondo de cantos gregorianos y música barroca. Cócteles, pastas y medias noches.
Hileras: 14. Iruña y Glass. Locales que combinan la música, la restauración y las copas.
Oriente (plaza): 2. **Café de Oriente.** Siempre concurrido y ambientado. Terraza.
San Martín (postigo): 9. **Tívoli.** Bar-disco. Buffet frío y quesos franceses.
Trujillos (travesía): 1. **Alhama.** Tés morunos y combinados. Música. Acogedor.
Unión: 1. **Café Unión.** Bien decorado. Tertulias sobre temas madrileños (jueves), exposiciones. Café irlandés.

CAFES (barrios castizos)
Argumosa: 4. **Eucalipto.** Acogedor. Infusiones y otras bebidas muy agradables. Música.
Ave María: 45. **Café Barbieri.** Local casi centenario, ejemplo perfecto de viejo café tradicional. Actividades.
Cava Baja: 25. **La Tía Clotilde.** Crepés, café irlandés, licor de madroño. Otros locales: **La Tertulia, La Salamandra**
Embajadores: 26. **Arcano.** Pub.
Espada: 6. **El Cinematógrafo.** Decoración de cine. Proyecciones. Saloncitos. Piano. Gran variedad de tortillas.
Lavapiés: 5. **Avapiés.** Actuaciones en directo. 12. **Avalón.** Cantautores. 37. **El Juglar.** Actuaciones en directo.
Magdalena: 27. **La Recoba.** Dos salones. Decoración con cerámica de interés. 32. **El Bufón.** Café piano. Zumos, combinados, cafés y quesos.
Mesón de Paredes: 7. **El Rastro.**
Olivar: 54. **Traveling.**
Olmo: 26. **Kappa.** Pequeño y acogedor. Otros locales: **Candela, El Mayo.**
Paloma: 9. **El Atril.** Actuaciones y tertulias.
Peña de Francia: 6. **Papageno.**

Salitre: 43. **El Barberillo de Lavapiés.** Música ambiental brasileña. Crepés y zumos.
Torrecilla del Leal: 9. **Café Doré.** Evocador, vídeos. 13. **La Torrecilla.** Bien montado, acogedor. Exposiciones. 18. **El Despertar.** Cuidada decoración con elementos tradicionales. Jazz en vivo, exposiciones, tertulias.

OTROS LOCALES
Musicales. Komite. Silva, 6. Teléf. 248 13 13. Actuaciones de grupos de vanguardia. **Templo del Gato.** Trujillos, 7. Teléf. 247 83 75. Bar musical californiano, rock, vídeos, rayos láser,... **Oba Oba.** Jacometrezo, 4. Teléf. 231 06 40. Música brasileña en vivo. **Toldería.** Caños Viejos, 3. Teléf. 266 41 72. Folclore sudamericano en vivo. **Rincón Arte Nuevo.** Segovia, 17. Teléf. 265 50 45. Folclore sudamericano en vivo.
Disco-Teatros. Joy Eslava. Arenal, 11. Teléf. 266 37 33. Proyecciones, rayos láser,... **Titanic.** Atocha, 125. Teléf. 228 76 27. Pistas de baile, espectáculos audiovisuales.
Music-Hall. Loca. Costanilla de San Pedro, 11. Teléf. 265 88 01. Cenas y espectáculo. Excelente decoración y buena cocina. **Xenón.** Plaza Callao. Teléf. 231 97 94. Espectáculo y copas.
Salas rocieras. Lunares. Leganitos, 25. **Las Marismas del Rocío.** Calatrava, 6. **Las Torres.** Costanilla de los Angeles, 15. **Maypo.** Fúcar, 10. **El Coto de Doñana.** Huertas. Taberna-restaurante.
Tablaos flamencos. Café de Chinitas. Torija, 7. Teléf. 248 51 35. Elegante marco. La Chunga. **Corral de la Morería.** Morería, 17. Teléf. 265 84 46. El más famoso. **Arco de Cuchilleros.** Cuchilleros, 7. Teléf. 266 58 67. Emplazamiento y ambientación típicos. **Torres Bermejas.** Mesoneros Romanos, 11. Teléf. 232 33 22. Céntrico. **El Taranto.** Morería esquina a Mancebos. Teléf. 265 95 26. Taberna-tablao.

Bibliografía principal

AZORÍN, Francisco. *El Madrid devoto y romero*, 1984.

CABEZAS, Juan Antonio y otros autores. *El libro de Madrid*, 1977.

Cámara de Comercio e Industria de Madrid: varios autores y títulos de la serie *Establecimientos tradicionales madrileños*, 1980-84.

Colegio Oficial de Arquitectos de Madrid. *Guía de arquitectura y urbanismo de Madrid*, 1982.

CORAZÓN, Alberto. *Un análisis de la iconografía comercial de Madrid*, 1979.

CHUECA, Fernando y otros autores. *Historia de la arquitectura española*, 1986.

ERRASTI, Fermín. *Capilla de la VOT*, 1982.

FERNÁNDEZ DE LOS RÍOS, Angel. *Guía de Madrid*, 1875.

GAYA NUÑO, J. A. *Madrid monumental*.

GUERRA DE LA VEGA, Ramón. *Historia de la arquitectura en el Madrid de los Austrias y Madrid, 1700-1800*.

Gourmetour y Guía del viajero, varios años.

HORMIGOS, Mariano. *Las Casas Consistoriales*, 1982.

IBÁÑEZ, Esteban. *San Francisco el Grande*, 1981.

MESONEROS ROMANOS, Ramón de. *El Antiguo Madrid*, 1861.

MONEO SSANTAMARÍA, Félix. *Conocer El Rastro*, 1985.

PATRIMONIO NACIONAL. *Guías del Palacio Real y Monasteriosde las Descalzas y la Encarnación*.

SÁINZ DE ROBLES, Federico Carlos. *Historia y estampas de la villa de Madrid*, 1932.

TORMO, Elías. *Las iglesias de Madrid*, 1927.

VALVIDIESO, Enrique y otros autores. *Historia del Arte Hispánico*, 1980.

Cartografía básica

Plano de Madrid escala 1:2000 de la Gerencia Municipal de Urbanismo del Ayuntamiento de Madrid.

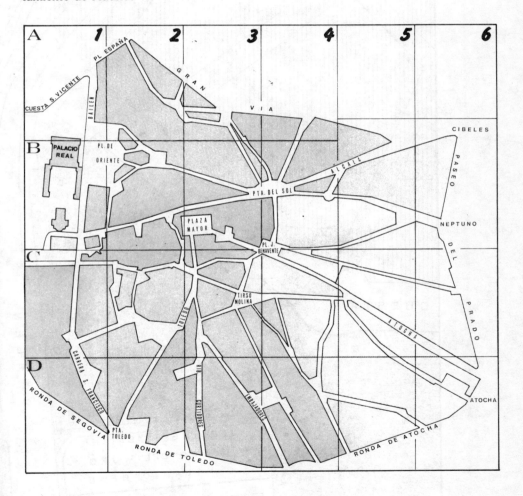

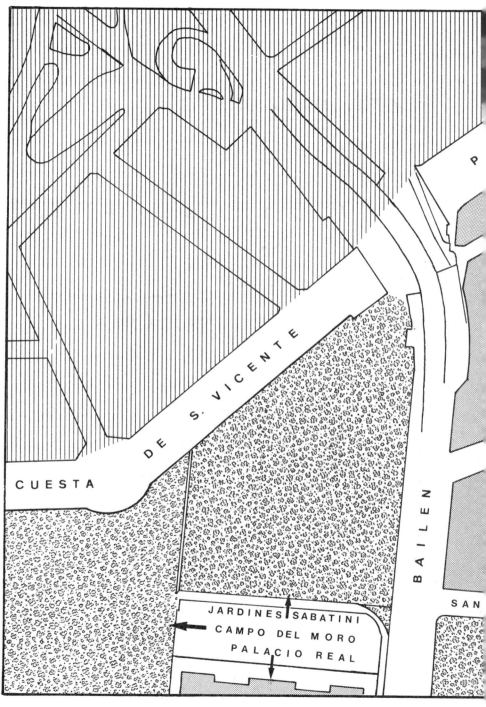

A2

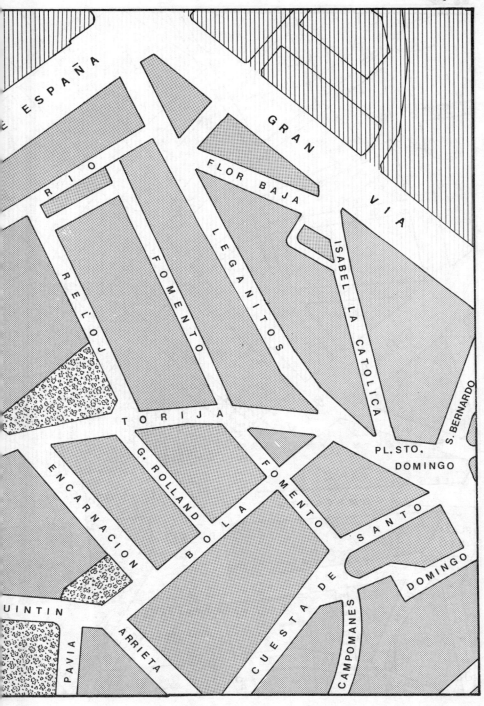

A3

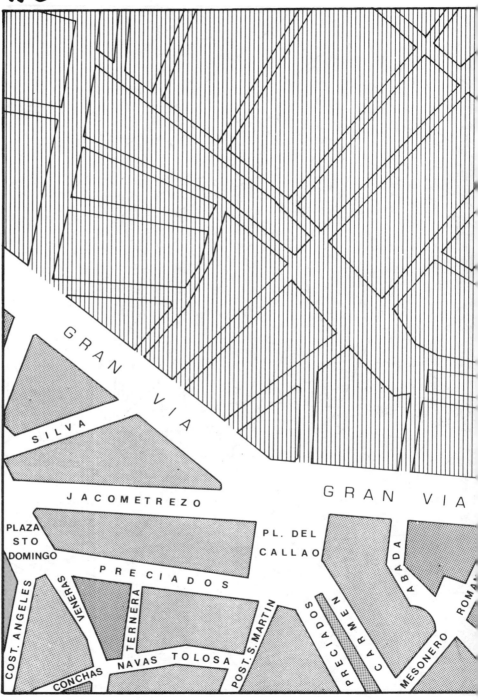

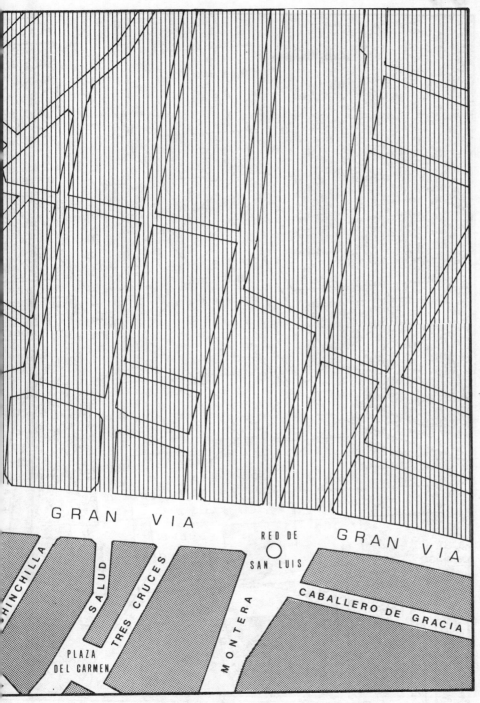

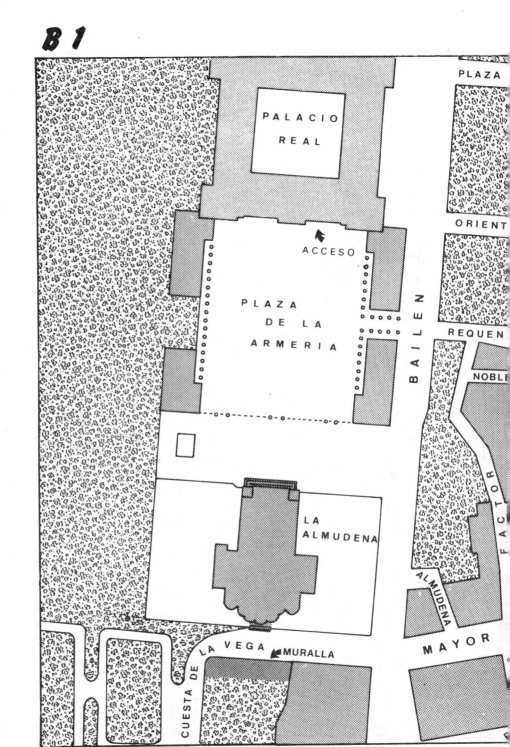

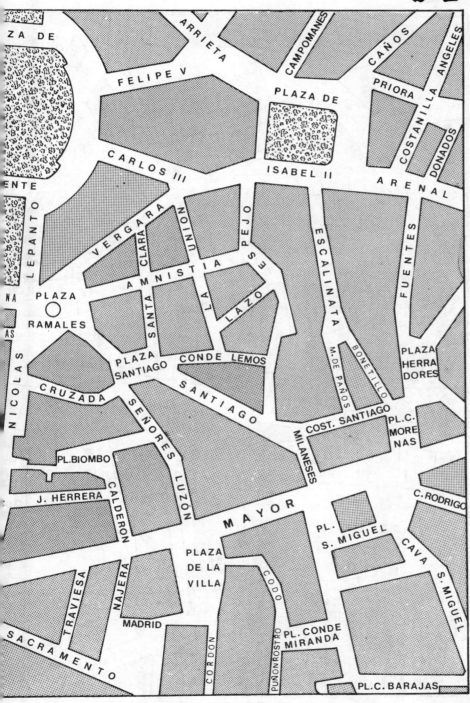

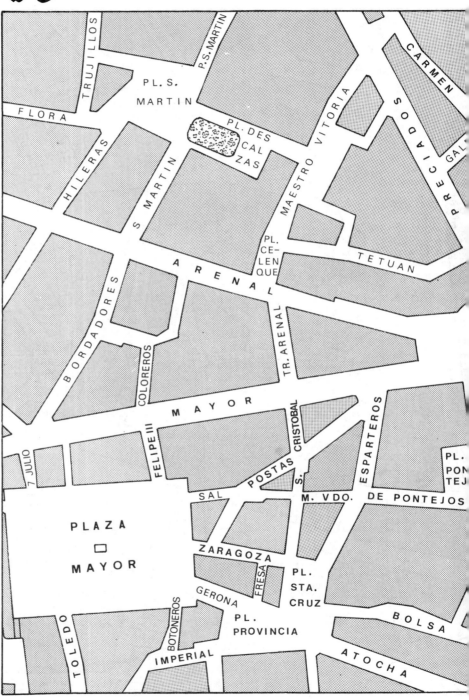

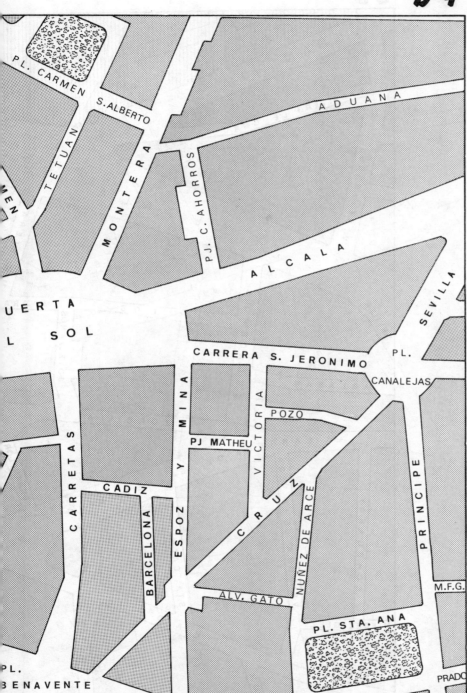

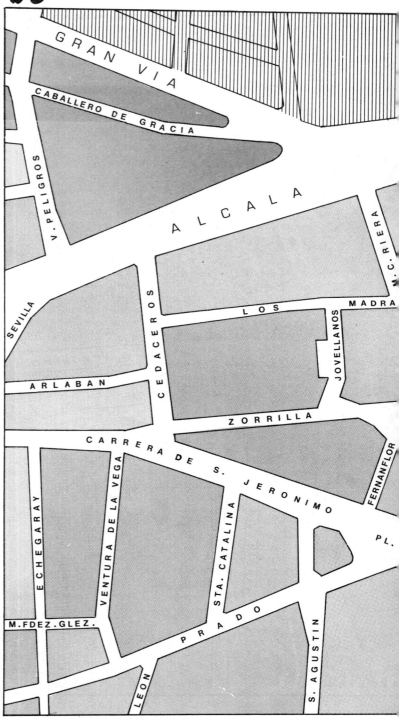

B 5

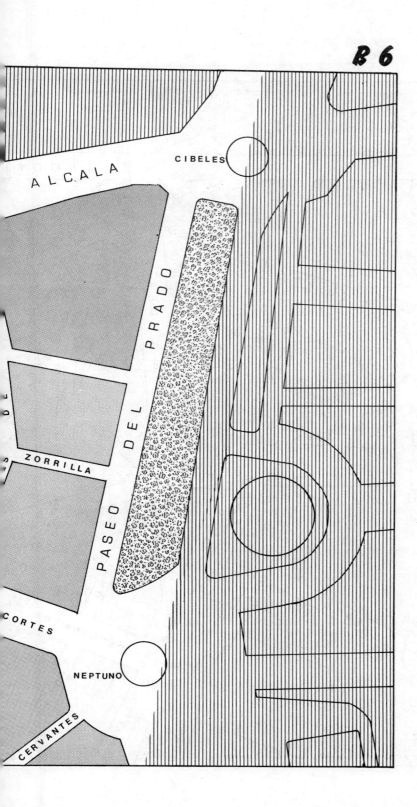

C1

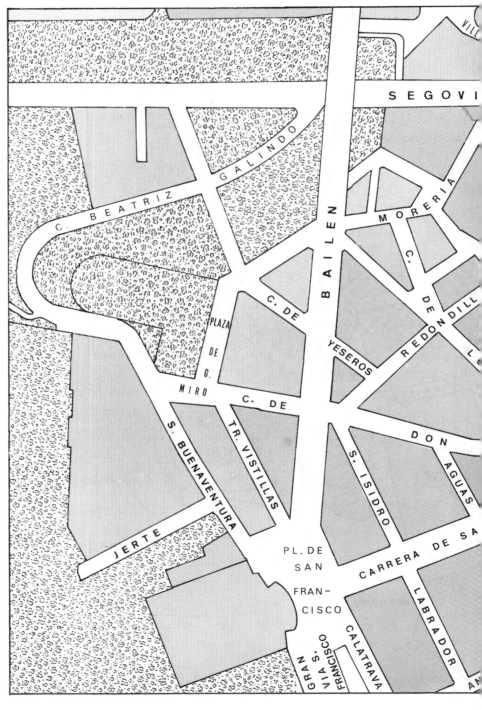

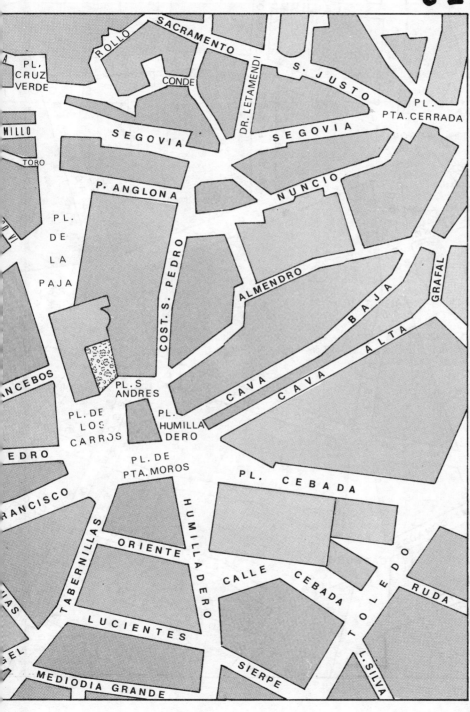

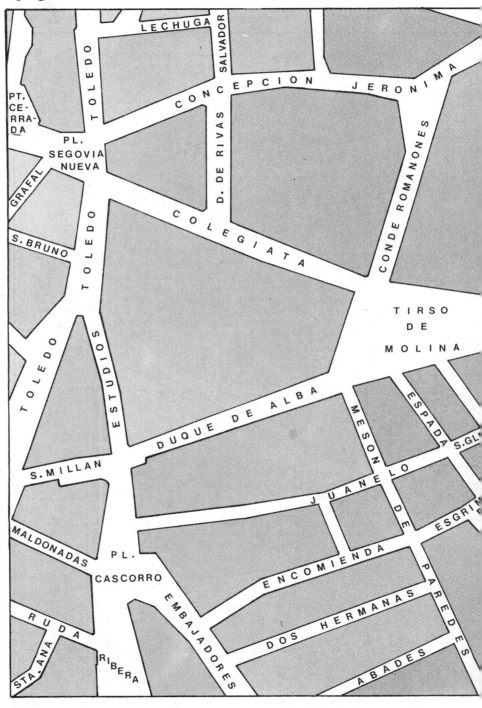

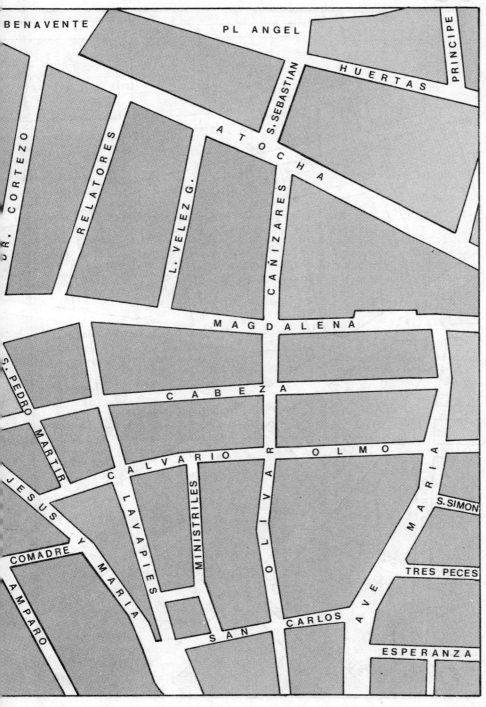

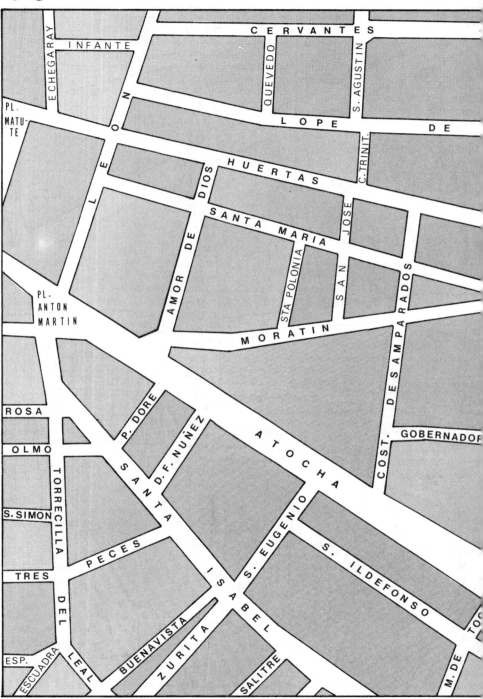

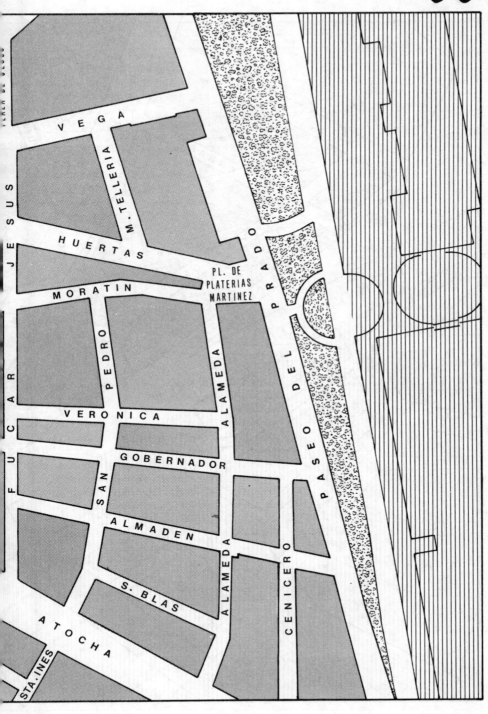

D1

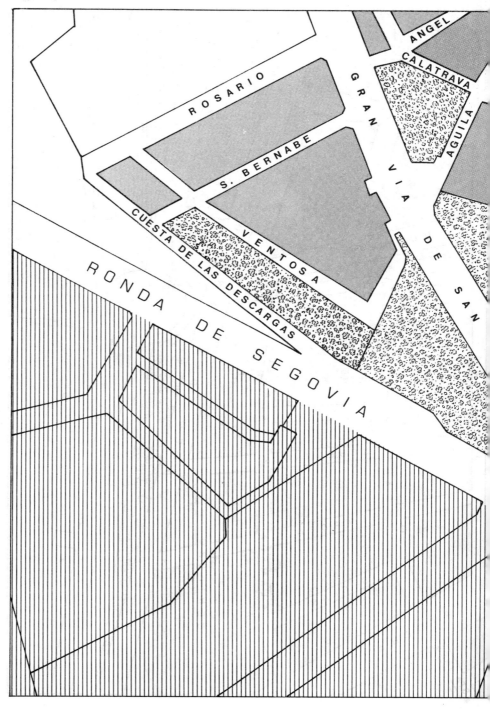

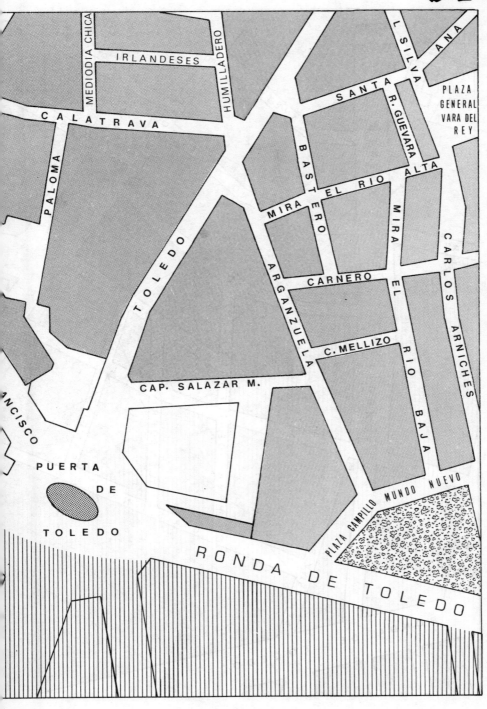

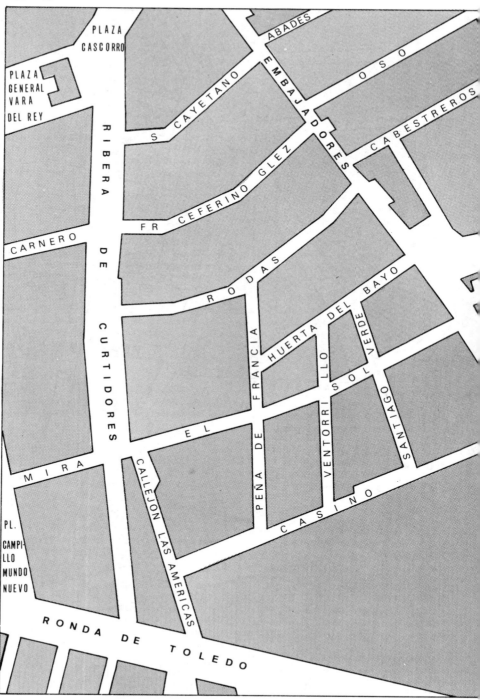

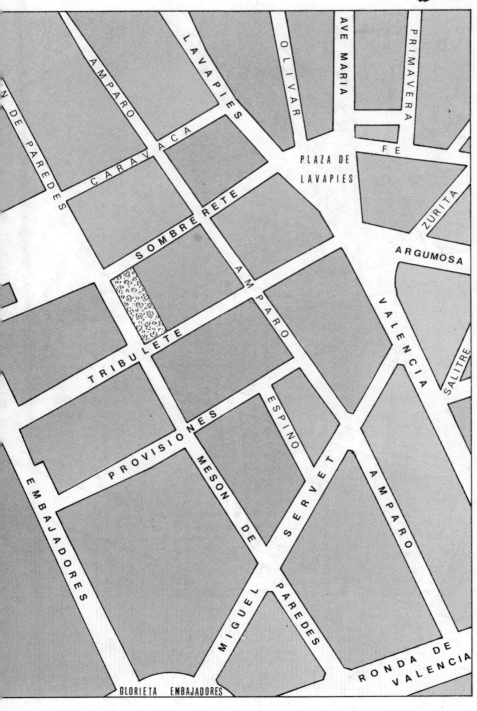

D 5

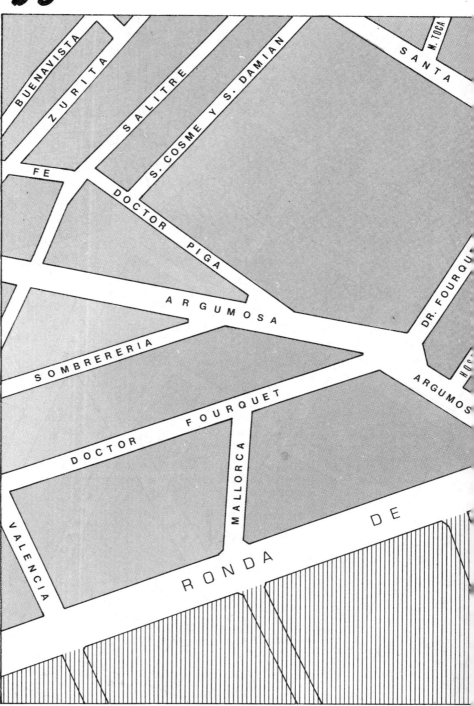

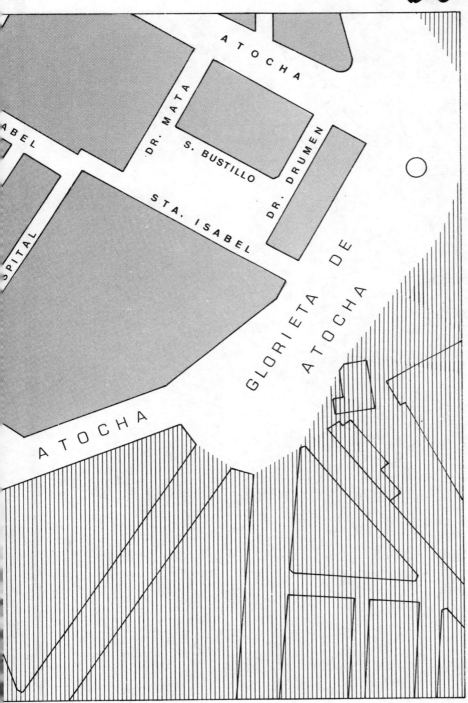

Indice de calles y su localización

Calles	Situación
Abada	A3 A4
Abades	C3 D3
Aduana	B4
Aguas	C1 C2
Aguila	D1 D2
Alameda	C6
Alamillo (plaza)	C1 C2
Alcalá	B4 B5 B6
Alfonso VI	C2
Almadén	C6
Almendro	C2
Almudena	B1
Amnistía	B2
Amor de Dios	C5
Amparo	C3 C4 D4
Angel	C1 D1
Angel (plaza)	C4
Angeles (costanilla)	A3 B2
Antón Martín (plaza)	C5
Arenal	B2 B3
Arenal (travesía)	B3
Arganzuela	D2
Argumosa	D4 D5
Arlabán	B5
Arrieta	A2 B2
Atocha	B3 C4 C5 C6 D6
Atocha (ronda)	D5
Ave María	C4 D4
Bailén	A1 B1 C1
Barcelona	B4
Bastero	D2
Biombo	B1 B2
Biombo (plaza)	B2
Bola	A2
Bolsa	B3
Bonetillo	B2
Bordadores	B3
Botoneros	B3
Buenavista	C5 D5
Caballero de Gracia	A4 B5
Cabestreros	D3
Cabeza	C4
Cádiz	B4
Calatrava	C1 D1 D2
Calderón de la Barca	B2
Calvario	C4
Campillo Mundo Nvo.(pl.)	D2 D3
Campomanes	A2 B2
Canalejas (plaza)	B4

Calles	Situación
Cañizares	C4
Caños del Peral	B2
Capitán Salazar M.	D2
Caravaca	D3
Carlos Arniches	D2
Carlos III	B2
Carmen	A3 B3 B4
Carmen (plaza)	B4
Carnero	D2 D3
Carretas	B4
Carros (plaza)	C2
Cascorro (plaza)	C3
Casino	D3
Cava Alta	C2
Cava Baja	C2
Cava de San Miguel	B2
Cebada	C2
Cebada (plaza)	C2
Cedaceros	B5
Celenque (plaza)	B3
Cenicero	C6
Cervantes	B6 C5
Ciudad Rodrigo	B2
Codo	B2
Colegiata	C3
Coloreros	B3
Comadre	C4
Comandante Morenas (pl.)	B2
Concepción Jerónima	C3
Conchas	A3
Conde	C2
Conde Barajas (plaza)	B2
Conde de Lemos	B2
Conde Miranda (plaza)	B2
Conde de Romanones	C3
Cordón	B2
Correo	B3
Cortes (plaza)	B5 B6
Cruz	B4
Cruz Verde (plaza)	C2
Cruzada	B2
Chinchilla	A4
Desamparados (costan.)	C5
Descalzas (plaza)	B3
Descargas (cuesta)	D1
Doctor Cortezo	C4
Doctor Drumen	D6
Doctor Fourquet	D5 D6
Doctor Letamendi	C2

Calles	Situación
Doctor Mata	D6
Doctor Piga	D5
Don Pedro	C1 C2
Donados	B2
Doré (pasaje)	C5
Dos Hermanas	C3
Duque de Alba	C3
Duque de Ribas	C3
Echegaray	B5 C5
Embajadores	C3 D3 D4
Embajadores (glorieta)	D4
Encarnación (plaza)	A2
Encarnación	A2
Encomienda	C3
Escalinata	B2
Escuadra	C5
Esgrima	C3
Espada	C3
Espejo	B2
Esperanza	C4 C5
Espino	D4
Espoz y Mina	B4
Estudios	C3
Factor	B1
Fe	D4
Felipe III	B3
Felipe V	B2
Fernán Núñez	C5
Fernanflor	B5
Flor Baja	A2
Flora	B3
Fomento	A2
Fray Ceferino González	D3
Fresa	B3
Fúcar	C6
Fuentes	B2
Gabriel Miró (Plaza)	C1
Galdo	B3
General Vara Rey (plaza)	D2 D3
Gerona	B3
Gobernador	C6
Gómez de Mora	B2
Grafal	C2 C3
Guillermo Rolland	A2
Herradores (plaza)	B2
Hileras	B3
Hospital	D5 D6
Huerta del Bayo	D3
Huertas	C4 C5 C6
Humilladero	C2 D2
Humilladero (plaza)	C2
Imperial	B3
Infante	C5

Calles	Situación
Irlandeses	D2
Isabel la Católica	A2
Isabel II (plaza)	B2
Jacinto Benavente (pl.)	B4 C4
Jacometrezo	A3
Jerte	C1
Jesús	C6
Jesús (plaza)	C6
Jesús y María	C3 C4
Jovellanos	B5
Juanelo	C3
Las Américas (callejón)	D3
Lavapiés	C4 D4
Lavapiés (plaza)	D4
Lazo	B2
Lechuga	C3
Leganitos	A2
León	B5 C5
Lepanto	B2
Lope de Vega	C5 C6
López Silva	C2 D2
Los Madrazo	B5 B6
Los Mancebos	C1 C2
Lucientes	C2
Luis Vélez de Guevara	C4
Maestro Tellería	C6
Maestro Victoria	B3
Magdalena	C4
Maldonadas	C3
Mallorca	D5
Manuel Fernández y Glez.	B5
Marqués Casa Riera	B5
Marqués de Cubas	B5 B6
Marqués de Toca	C5 D5
Marqués Viudo Pontejos	B3
Matheu (pasaje)	B4
Matute (plaza)	C5
Mayor	B1 B2 B3
Mayor (plaza)	B3
Medinaceli	B5
Mediodía Chica	D2
Mediodía Grande	C2
Mellizo (callejón)	D2
Mesón de Paños	B2
Mesón de Paredes	C3 D3 D4
Mesoneros Romanos	A3
Miguel Servet	D4
Milaneses	B2
Ministriles	C4
Mira el Río Alta	D2
Mira el Río Baja	D2
Mira el Sol	D3
Montera	A4 B4

Calles	Situación	Calles	Situación
Moratín	C5 C6	Salvador	C3
Morería	C1	San Agustín	B5 C5
Nájera	B2	San Alberto	B4
Navas de Tolosa	A3	San Andrés (costanilla)	C2
Noblejas	B2	San Andrés (plaza)	C2
Nuncio	C2	San Bernabé	D1
Núñez de Arce	B4	San Bernardo	A2
Olivar	C4 D4	San Blas	C6
Olmo	C4 C5	San Bruno	C3
Oriente	C2	San Buenaventura	C1
Oso	D3	San Carlos	C4
Paja (plaza)	C2	San Cayetano	D3
Paloma	D2	San Cosme y San Damián	D5
Panecillo (pasadizo)	B2 C2	San Cristobal	B3
Pavía	A2	San Eugenio	C5
Paz	B3 B4	San Francisco (carrera)	C1 C2
Peña de Francia	D3	San Francisco (gran vía)	C1 D1 D2
Platerías Martínez (pl.)	C6	San Francisco (plaza)	C1
Pontejos (plaza)	B3	San Ginés (pasadizo)	B3
Postas	B3	San Ildefonso	C5
Pozo	B4	San Isidro Labrador	C1
Prado	B5	San Jerónimo (carrera)	B4
Preciados	A3 B3	San José	C5
Preciados (callejón)	B3	San Justo	C2
Pretil de los Consejos	B1	San Martín	B3
Primavera	D4	San Martín (plaza)	B3
Príncipe	B4 C4	San Martín (postigo)	A3 B3
Príncipe de Anglona	C2	San Miguel (plaza)	B2
Priora	B2	San Millán	C3
Provincia (plaza)	B3	San Nicolás	B2
Provisiones	D4	San Nicolás (plaza)	B2
Puerta Cerrada (plaza)	C2 C3	San Pedro	C6
Puerta de Moros (plaza)	C2	San Pedro (costanilla)	C2
Puerta del Sol	B3 B4	San Pedro Mártir	C4
Puerta de Toledo	D2	San Quintín	A1 A2
Puñonrostro	B2	San Sebastián	C4
Quevedo	C5	San Simón	C4 C5
Redondilla	C1 C2	Sánchez Bustillo	D6
Relatores	C4	Santa Ana	C3 D2
Reloj	A2	Santa Ana (plaza)	B4
Requena	B1 B2	Santa Catalina	B5
Ribera de Curtidores	C3 D3	Santa Clara	B2
Río	A2	Santa Cruz (plaza)	B3
Rodas	D3	Santa Inés	C6 D5 D6
Rodrigo Guevara	D2	Santa Isabel	C5 D5 D6
Rollo	C2	Santa María	C5
Rosa	C5	Santa Polonia	C5
Rosario	D1	Santiago	B2
Ruda	C2 C3	Santiago (costanilla)	B2
Sacramento	B2 C2	Santiago (plaza)	B2
Sal	B3	Santiago el Verde	D3
Salitre	C5 D4 D5	Santo Domingo (cuesta)	A2
Salud	A4	Santo Domingo (plaza)	A2 A3

Calles	Situación
Segovia	C1 C2
Segovia (ronda)	D1
Segovia Nueva (plaza)	C3
Señores de Luzón	B2
Sevilla	B4 B5
Sierpe	C2
Silva	A3
Soler González	C3
Sombrerería	D5
Sombrerete	D4
Tabernillas	C2
Tetuán	B3 B4
Tirso de Molina (plaza)	C3
Toledo	B3 C2 C3 D2
Toledo (ronda)	D2 D3
Toro	C2
Torrecilla del Leal	C5
Traviesa	B2
Tres Cruces	A4
Tres Peces	C4 C5
Tribulete	D4

Calles	Situación
Trinitarias (costanilla)	C5
Trujillos (travesía)	B3
Unión	B2
Valencia	D4 D5
Valencia (ronda)	D4
Ventorrillo	D3
Ventura de la Vega	B5
Vega (cuesta)	B1
Veneras	A3
Ventosa	D1
Vergara	B2
Verónica	C6
Victoria	B4
Villa	C1 C2
Villa (plaza)	B2
Virgen de los Peligros	B5
Vistillas (travesía)	C1
Yeseros	C1
Zaragoza	B3
Zorrilla	B5 B6
Zurita	C5 D4 D5